Ökolog. Transformation

stofflich– energetische Ebene
als Basis

Gegenbeispiel Ak/ass-Gesch.
Neoklassik

Un ca Werte aufgrund
der Wettbewerbsdrücke am
Ökolog. Idee als Mittel
zum Zweck!

Dyllick/Belz/Schneidewind
Ökologie und Wettbewerbsfähigkeit

Ökologische Unternehmensführung

Herausgegeben von:

Prof. Dr. Siegmar Bornemann

Prof. Dr. Reinhard Pfriem

Prof. Dr. Volker Stahlmann

Prof. Dr. Bernd Wagner

Schriftleitung:

Dirk Fischer

In dieser Reihe erscheinen bzw. sind erschienen:

- *Umweltpolitik in kleinen und mittelständischen Unternehmen*
  von Carlo Burschel, Thomas Claes, Hendric Hallay
  und Reinhard Pfriem

- *Umweltbericht – Umwelterklärung*
  von Jens Clausen und Klaus Fichter

- *Ökologie und Wettbewerbsfähigkeit*
  von Thomas Dyllick, Frank Belz und Uwe Schneidewind

- *Die EG-Öko-Audit-Verordnung*
  von Klaus Fichter

- *Umweltkostenmanagement*
  von Hartmut Fischer, Christian Wucherer, Bernd Wagner
  und Carlo Burschel

Thomas Dyllick
Frank Belz
Uwe Schneidewind

Ökologie und Wettbewerbsfähigkeit

Carl Hanser Verlag München Wien
Verlag Neue Zürcher Zeitung

Die Deutsche Bibliothek - CIP-Einheitsaufnahme

Dyllick, Thomas:
Ökologie und Wettbewerbsfähigkeit / Thomas Dyllick ; Frank Belz ;
Uwe Schneidewind. - München ; Wien : Hanser ; Zürich : Verl. Neue
Zürcher Zeitung, 1997
  (Ökologische Unternehmensführung)
  ISBN 3-446-191 84-4 (Hanser)
  ISBN 3-85823-677-2 (Verl. Neue Zürcher Zeitung)

Das Druckpapier trägt den blauen „Umwelt-Engel", der Rohstoff besteht zu 100% aus
Altpapier.

Copyright © 1997
Alle deutschsprachigen Rechte beim Carl Hanser Verlag München Wien.
Lizenzausgabe für die Schweiz: Verlag Neue Zürcher Zeitung, Zürich.
Internet: http://www.hanser.de
Umschlaggestaltung: Susanne Kraus, München, unter Verwendung des Bildes
„Zucchini" von Renate Kirchhof-Stahlmann
Datenbelichtung: Wolframs Direkt Medienvertrieb GmbH, Attenkirchen
Gesamtherstellung: Joh. Walch GmbH & Co, Augsburg
Printed in Germany

Vorwort zur Schriftenreihe „Ökologische Unternehmensführung"

Wir haben nur eine Erde. Deshalb ist ökologische Unternehmensführung eine politische, wirtschaftliche und technische Notwendigkeit, der sich gerade Unternehmer und Unternehmen in immer stärkerem Maße stellen müssen.

Mittlerweile mehr als zwei Jahrzehnte Umweltpolitik haben gezeigt: der Staat kann zwar bestimmte politische Rahmenbedingungen setzen, hauptsächlich aber nur reagieren und sanieren, wenn es um den Abbau von Umweltschädigungen geht. Neben den Konsumenten sind es vor allem die Unternehmen, die mit ihren Entscheidungen dafür sorgen, welche Umweltqualität auf uns und unsere Nachkommen zukommt.

Die überkommene, stark grenzwert- und auflagenorientierte Umweltpolitik hat sich als ineffizient erwiesen und ist zu Recht in Verruf geraten. Ökologisch wird die Forderung nach mehr Freiheit von bürokratischen Vorschriften aber nur dann sinnvoll, wenn die Unternehmen ihre Freiheit zu ökologischen Innovationen und Optimierungen auch tatsächlich entwickeln. Das ist sowohl eine Frage des Wollens als auch eine des Könnens.

Das Wollen können wir Ihnen nicht abnehmen. Wir können Ihnen nur raten, zwei Einsichten zu vertrauen, die sich aus unzähligen Einzelerfahrungen mit Ansätzen zu ökologischer Unternehmensführung in den vergangenen Jahren ergeben haben:

1. Aktive betriebliche Umweltpolitik ist primär keine technische Aufgabe, sondern muß zunächst von den Herzen und Hirnen der Beteiligten kommen. Dann kann sie nämlich auch Freude machen und wird nicht vor allem als Last empfunden.

2. Gerade dann ist betrieblicher Umweltschutz ein langfristiger Erfolgsfaktor für Unternehmen. Die Vorstellung, Umweltschutz sei für die Betriebe in erster Linie Belastung und Kostenfaktor, gedeiht nur in dem Maße, in dem eine insgesamt zu kurzfristig orientierte und wenig innovative Unternehmenspolitik gemacht wird. Das ökologisch Dringliche darf also nicht unter den betrieblichen Alltagszwängen zu kurz kommen.

Die Schriftenreihe „Ökologische Unternehmensführung" des Hanser-Verlages richtet sich direkt an die Entscheidungsträger in den Unternehmen.

Sie zielt auf Integration des betrieblichen Umweltschutzes in die gesamte Unternehmenspolitik, weil die bloße Delegation dieser Aufgaben an Spezialisten kein Erfolgsrezept sein kann. Die Reihe ist im doppelten Sinne praxisnah: die Bücher bieten konkrete Praxishilfen und Ratschläge, und die Herausgeber schöpfen ihr Wissen nicht hauptsächlich aus Büchern, sondern vor allem aus zahllosen Erfahrungen, die sie in einschlägigen Projekten in und mit Unternehmen gemacht haben. Bei aller Bescheidenheit dürfen wir für uns in Anspruch nehmen, seit 10 Jahren zu den Pionieren auf dem Feld ökologischer Unternehmensführung zu gehören. Wir sind zu dem Schluß gekommen, daß dieses Wissen nicht länger in einzelnen Büchern und Projektberichten verstreut werden sollte. Angesichts der mittlerweile auch kaum mehr zu überblickenden Publikationsmenge zu solchen Themen ist die Bündelung in einer Reihe, die vor allem für Praktiker da ist, auch ein Versuch, Ihnen allzuviel Sucharbeit abzunehmen.

Die Herausgeber

Prof. Dr. Siegmar Bornemann, Umweltakademie Fresenius, Dortmund

Prof. Dr. Reinhard Pfriem, Universität Oldenburg

Prof. Dr. Volker Stahlmann, Fachhochschule Nürnberg

Prof. Dr. Bernd Wagner, Universität Augsburg

Wettbewerbsvorteile durch aktiven Umweltschutz!

Geleitwort

Ökologische Unternehmensführung ist kein Selbstläufer. Unter verschärften nationalen und internationalen Wettbewerbsbedingungen hat es den Anschein, als ob betrieblicher Umweltschutz doch wieder wie vor 10-15 Jahren vor allem als Kostenfaktor und unternehmenspolitisches Risiko wahrgenommen wird. Das, was vorgeschrieben ist, wird nach Möglichkeit erfüllt. Was außer Umweltenlastung auch ganz kurzfristig Kosteneinsparungen verspricht, wird gerne gemacht. Aber sonst? Dafür fehlt vermeintlich Geld, fehlt Zeit, sind andere Aufgaben vorrangig...

Das vorliegende Buch ist ein überzeugender Beitrag dazu, solche kurzsichtigen Auffasungen zu überwinden. Bei näherem Hinsehen ist aktiver betrieblicher Umweltschutz nicht nur grundsätzlich ein positiver Wettbewerbsfaktor, sondern lassen sich auch verschiedene unternehmenspolitische Strategien dazu entwickeln. Das Buch bietet Ihnen von daher einen Fächer von Möglichkeiten für die eigene Praxis. Es zeigt an zahlreichen Beispielen, wie die verschiedenen Strategien ineinandergreifen und aufeinander aufbauen. Und durch die Branchenorientierung, der das zugrundeliegende Forschungsprojekt folgte, wird auch die so häufig anzutreffende abstrakte Gegenüberstellung von einzelnen Unternehmen und umweltpolitischen Rahmenbedingungen überwunden.

Für die Herausgeber freue ich mich in besonderem Maße, daß mit diesem Buch der Kollege Dyllick mit seinen Mitarbeitern in dieser Reihe vertreten ist; gehört er doch zu den Pionieren ökologischer Unternehmensführung im deutschsprachigen Raum. Ich bedanke mich dafür, daß es durch unbürokratische Vereinbarungen zwischen dem Hanser- und dem NZZ-Verlag zu diesem deutsch-schweizerischen Buchprojekt gekommen ist.

Oldenburg, Mai 1997

Prof. Dr. Reinhard Pfriem

Vorwort der Autoren

Das vorliegende Buch ist das Ergebnis eines fünfjährigen Forschungsprozesses, in dem Wissenschaft und Praxis in intensivem Austausch standen. Zu seinem Ergebnis haben viele Unternehmensvertreter und Branchenexperten beigetragen, die nicht nur Interesse an einer handlungsorientierten Forschung bekundeten, sondern auch grosszügig Zeit und Wissen hierzu beigesteuert haben. Wir hoffen, dass sie diesen Prozess als ähnlich fruchtbar erlebt haben wie wir. Mitglieder der Forschungsgruppe waren – neben den Autoren des vorliegenden Buches – die Herren Dr. Heinrich Hugenschmidt, heute Schweizerische Bankgesellschaft, Zürich; Dr. Felix Koller, heute Firma Häusle & Koller, Gossau SG; Dr. Raphael Laubscher, heute Visura Treuhand Gesellschaft, Solothurn; Dr. Mathias Sahlberg, heute Firma Freudenberg, Weinheim (D); und Dr. Jürgen Paulus, heute selbständiger Unternehmensberater, Sao Paulo (Brasilien), die als Branchenbearbeiter zwischen 1993 und 1995 an dem Forschungsprojekt „Ökologie und Wettbewerbsfähigkeit von Unternehmen und Branchen" aktiv mitgewirkt haben. Ihre Arbeit und Erkenntnisse sind wichtige Bausteine dieses Buches. Das Projekt wurde finanziert durch das Schwerpunktprogramm Umwelt des Schweizerischen Nationalfonds, das sich als anregender und produktiver Rahmen erwiesen hat. Wir bedanken uns herzlich bei allen diesen Personen und Institutionen.

Das vorliegende Buch basiert auf den Ergebnissen des Forschungsprojektes „Ökologie und Wettbewerbsfähigkeit von Unternehmen und Branchen". Gleichzeitig führt es aber bereits darüber hinaus und greift Fragestellungen auf, die von den Autoren in einem weiterführenden Forschungsprojekt am Institut für Wirtschaft und Ökologie an der Universität St. Gallen (IWÖ-HSG) zum Thema „Von der Öko-Nische zum ökologischen Massenmarkt" derzeit bearbeitet werden. Dieses Projekt läuft von 1996 bis 1998 und wird wiederum vom Schwerpunktprogramm Umwelt des Schweizerischen Nationalfonds gefördert. Ging es im Rahmen des ersten Forschungsprojektes um die Klärung unternehmerischer Freiräume im Spannungsfeld von Ökologie und Wettbewerbsfähigkeit, so geht es im Nachfolgeprojekt um die konsequente Nutzung und Erweiterung dieser Freiräume.

St. Gallen, im Mai 1997

Thomas Dyllick
Frank Belz
Uwe Schneidewind

Inhalt

Einleitung

Ein Blick in die Praxis zeigt, dass Ökologie auf sehr unterschiedliche Art und Weise wettbewerbsrelevant wird: So stellen Banken fest, dass sich aufgrund von Altlasten auf Grundstücken vermeintliche Sicherheiten als Unsicherheiten entpuppen und suchen nach Lösungen, um ökologische Kredit-, aber auch Bonitätsrisiken zu bewältigen. Die Farbenchemie sieht sich mit der Forderung nach schadstoff- und lösungsmittelfreien Produkten konfrontiert, weil ihre Kunden aus der Automobil- und Textilindustrie ökologische Probleme haben. So werden ökologische Probleme der Kunden zu ökonomischen Problemen der Lieferanten. Und in der Baubranche wirkt sich die Entsorgungsproblematik zunehmend auf den Wettbewerb der Baustoffhersteller aus: Gesucht sind innovative Lösungen und neue Synergien, die das Schliessen von Materialkreisläufen erlauben. Gefragt sind umweltverträgliche Materialien, die am Ende des Produktlebens wiederverwendet werden können.

Vielfach wird die wettbewerbsstrategische Relevanz der Ökologie unterschätzt oder verkannt. Die Gründe dafür sind sowohl in der Praxis als auch in der Theorie zu suchen. Aus der Sicht der Praxis wird Umweltschutz häufig als reiner Kostenfaktor und als operatives Problem betrachtet, nicht aber als Wettbewerbsfaktor und als strategische Herausforderung. Auch die Umweltmanagementsysteme gemäss der ISO-Norm 14001 oder der EMAS-Verordnung der EU führen nicht aus sich heraus zu einer strategischen Ausrichtung des Umweltmanagements. Aus der Sicht der Theorie mangelt es bisher an geeigneten Konzepten und Instrumenten, um der wettbewerbsstrategischen Relevanz der Ökologie gerecht zu werden. Herkömmliche Konzepte und Instrumente der strategischen Unternehmensplanung und der Allgemeinen Managementlehre sind im ökologischen Kontext nur bedingt einsetzbar. Möchte man der ökologischen Herausforderung gerecht werden, dann müssen vorhandene Wettbewerbskonzepte und -strategien neu überdacht werden. Das vorliegende Buch liefert hierzu einen Beitrag.

Im ersten Teil des Buches wird das Entstehen ökologischer Wettbewerbsfelder erklärt. Ausgehend von ökologischen Belastungen und Ansprüchen werden die ökologischen Wettbewerbsfelder abgeleitet und anhand von sechs ausgewählten Branchen dargestellt. Im zweiten Teil werden vier ökologische Wettbewerbsstrategien entwickelt, die sich in besonderem Masse eignen, dem ökologischen Wandel zu begegnen. Das Konzept der ökologischen Wettbewerbsfelder und die Typologie ökologischer Wettbewerbsstrategien basieren auf den Ergebnissen eines Forschungsprojektes zum Thema „Ökologie und Wettbewerbsfähigkeit von Unternehmen und Branchen", das am Institut für Wirtschaft und Ökologie der Universität St. Gallen (IWÖ-HSG) in den Jahren 1993-96 mit sieben Mitarbeitern unter der Leitung von Prof. Dr. Thomas Dyllick durchgeführt worden ist. Folgende sechs Branchen sind eingehend im Hinblick auf den Zusammenhang von Ökologie und Wettbewerbsfähigkeit untersucht worden: Bau, Chemie, Computer, Güterverkehr, Lebensmittel und Maschinenbau. Die ausgewählten Branchen sind sowohl ökonomisch als auch ökologisch in hohem Masse relevant. Die gewonnenen Erkenntnisse leiten sich aus empirischen Daten ab und sind das Ergebnis eines ständigen Wechselspiels zwischen Theorie und Praxis: Im Rahmen des Gesamtprojektes sind mehr als 300 Interviews mit Experten aus Wissenschaft und Praxis, über 20 vertiefende Fallstudien und über 20 Workshops mit Unternehmens- und Branchenvertretern durchgeführt worden.

Das Buch richtet sich an alle, die sich für den Zusammenhang von Ökologie und Wettbewerb interessieren. Es wendet sich gleichermassen an Praktiker und an Wissenschaftler. Für die Vertreter der Praxis stellt das Buch einen Orientierungsrahmen zur Verfügung, um vorhandene Freiräume im Spannungsfeld von Ökologie und Wettbewerbsfähigkeit frühzeitig zu identifizieren, geschickt zu nutzen und gezielt zu erweitern. Es werden Konzepte und Instrumente dargestellt, die in der Praxis erprobt sind und sich bewährt haben. Für die Vertreter der Wissenschaft liefert das Buch einen Beitrag zur Klärung des vielschichtigen Zusammenhangs von Ökologie und Wettbewerbsfähigkeit. Es werden neue Konzepte und Strategietypen entwickelt, die auf empirischer Grundlage beruhen und auf induktivem Wege gewonnen worden sind. Die zahlreichen Fallbeispiele im zweiten Teil des Buches dienen zur Illustration und Vertiefung der Erkenntnisse. Die sechs ausgewählten Branchen im ersten Teil des Buches haben exemplarischen Charakter. Grundsätzlich lässt sich die „Logik der ökologischen Transformation" – von den ökologischen Belastungen zu den ökologischen Wettbewerbsfeldern – auch auf andere Branchen übertragen.

Teil I

Ökologische Wettbewerbsfelder

Ökologische Probleme können die Branchen- und Wettbewerbsverhältnisse grundlegend verändern und damit vorhandene Wettbewerbsvorteile aushöhlen bzw. neue schaffen. In manchen Fällen sind diese Veränderungsprozesse bereits weit fortgeschritten, wie bspw. im Fall von Verpackungen oder Wasch- und Reinigungsmitteln. In anderen Fällen laufen solche Prozesse erst an oder lassen noch auf sich warten.

Wie Milchschlauchbeutel die Marktführerschaft von Tetra Pak erschüttern

Im Herbst 1990 wurde in der Schweiz von den beiden Grossverteilern Migros und Coop der Schlauchbeutel aus Polyethylen für 1-Liter-Milchverpackungen eingeführt. Bis zu diesem Zeitpunkt war fast ausschliesslich die Tetra Brik-Verpackung der Firma Tetra Pak verfügbar. Bei der Tetra Brik-Verpackung handelt es sich um eine Karton-Kunststoff-Verbundfolie. Trotz gewisser Unbequemlichkeiten bei der Handhabung hat sich der ökonomisch und ökologisch günstigere Schlauchbeutel innerhalb weniger Monate gegenüber der Tetra Brik-Verpackung durchsetzen können. Betrug der Marktanteil des Schlauchbeutels im schweizerischen Markt für pasteurisierte Milchprodukte im September 1990 noch weniger als 1%, so waren es im 2. Quartal 1991 bereits über 30%. Mittlerweile liegt der Marktanteil bei rund 40%! Die Verdrängung der Tetra Brik-Verpackung erfolgte dabei so stark und schnell, dass für die Firma Tetra Pak kaum Zeit für effektive Gegenmassnahmen blieb.

Hintergrund der Einführung des Schlauchbeutels war die Erkenntnis, dass aufgrund veränderter Werthaltungen ein Nachfragepotential für eine ökologisch günstigere Milchverpackung bestand. Durch die neu berechneten Ökobilanzdaten für Verpackungen, an deren wissenschaftlicher Erarbeitung Migros und Coop einen massgeblichen Anteil hatten, konnte auch glaubhaft belegt werden, dass der Schlauchbeutel ökologisch weniger belastend ist als die Tetra Brik-Verpackung. Als der Schlauchbeutel in Testmärkten auf Anhieb einen Marktanteil von 30% erreichte, liess die nationale Einführung nicht lange auf sich warten (Quelle: Dyllick/Belz 1994: 10-11)

Das erste Fallbeispiel zur Einführung des Milchschlauchbeutels macht deutlich, dass ökologisch induzierte Veränderungen sehr schnell eintreten können und den betroffenen Unternehmen kaum Zeit bleibt, um angemessen reagieren zu können. Das zweite Fallbeispiel zum Vormarsch phosphatfreier Waschmittel zeigt, dass Unternehmen derartige Veränderungen selber einleiten und aktiv (mit-) gestalten können. Darauf wird im zweiten Teil des Buches noch näher einzugehen sein. Zunächst stellt sich jedoch die Frage, wie ökologische Veränderungsprozesse ablaufen. Oder anders formuliert: Worin besteht die „Logik der ökologischen Transformation"?

Der Vormarsch phosphatfreier Waschmittel

Anfang der siebziger Jahre beschloss das deutsche Unternehmen Henkel, ein phosphatfreies Waschmittel zu entwickeln. Henkel ist ein Unternehmen der angewandten Chemie, das in weiten Teilen der Bevölkerung als Hersteller von Markenartikeln bekannt ist. Das wichtigste Produkt von Henkel ist „PERSIL", die unbestrittene Nr. 1 im deutschen Markt für Universalwaschmittel. Hintergrund der Entscheidung für phosphatfreie Waschmittel waren Anzeichen einer politischen Verknappung der Phosphatreserven, aber auch die beginnende Phosphatdiskussion in Deutschland. Bei Phosphat handelt es sich um einen natürlichen Stoff, der aber in grösseren Mengen negative Auswirkungen auf stehende oder langsam fliessende Gewässer haben kann. Die Überdüngung der Gewässer mit Phosphat führt zu einem starken Wachstum von Algen und Wasserpflanzen, die übermässig viel Sauerstoff verbrauchen. Dadurch kommt es zum „Umkippen" von Flüssen und Seen. Neben der Landwirtschaft sind vor allem Waschmittel für die Eutrophierung der Gewässer verantwortlich.

Im Jahr 1973 liess Henkel einen Phosphatersatzstoff auf Zeolithbasis (Sasil) patentieren, der 1976 erstmals in einem Grossversuch in Waschmitteln getestet wurde. 1977 brachte das Unternehmen Dixan als phosphatarmes Universalwaschmittel auf den Markt, 1983 dann in einer phosphatfreien Version.

1986 wurde auch Persil phosphatfrei eingeführt. Drei Jahre später, 1989, nahm Henkel die letzten phosphathaltigen Produkte vom Markt. Lag im deutschen Vollwaschmittelmarkt insgesamt der Marktanteil phosphatfreier Waschmittel Anfang 1986 noch unter 10%, so erreichte er Anfang 1989 bereits 82% und 1991 100% der Verkäufe. Henkel gelang es, auch im Segment der phosphatfreien Waschmittel von Anfang an die Marktführerposition zu erreichen. Daneben löste die deutsche Entwicklung auch in anderen europäischen Ländern einen Vormarsch phosphatfreier Waschmittel aus, wobei sie auf dem europäischen Vollwaschmittelmarkt bis 1991 einen Marktanteil von 40% erreichen konnten. Auch davon profitierte Henkel: Der europäische Marktanteil von Persil stieg zwischen 1985 und 1990 von 16% auf 23% an (Quellen: Hall/Ingersoll 1993: 15-16 und Meffert/Kirchgeorg 1993: 387-413).

Logik der ökologischen Transformation

Beschäftigen sich Unternehmen mit der Frage der Wettbewerbsrelevanz von ökologischen Problemen, dann suchen sie die Antwort primär im Bereich marktlicher und gesellschaftlicher Veränderungen: gestiegenes Umweltbewusstsein, verändertes Kaufverhalten, schärfere Umweltschutzgesetze, neue Wettbewerber etc. Vielfach werden die ökologischen Probleme erst dann wahrgenommen und aufgegriffen, wenn sie am Markt virulent werden. Meist ist es dann bereits zu spät und es besteht die Gefahr, dass diskontinuierliche ökologisch induzierte Veränderungen die Unternehmen überraschen. Dies kann zu Imageproblemen oder – wie im Fall von Tetra-Pak – zu Umsatzeinbrüchen und Marktanteilsverlusten führen.

Die ausschliessliche Analyse der marktlichen und gesellschaftlichen Veränderungen geht von einem „halbierten" Ökologieverständnis aus. Es wird verkannt, dass im Kontext der Ökologie zwei Ebenen relevant sind: die sozio-ökonomische Ebene einerseits und die stofflich-energetische Ebene andererseits. Während auf der sozio-ökonomischen Ebene sozialwissenschaftlich fassbare Zusammenhänge wie veränderte Werthaltungen und verändertes Nachfrageverhalten im Vordergrund stehen, geht es auf der stofflich-energetischen Ebene um naturwissenschaftlich fassbare Zusammenhänge, wie bspw. Energieverbrauch, Ressourcenverbrauch, Luft-, Boden- und Wasserbelastungen (vgl. Abb. 1). Um die Ursachen für die Veränderungen auf der sozio-ökonomischen Ebene besser verstehen zu können, bedarf es einer Ergänzung um die stofflich-energetische Ebene.

Erst die Analyse der stofflich-energetischen Ebene *und* der sozio-ökonomischen Ebene ergibt ein vollständiges Bild der ökologischen Ausgangssituation eines Unternehmens oder einer Branche. Auf der Grundlage einer solchen Analyse lassen sich dann auch die Auswirkungen auf den Wettbewerb erfassen: Die ökologischen Belastungen auf der stofflich-energetischen Ebene werden von öffentlichen, politischen und marktlichen Anspruchsgruppen auf der sozio-ökonomischen Ebene aufgegriffen und in ökologische Wettbewerbsfelder transformiert. Dabei kann man zwischen aktuellen, latenten und potentiellen ökologischen Wettbewerbsfeldern unterscheiden (vgl. Belz 1994: 51-61).

Stofflich-energetische Ebene	**Sozio-ökonomische Ebene**
• Energieverbrauch • Ressourcenverbrauch • Bodenbelastungen • Wasserbelastungen • Luftbelastungen • Lärmbelastungen • Abfallaufkommen • Auswirkungen auf Ökosysteme	• Gesellschaftliche Erwartungen • Werthaltungen • Politische Prioritäten • Rechtliche Auflagen • Behördliche Vorschriften • Nachfrageverhalten • Attraktivität als Arbeitgeber

Abb. 1:   Zwei ökologisch bedeutsame Betrachtungsebenen (Quelle: Dyllick/Belz 1994: 16)

Bei aktuellen ökologischen Wettbewerbsfeldern handelt es sich um ökologische Belastungen, die bereits von marktlichen Anspruchsgruppen aufgegriffen worden sind und Wettbewerbswirkungen entfalten (Beispiel: Verpackungsproblematik). Bei latenten und potentiellen ökologischen Wettbewerbsfeldern handelt es sich um ökologische Belastungen, die sich im gesellschaftspolitischen Diskurs befinden und noch keine unmittelbaren Wettbewerbswirkungen entfalten (Beispiel: Verkehrsproblematik). In Abb. 2 wird der Weg von ökologischen Belastungen zu ökologischen Wettbewerbsfeldern, also die „Logik der ökologischen Transformation", dargestellt.

Grundsätzlich lässt sich das ökologische Transformationsmuster auf alle Branchen übertragen. Die konkreten Inhalte jedoch können von Branche zu Branche sehr unterschiedlich sein. Wie empirische Analysen in einer Reihe von Branchen zeigen, sind die ökologischen Belastungen, die ökologischen

Ansprüche und damit auch die ökologischen Wettbewerbsfelder sehr verschieden. In den folgenden Ausführungen wird der Weg von ökologischen Belastungen zu ökologischen Wettbewerbsfeldern in sechs ausgewählten Branchen dargestellt und ein geeignetes Instrumentarium zur Analyse dieser ökologischen Zusammenhänge entwickelt.

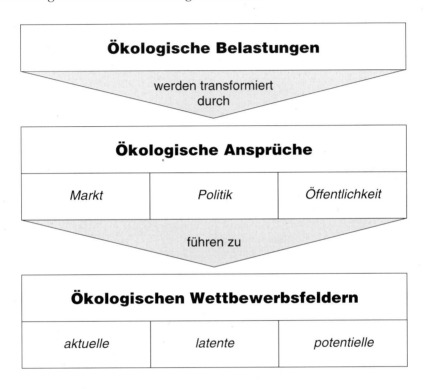

Abb. 2: Logik der ökologischen Transformation (Quelle: Belz 1994:51)

1 Ökologische Belastungen

Folgt man der Logik der ökologischen Transformation, dann sind die ökologischen Belastungen auf der stofflich-energetischen Ebene Ausgangspunkt der Untersuchung. Auf dieser Ebene geht es um naturwissenschaftlich fassbare Zusammenhänge, um objektive Daten und Fakten wie bspw. Energieverbrauch gemessen in Joule und Materialverbrauch gemessen in Kilogramm oder Tonnen. Lange Zeit wurde dieser Ebene von Unternehmen nur wenig Aufmerksamkeit gewidmet. Daher ist auch das Instrumentarium zur Erfassung und Analyse der realen ökologischen Belastungen noch sehr unvollständig. Erst in jüngster Vergangenheit wurden Instrumente wie Stoff- und Energiebilanzen, Ökobilanzen und Produktlinienanalysen entwickelt und in der Praxis erprobt (vgl. näher zu den Instrumenten Freimann 1996). Um die strategisch relevanten ökologischen Belastungen einer Branche zu erfassen, bedarf es eines Instrumentes, das verschiedenen Anforderungen genügen muss:

- *Lebenszyklusweite Betrachtung:* Sollen nicht lediglich einzelne ökologische Teilprobleme einer Branche erfasst werden (z.B. Energieverbrauch in der Produktion), dann ist eine ganzheitliche Betrachtung vorzunehmen, die sich am Konzept des ökologischen Produktlebenszyklus orientiert. Im Rahmen einer solchen Betrachtung sind alle Phasen des Produktlebens „von der Wiege bis zur Bahre" einzubeziehen: Rohstoffherstellung, Grundstoffherstellung, Vorprodukteherstellung, Endprodukteherstellung, Transport, Distribution, Konsum und Entsorgung. Erst dann kann sichergestellt werden, dass alle strategisch relevanten ökologischen Belastungen einer Branche erfasst werden. Auch kann gezeigt werden, ob bestimmte ökologische Massnahmen tatsächlich zu einer Reduktion der Umweltbelastungen führen oder lediglich eine Problemverschiebung von einer Stufe auf eine andere Stufe entlang des ökologischen Produktlebenszyklus zur Folge haben.

- *Relevante Umweltdimensionen:* Die Umweltbelastungen, die von einer Branche ausgehen, können ganz unterschiedliche Dimensionen betreffen. Beim Umweltzeichen der EG werden bspw. folgende Umweltdimensionen berücksichtigt: Abfallaufkommen, Bodenbelastung, Wasserbelastung, Luftbelastung, Lärmbelastung, Energieverbrauch, Verbrauch an natürlichen Ressourcen und Auswirkungen auf Ökosysteme. Geht man von einem weiten Umweltverständnis aus, dann sind auch gesundheitliche Aspekte mit einzubeziehen.

- *Komplexitätsreduktion:* Die ökologischen Belastungen einer Branche sind sehr vielfältig und komplex. Damit stellt sich einerseits das Problem der Datenerfassung, andererseits aber auch das Problem der Bewertung. Eine detaillierte Erfassung und Bewertung, wie sie im Rahmen der Ökobilanzierung angestrebt wird, ist im Rahmen einer (wettbewerbs-) strategischen Untersuchung nicht möglich, aber auch nicht nötig. Gilt es, die wichtigsten ökologischen Belastungen einer Branche im Überblick zu erfassen und zu bewerten, dann ist es unumgänglich, eine Komplexitätsreduktion vorzunehmen, um innert nützlicher Frist handlungsrelevante Informationen zu erhalten.

- *Einfache Handhabbarkeit:* Ein Instrument, das in der Praxis zur Anwendung kommen soll, muss möglichst leicht verständlich und einfach handhabbar sein. Das Ergebnis in Form der zentralen ökologischen Belastungen einer Branche sollte auf einen Blick sichtbar und leicht kommunizierbar sein.

- *Entscheidungsrelevanz:* Die ökologischen Informationen, die erhoben und bewertet werden, sind Ausgangspunkt einer (wettbewerbs-) strategischen Analyse. Sie sollen als Grundlage für strategische Managemententscheidungen dienen. Demnach sind die ökologischen Informationen so zu aggregieren, dass sie sich für die Ableitung strategischer Aussagen eignen.

Ökologische Belastungsmatrix

Für die Analyse auf der stofflich-energetischen Ebene ist das Instrument der *ökologischen Belastungsmatrix* entwickelt worden (vgl. Abb. 3). Auf der *horizontalen Achse* der ökologischen Belastungsmatrix befinden sich die einzelnen Branchenstufen, die sich aus dem ökologischen Produktlebenszyklus ableiten. Das Konzept des ökologischen Produktlebenszyklus bringt zum Ausdruck, dass die spezifischen Umweltprobleme nicht nur im eigenen Handlungsbereich einer Unternehmung oder Branche auftreten, sondern an irgendeiner Stelle des langen und verzweigten Produktlebenszyklus virulent werden können. Es ist sogar häufig zu beobachten, dass Probleme erst jenseits des eigenen Handlungsbereichs auftreten, wie bpsw. bei der Entsorgung, wenn man an Kunststoffe denkt. Letztendlich sind von diesen Problemen alle betroffen, die durch die produktökologische Kette miteinander

verbunden sind: Rohstoffhersteller, Vorproduktehersteller, Endprodukte-
hersteller, Verteiler, Benutzer und Entsorger. Die Rückwirkungen ökologisch
bedingter Eingriffe und Veränderungen, z.B. das Verbot von PVC als Geträn-
keverpackung in der Schweiz, treffen sehr rasch auch diejenigen, die mög-
licherweise nur indirekt und über mehrere Lieferbeziehungen hinweg mit
dem Problem zu tun haben.

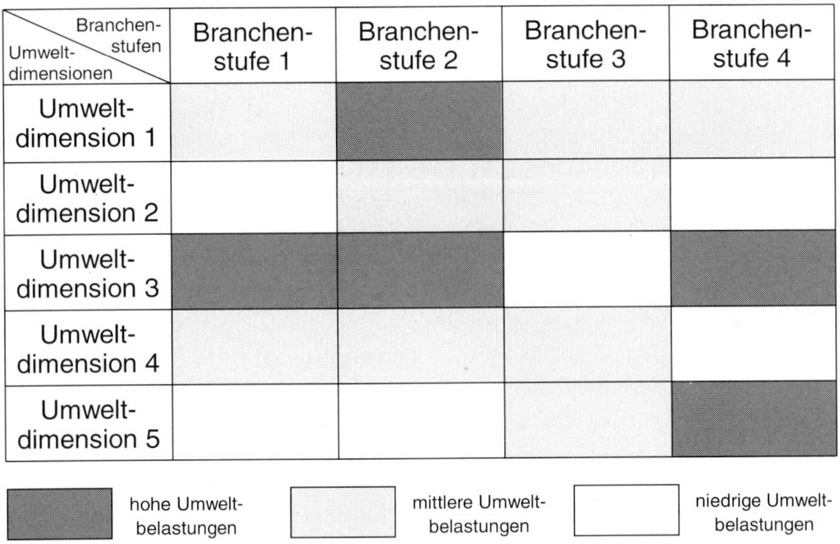

Branchen-stufen / Umwelt-dimensionen	Branchen-stufe 1	Branchen-stufe 2	Branchen-stufe 3	Branchen-stufe 4
Umwelt-dimension 1				
Umwelt-dimension 2				
Umwelt-dimension 3				
Umwelt-dimension 4				
Umwelt-dimension 5				

hohe Umwelt-belastungen   mittlere Umwelt-belastungen   niedrige Umwelt-belastungen

Abb. 3: Ökologische Belastungsmatrix (Quelle: Dyllick/Belz 1994: 23)

Dieses besondere Merkmal produktökologischer Zusammenhänge und Wirkungen kann nicht ohne Auswirkungen auf die Art der Branchenabgren-
zung bleiben. Herkömmlicherweise beruhen die Brancheneinteilungen auf
der Art der Tätigkeit oder der eingesetzten Technologie. So finden sich in der
offiziellen Branchenstatistik die Landwirtschaft im primären Sektor, die
Lebensmittelindustrie im sekundären Sektor und der Lebensmittelhandel
im tertiären Sektor, d.h. in drei unterschiedlichen Sektoren wieder. Will man
jedoch die ökologischen Probleme und den ökologischen Wandel in der
Lebensmittelbranche als Ganzes analysieren, dann macht es keinen Sinn,
sich auf den Abschnitt zu beschränken, der gemäss offizieller Statistik als
„Lebensmittelindustrie" bezeichnet wird. Damit würde man wichtige Bereiche wie Landwirtschaft und Lebensmittelhandel, aber auch Konsum und
Entsorgung ausgrenzen, obwohl diese ganz unmittelbar beeinflussen, was
in stofflich-energetischer und sozio-ökonomischer Hinsicht für die Lebens-

mittelindustrie bedeutsam ist. Ähnliches gilt auch für die anderen Branchen. So ist bspw. für die Farbenchemie nicht nur die Farbmittel- und die Farbenherstellung, sondern auch Rohstoffgewinnung, Lagerung/Transport, Forschung & Entwicklung, Farbanwendung und Entsorgung relevant; ebenso ist für die Baubranche nicht nur die Gebäudeerstellung und damit der Bauprozess selber von Bedeutung, sondern auch die Baustoffherstellung, Nutzung, Instandhaltung und Entsorgung der Gebäude. Es wird deutlich, dass die derart definierten Branchen bedeutend umfassender als die herkömmlichen Branchen der offiziellen Statistik sind. Sie orientieren sich an der Gesamtheit der ökologisch relevanten Zusammenhänge, wie sie sich aus dem Konzept des ökologischen Produktlebenszyklus ergeben. Um dies auch sprachlich zum Ausdruck zu bringen, soll der Begriff *„Branche"* ausschliesslich für diesen erweiterten Zusammenhang verwendet werden, während der Begriff *„Industrie"* vor allem für den engeren Zusammenhang gemäss der offiziellen Statistik verwendet wird.

Auf der *vertikalen Achse* der ökologische Belastungsmatrix sind die relevanten Umweltdimensionen abgetragen. Auch diese variieren von Branche zu Branche und sind deshalb nicht allgemeingültig zu definieren. Ebenso wie die Branchenstufen wurden auch die relevanten Umweltdimensionen zusammen mit den Branchenexperten ermittelt. In den Matrixfeldern ist die Höhe der ökologischen Belastungen der jeweiligen Umweltdimension auf einer bestimmten Branchenstufe angegeben. Dabei wird lediglich eine grobe Gewichtung nach dem Muster der ABC-Analyse vorgenommen:

schwarz   =   hohe Umweltbelastungen

grau   =   mittlere Umweltbelastungen

weiss   =   geringe Umweltbelastungen.

Die vorgenommene Bewertung ist nicht absoluter Natur, sondern relativ zu den Umweltbelastungen der jeweiligen Branche. Es geht m.a.W. darum, die Bereiche hoher und mittlerer Umweltbelastung innerhalb einer Branche zu identifizieren. Hieraus folgt, dass die Bewertungsergebnisse nicht über verschiedene Branchen hinweg vergleichbar sind. Bewusst wird eine einfache Einteilung gewählt, um die Komplexität zu reduzieren und um dem Eindruck einer Scheingenauigkeit vorzubeugen. In den folgenden Ausführungen werden exemplarisch sechs ökologische Belastungsmatrizen vorgestellt, die im Forschungsprojekt erarbeitet und intensiv mit Vertretern aus der Praxis diskutiert worden sind. Aus Platzgründen können die ökologischen Belastungen an dieser Stelle allerdings nur in gekürzter Form dargestellt werden (vgl. zu einer ausführlicheren Darstellung Dyllick et al. 1994).

Ökologische Belastungen: Lebensmittelbranche

Wie bereits erwähnt, kann man vier verschiedene Stufen in der Lebensmittelbranche unterscheiden: Landwirtschaft, Lebensmittelindustrie, Lebensmittelhandel und Konsumenten. In den meisten westeuropäischen Ländern ist die ökonomische Bedeutung der Landwirtschaft in den letzten Jahrzehnten stetig gesunken. Bei der Lebensmittelindustrie macht sich aufgrund des begrenzten Nachfragewachstums ein verschärfter horizontaler Wettbewerb bemerkbar, der weit über die nationalen Grenzen hinausgeht. Trotz alledem weist die Lebensmittelindustrie eine vergleichsweise niedrige Import- und Exportquote auf; in der Schweiz handelt es sich um einen inlandsorientierten, weitgehend abgeschotteten Industriezweig. Beim Lebensmittelhandel ist europaweit ein Laden-Sterben festzustellen; die Handelskonzentration nimmt stetig zu. Ein Blick auf die ökologische Belastungsmatrix zeigt, dass vor allem auf der ersten und der letzten Branchenstufe erhebliche Umweltbelastungen entstehen:

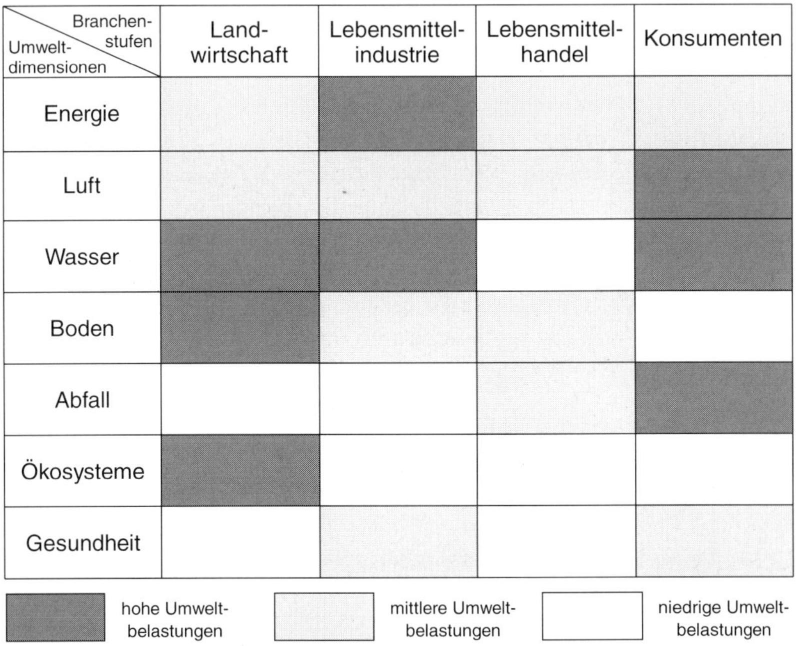

Umweltdimensionen \ Branchenstufen	Landwirtschaft	Lebensmittelindustrie	Lebensmittelhandel	Konsumenten
Energie	mittel	hoch	mittel	mittel
Luft	mittel	niedrig	mittel	hoch
Wasser	hoch	mittel	niedrig	mittel
Boden	hoch	mittel	niedrig	niedrig
Abfall	niedrig	mittel	mittel	hoch
Ökosysteme	hoch	niedrig	niedrig	niedrig
Gesundheit	mittel	mittel	mittel	mittel

Legende: █ hohe Umweltbelastungen   ▒ mittlere Umweltbelastungen   ☐ niedrige Umweltbelastungen

Abb. 4: Ökologische Belastungsmatrix der Lebensmittelbranche (Quelle: Belz 1995: 37)

Ein Viertel der häuslichen Siedlungsabfälle sind auf die Ernährung zurückzuführen (1991: ca. 1 Mio Tonnen). Daneben kommt der hohe Energie- und Wasserverbrauch für die Lagerung und Zubereitung der Lebensmittel auf der Stufe der Konsumenten zum Tragen. In den meisten Kühlgeräten, die zur Lagerung der Lebensmittel verwendet werden, sind noch FCKW als Blähmittel für den Isolierschaum und als Kältemittel enthalten. Werden diese nicht umweltgerecht entsorgt, so besteht ein hohes Ozonabbaupotential. Die konventionelle Landwirtschaft ist für die Zerschneidung von Ökosystemen und damit auch den Verlust der Artenvielfalt mitverantwortlich. Ausserdem trägt sie durch den hohen Einsatz von chemisch-synthetischen Pflanzenschutz- und Düngemitteln zur Belastung der Böden und Gewässer bei. Die zentralen ökologischen Belastungen auf der Stufe der Lebensmittelindustrie bestehen im Energie- und Wasserverbrauch. Die Abfälle, die bei der industriellen Lebensmittelverarbeitung anfallen, werden grösstenteils für die Schweinefütterung weiterverwertet. Die ökologischen Belastungen beim Lebensmittelhandel gehen vor allem auf den Transport und die Lagerung der Produkte zurück (vgl. Belz 1995: 36-52).

Ökologische Belastungen: Baubranche

Die Baubranche lässt sich in sieben verschiedene Stufen unterteilen: Rohstoffgewinnung/Baumaterialherstellung, Transport, Planung, Bauprozess, Instandhaltung/Abbruch, Nutzung/Betrieb und Wiederverwertung/Entsorgung. Wie in anderen westeuropäischen Ländern gehört die Bauwirtschaft auch in der Schweiz zu den wichtigsten Industriezweigen. Doch nicht nur ökonomisch, sondern auch ökologisch ist die Branche sehr bedeutsam. Die ökologische Belastungsmatrix der Baubranche macht deutlich, dass mit Ausnahme der Planung von allen Stufen mittlere bis hohe ökologische Belastungen ausgehen (s. Abb. 5).

Dabei kann die Art der ökologischen Belastungen sehr unterschiedlich sein (vgl. Koller 1995: 85-145): Auf der ersten Stufe fallen insbesondere der Ressourcenverbrauch, der Energieaufwand und die damit verbundenen Luftemissionen ins Gewicht; auf der letzten Stufe hingegen sind es vor allem die Abfall-, Wasser- und Bodenbelastungen sowie die Auswirkungen auf Ökosysteme, die relevant sind. Jährlich fallen in der Schweiz ca. 7 Mio. Tonnen Bauabfälle an. Die nicht wiederverwertbaren Baustoffe werden teilweise in „wilden" Deponien endgelagert, die langfristig ein grosses Risiko für den Boden und das Grundwasser darstellen. Es ist damit zu rechnen, dass viele Deponien in den nächsten Jahrzehnten behandelt oder saniert werden müssen. Auf der Stufe der Gebäudenutzung ist der Energieverbrauch für Raumheizungen und Wärmeprozesse sehr bedeutsam. Für den Betrieb eines konventionellen Gebäudes wird heute rund zehnmal so viel Energie verbraucht wie für dessen Erstellung! Daneben spielt hier der hohe (Trink-) Wasserverbrauch eine grosse Rolle. Der eigentliche Bauprozess ist mit Bodenverbrauch, Aushubabfällen, Eingriffen in das Grundwasserregime und beträchtlichen Lärmemissionen verbunden.

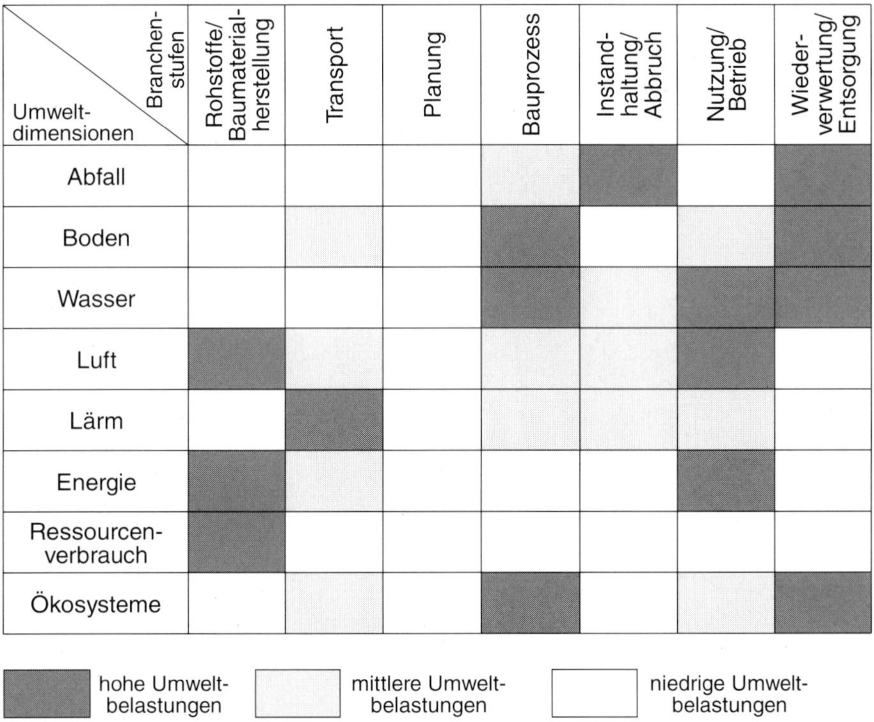

Umweltdimensionen \ Branchenstufen	Rohstoffe/ Baumaterialherstellung	Transport	Planung	Bauprozess	Instandhaltung/ Abbruch	Nutzung/ Betrieb	Wiederverwertung/ Entsorgung
Abfall				▦	■		■
Boden		▦		■	▦		■
Wasser				■	▦	■	
Luft	■	▦		▦			
Lärm		■					
Energie	■	▦				■	
Ressourcenverbrauch	■						
Ökosysteme			▦	■			▦

■ hohe Umweltbelastungen ▦ mittlere Umweltbelastungen ☐ niedrige Umweltbelastungen

Abb. 5: Ökologische Belastungsmatrix der Baubranche (Quelle: Koller 1995: 124)

Ökologische Belastungen: Maschinenbranche

Die Maschinenbranche umfasst sieben Branchenstufen: Rohstoff- und Energiegewinnung, Rohstoffverarbeitung, Vorleistungsproduktion, Produktion, Transporte, Gebrauch und Entsorgung. Die Metallindustrie liefert die Vorprodukte für die Maschinenindustrie. Die Produktpalette der schweizerischen Maschinenindustrie umfasst u.a. Textilmaschinen, Werkzeugmaschinen, Papierverarbeitungs- und Druckmaschinen, Kompressoren und Pumpen sowie Präzisionswerkzeuge. Im Gegensatz zur Lebensmittelindustrie und zur Bauwirtschaft ist die Maschinenindustrie sehr stark exportorientiert. Ausfuhranteile von 80-100% sind keine Seltenheit bei schweizerischen Maschinenherstellern. Wie die ökologische Belastungsmatrix der Maschinenbranche zeigt, fallen die wichtigsten Umweltbelastungen auf den vorgelagerten Stufen an:

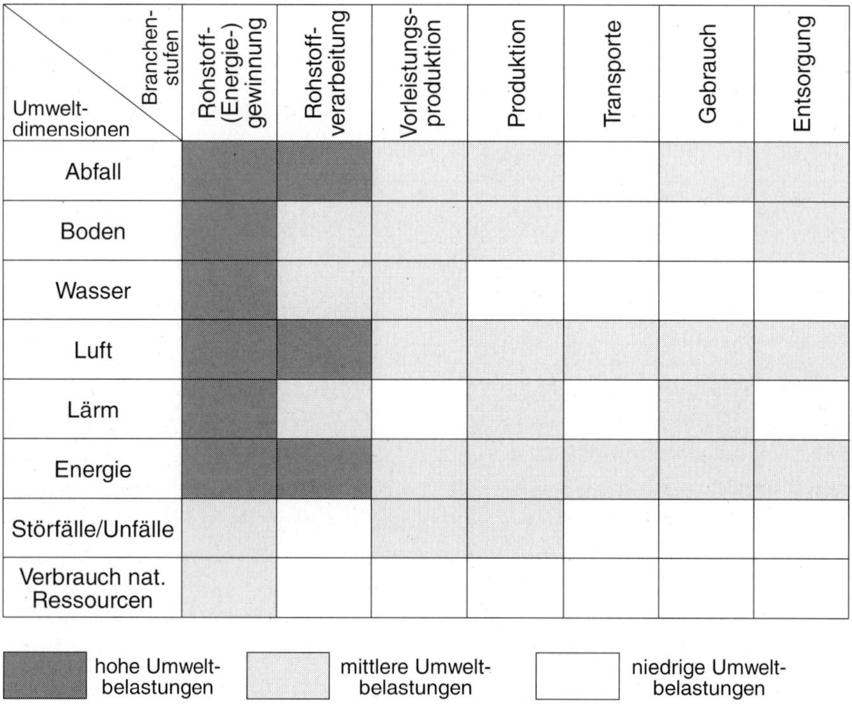

Umwelt-dimensionen \ Branchen-stufen	Rohstoff- (Energie-) gewinnung	Rohstoff-verarbeitung	Vorleistungs-produktion	Produktion	Transporte	Gebrauch	Entsorgung
Abfall	■	■					
Boden	■						
Wasser	■						
Luft	■	■					
Lärm	■						
Energie	■	■					
Störfälle/Unfälle							
Verbrauch nat. Ressourcen							

■ hohe Umwelt-belastungen   ▨ mittlere Umwelt-belastungen   ☐ niedrige Umwelt-belastungen

Abb. 6:   Ökologische Belastungsmatrix der Maschinenbranche (Quelle: Laubscher 1995: 66)

Weltweit führt der Bergbau zur Verknappung der Rohstoffreserven und Zerstörung von Ökosystemen. Ein Teil der nichtregenerierbaren Ressourcen wie bspw. Kupfer, Blei und Zink stehen bei der derzeitigen Verbrauchsrate voraussichtlich nur noch 1-2 Generationen zur Verfügung. Die Metallgewinnung ist ein mehrstufiges Verfahren, wobei jeder Verfahrensschritt bedeutende Umweltbelastungen in Form von Abfall, Energie, Luft, Wasser und Boden verursacht. Die Rohstoffverarbeitung findet in Stahlwerken, Giessereien, Aluminiumwerken usw. statt. Die zentralen ökologischen Belastungen auf dieser Stufe bestehen im Abfallaufkommen, im Energieverbrauch und den damit verbundenen Luftbelastungen. In der (Vorleistungs-) Produktion gelangen Lösungs- und Schmiermittel zum Entfetten und Reinigen der Metallteile zum Einsatz, die als Sonderabfälle entsorgt werden müssen. Insgesamt verursacht die Maschinenindustrie rund 12 % der gesamtschweizerischen Sonderabfallmenge; 1991 waren dies 72.000 Tonnen. Daneben sind Energieverbrauch, Luft- und Lärmemissionen, Wasser- und Bodenbelastungen wichtige Probleme auf dieser Stufe. In der Gebrauchsphase kommt vor allem der Energieverbrauch zum Tragen (vgl. Laubscher 1995: 64-81).

Ökologische Belastungen: Computerbranche

In der Computerbranche kann man vier Stufen unterscheiden: Herstellung, Distribution, Betrieb und Verwertung/Entsorgung. In der Schweiz werden keine Computer hergestellt. Ein Grossteil der Computer-Hardware wird aus dem asiatischen Raum importiert. Die ökologische Belastungsmatrix für die Computerbranche macht deutlich, dass die Herstellung mit den höchsten Umweltbelastungen verbunden ist (s. Abb. 7).

Die zentralen ökologischen Belastungen auf der ersten Stufe sind Abfälle, Wasser und Sicherheit/Gesundheit. Bei der Herstellung fallen Lackschlamm, Ätzlösungen mit Gefahrenstoffen und FCKW-/CKW-haltige Lösungsmittel als Sondermüll an. Der Frischwasserverbrauch ist sehr hoch und das Abwasser wird mit sauren und alkalischen Ätzlösungen, Lösungsmittelrückständen und komplexbildnerhaltigen Lösungen belastet, die nicht wiederverwertet werden können und biologisch schwer abbaubar sind. Ausserdem besteht bei den vergleichsweise niedrigen Umweltschutz- und Gesundheitsauflagen in den asiatischen Ländern ein erhöhtes Unfallrisiko und akute Gesundheitsgefährdung (Atemwegerkrankungen, Augenschäden, Krebsgefahr). Bevor der Computer den Händler und den Kunden in der Schweiz erreicht, werden mehrere Tausend Kilometer mit dem Schiff und dem Lastkraftwagen zurückgelegt, die zum Energieverbrauch und den Luftbelastungen beitragen. Die Transport- und Produktverpackungen sind von mittlerer Bedeutung. In der Nutzungsphase fällt vor allem der Energieverbrauch ins Gewicht. Im Jahr 1991 betrug der Anteil des Stromverbrauchs für Computer am gesamtschweizerischen Stromverbrauch bereits über 5%. Die grössten Energieverluste sind in der sog. „Stand-by"-Phase zu verzeichnen (sofortige Verfügbarkeit des Computers). Daneben fallen erhebliche Abfallmengen in Form von Tonerkartuschen, Tintenpatronen, Farbbändern etc. an. Und entgegen der Losung eines „papierlosen Büros im Computerzeitalter" hat sich der Papierverbrauch seit Einführung des PCs verdoppelt. Auf der vierten und letzten Stufe stehen die stetig steigenden Abfallmengen im Vordergrund. In der Schweiz sind im Jahr 1992 rund 10.000-15.000 Tonnen Computerabfälle entstanden; und im Jahr 2000 rechnet man mit der drei- bis vierfachen Menge. Werden die Computer nicht umweltgerecht entsorgt, so entstehen erhebliche Belastungen in den Bereichen Luft, Wasser und Boden (vgl. Paulus 1996: 155-183).

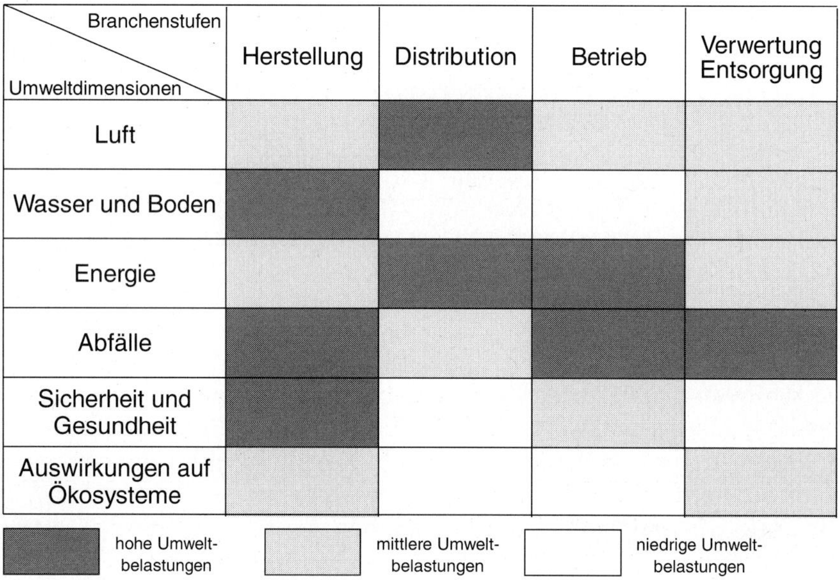

Branchenstufen / Umweltdimensionen	Herstellung	Distribution	Betrieb	Verwertung Entsorgung
Luft	mittlere	hohe	mittlere	niedrige
Wasser und Boden	hohe	niedrige	niedrige	mittlere
Energie	mittlere	hohe	hohe	mittlere
Abfälle	hohe	mittlere	hohe	hohe
Sicherheit und Gesundheit	hohe	niedrige	niedrige	niedrige
Auswirkungen auf Ökosysteme	mittlere	niedrige	mittlere	mittlere

Legende: ■ hohe Umweltbelastungen ▨ mittlere Umweltbelastungen □ niedrige Umweltbelastungen

Abb. 7: Ökologische Belastungsmatrix der Computerbranche (Quelle: Paulus 1996: 158)

Ökologische Belastungen: Güterverkehrsbranche

Güterverkehr ist eine Grundvoraussetzung für die moderne arbeitsteilige (Welt-) Wirtschaft. Als Transportmittel für den Güterverkehr kommen grundsätzlich Lastkraftwagen, Eisenbahn, Schiff und Flugzeug in Frage. Geht man von den Transportmitteln aus und bezieht auch die vor- und nachgelagerten Stufen ein, so kann man die Güterverkehrsbranche definieren als: Fahrzeugbau und -unterhalt, Wegebau- und unterhalt, Güterumschlag, Transport, Fahrzeugentsorgung, Wegerückbau und -entsorgung. Wie die ökologische Belastungsmatrix verdeutlicht, liegt der Schwerpunkt der ökologischen Belastungen bei der eigentlichen Transportleistung und der Vorproduktion:

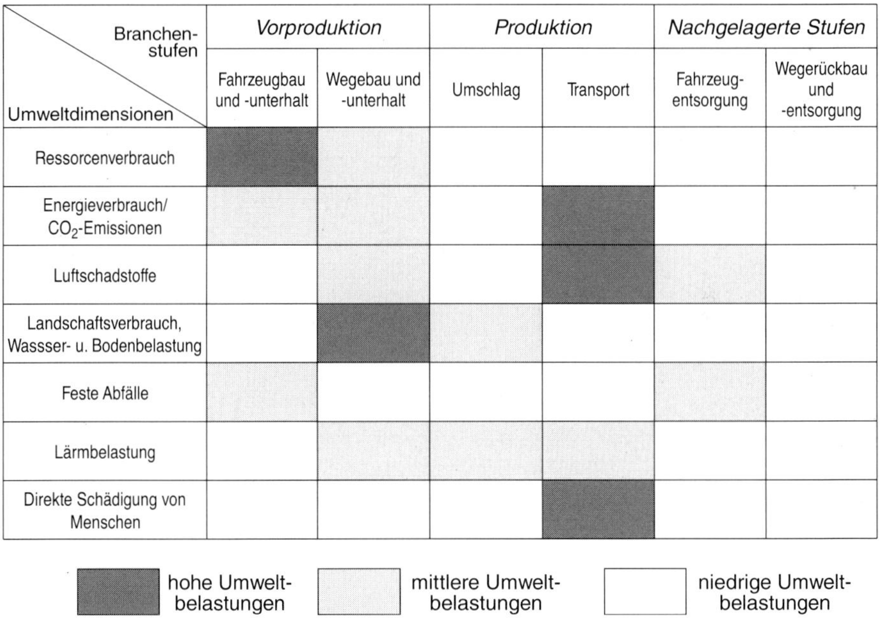

Branchenstufen / Umweltdimensionen	Vorproduktion		Produktion		Nachgelagerte Stufen	
	Fahrzeugbau und -unterhalt	Wegebau und -unterhalt	Umschlag	Transport	Fahrzeug-entsorgung	Wegerückbau und -entsorgung
Ressorcenverbrauch	■ hoch					
Energieverbrauch/ CO$_2$-Emissionen				■ hoch		
Luftschadstoffe					■ hoch	
Landschaftsverbrauch, Wassser- u. Bodenbelastung		■ hoch				
Feste Abfälle						
Lärmbelastung						
Direkte Schädigung von Menschen				■ hoch		

■	hohe Umweltbelastungen	▢	mittlere Umweltbelastungen	▢	niedrige Umweltbelastungen

Abb. 8: *Ökologische Belastungsmatrix der Güterverkehrsbranche (Quelle: Hugenschmidt 1995: 56)*

Bekannterweise ist Transport mit erheblichen Energieverbrauch und Luftemissionen verbunden. Die ökologische Schadschöpfung der einzelnen Verkehrsträger ist jedoch sehr unterschiedlich und kann nicht ohne weiteres gleichgesetzt werden. So ist die ökologische Effizienz von Wasser und Schiene wesentlich höher als von Strasse und Luft. Die meisten Unfälle sind auf den Strassenverkehr zurückzuführen. Auf der Stufe des Fahrzeugbaus und -unterhalts steht vor allem der Verbrauch von Ressourcen und Energie sowie die Entsorgung von Abfallstoffen im Vordergrund. Zentrale Umweltbelastung des Wegebaus und -unterhalts ist der Flächenverbrauch. Zusammenfassend lässt sich sagen, dass die Umweltbelastung auf der Transportstufe im Vergleich zu den anderen Stufen dominierend ist. Mehr als 80% des gesamten Energieverbrauchs – über alle Branchenstufen betrachtet – fällt bspw. beim Lastkraftwagen auf die Stufe der Transportdurchführung. In den städtischen Agglomerationsgebieten treten die Umweltbelastungen, die durch den Güterverkehr verursacht werden, verstärkt auf (vgl. Hugenschmidt 1995: 56-88).

Ökologische Belastungen: Chemie

Die Chemie kann man in verschiedene Subbranchen wie bspw. Pharmazeutika, Pflanzenschutzmittel, Farbenchemie, Hygienechemie und organische Feinchemie unterteilen. Alle diese Subbranchen weisen sehr unterschiedliche ökologische Belastungsprofile auf. An dieser Stelle soll die Farbenchemie exemplarisch hervorgehoben werden, da sie einige interessante Aspekte aufweist. Die Farbenchemie erfüllt das Bedürfnis nach einer farbigen Lebenswelt. Grundlage für die Farbenchemie sind Farbstoffe und Pigmente, welche die eigentliche Farbwirkung hervorrufen sowie Farbzusatzmittel als weitere notwendige Stoffe zur Herstellung von Farben und Lacken. Die Farbenchemie setzt sich aus sieben Branchenstufen zusammen: Rohstoffgewinnung, Lagerung/Transport, Forschung & Entwicklung, Synthese der Farbstoffe und Pigmente, Produktion der Farben und Lacke, Distribution, Gebrauch und Entsorgung. Wichtige Einsatzfelder von Farben und Lacken sind Textilien/Kleidung, Druck (Papier, Verpackungen), Bau und Automobile. Die zentralen ökologischen Belastungen, die von der Farbenchemie ausgehen, liegen im Bereich der Herstellung, der Anwendung und der Entsorgung (s. Abb. 9).

Die Herstellung der Farbmittel und Farben ist mit mittleren Luft-, Wasser- und Abfallbelastungen verbunden. Einen grossen Anteil an diesen ökologischen Belastungen haben die Lösemittel, die im Herstellungsprozess eingesetzt werden. Zum einen entweichen die Lösemittel über den Luft-, Wasser-, Abfall- und Produktpfad, zum anderen müssen sie nach den jeweiligen Syntheseschritten energieaufwendig regeneriert werden. Auch bei der Farbanwendung stellen die Lösemittel die zentrale Belastungsquelle dar. Bei zahlreichen Anwendungen wie z.B. im Heim- und Handwerkerbereich ist es unmöglich, die Lösemittel, die in die Luft entweichen, aufzufangen. Lediglich bei einigen industriellen Anwendungen können die Lösemittel zurückgehalten und sachgerecht behandelt werden (Beispiel: Autoserienlackierung). Bei der Farbentsorgung treten zwei Probleme auf: Einerseits handelt es sich dabei um die Farben, die nicht ihrer eigentlichen Verwendung zugeführt werden und als (Sonder-) Abfall gelten, wie z.B. die Farbreste aus Malerbetrieben. Andererseits handelt es sich um die Entsorgung der gefärbten Produkte. Viele Farbpigmente basieren heute noch auf Schwermetallverbindungen. Bei einer Verbrennung oder Deponierung werden diese Schwermetalle in die Umwelt freigesetzt und feinverteilt, was sich aufgrund der zumeist gegebenen hohen Toxizität und der Bioakkumulierbarkeit als bedenklich erweist (vgl. Schneidewind 1995a: 144-154).

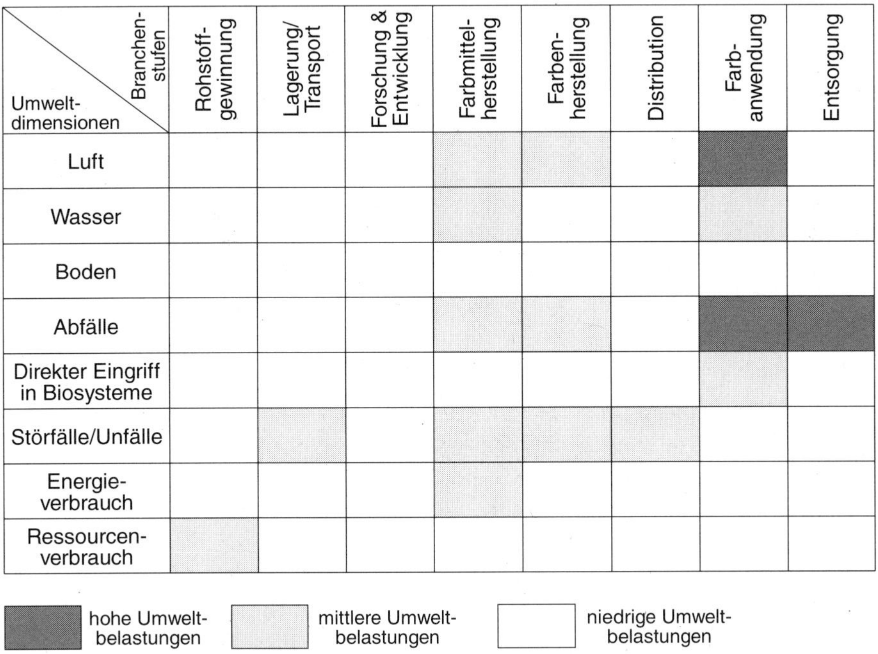

Umwelt-dimensionen \ Branchen-stufen	Rohstoff-gewinnung	Lagerung/ Transport	Forschung & Entwicklung	Farbmittel-herstellung	Farben-herstellung	Distribution	Farb-anwendung	Entsorgung
Luft				mittel			hoch	
Wasser				mittel	mittel			
Boden								
Abfälle				mittel	mittel		hoch	hoch
Direkter Eingriff in Biosysteme								
Störfälle/Unfälle		mittel		mittel				
Energie-verbrauch				mittel				
Ressourcen-verbrauch	mittel							

■ hohe Umweltbelastungen   ▨ mittlere Umweltbelastungen   □ niedrige Umweltbelastungen

Abb. 9: *Ökologische Belastungsmatrix der Farbenchemie (Quelle: Schneidewind 1995a: 147)*

In den obigen Ausführungen wurde das Instrument der ökologischen Belastungsmatrix anhand von sechs ausgewählten Branchen vorgestellt. Es lässt sich ohne weiteres auch auf andere Branchen übertragen. Es sei nochmals betont, dass es sich bei der ökologischen Belastungsmatrix um ein strategisches Managementinstrument handelt. Es geht nicht darum, alle Umweltbelastungen einer Branche detailliert zu erfassen und mit möglichst viel Zahlenmaterial zu belegen, sondern darum, ein Gefühl dafür zu bekommen, wo die wichtigsten Umweltbelastungen entlang des ökologischen Produktlebenszyklus liegen. Das Ziel der Analyse besteht darin, die Bereiche zu erkennen, in denen grosse ökologische Probleme bestehen und die am ehesten Ausgangspunkt für ökologisch induzierte Veränderungen im Wettbewerb werden können. Die fünf wichtigsten _Funktionen_ der ökologischen Belastungsmatrix sind demnach:

- _Sensibilisierungsfunktion:_ Die Matrix sensibilisiert für die stofflich-energetische Dimension und macht das ganze Ausmass ökologischer Belastungen einer Branche oder eines Produktes bewusst. Insofern werden auch Bereiche einbezogen, die bisher ausserhalb des Blickwinkels von Entscheidungsträgern lagen.

- _Visualisierungsfunktion:_ Die Matrix stellt die zentralen ökologischen Probleme einer Branche oder eines Produktes auf einen Blick dar. Die einzelnen „Öko-Gipfel" sind verbal zu erläutern.

- _Komplexitätsreduzierungsfunktion:_ Die ökologischen Probleme einer Branche oder eines Produktes sind in der Regel sehr vielfältig und komplex. Die ökologische Belastungsmatrix zwingt dazu, das Wesentliche vom Unwesentlichen zu unterscheiden und den Blick auf die zentralen ökologischen Belastungen zu lenken. Die einfache visuelle Darstellung erlaubt auch innerhalb kürzester Zeit, einen Überblick über die wichtigsten ökologischen Probleme zu bekommen.

- _Kommunikationsfunktion:_ Die Matrix setzt Kommunikationsprozesse innerhalb der Unternehmung und über die Unternehmung hinaus in Gang. Die Matrix ermöglicht eine unternehmensübergreifende, sachlich-rationale Diskussion über die ökologischen Probleme mit den Betroffenen bzw. Beteiligten. Dies hat sich bei den Workshops gezeigt, die erstmals im Jahr 1992 von der Forschergruppe mit Branchenvertretern durchgeführt worden sind.

- _Suchfunktion:_ Die Matrix ermöglicht den Entscheidungsträgern, neue Zusammenhänge zu erkennen (erweiterte „ökologische" Branchendefinition) und Ansatzpunkte für unternehmensübergreifende ökologische Strategien aufzudecken. Wichtig ist die Einsicht, dass die ökologischen

Belastungen Ausgangspunkt für ökologische Wettbewerbsfelder sein können. Darauf wird in den nächsten zwei Kapiteln näher eingegangen.

Abschliessend stellt sich für Unternehmen die Frage, wie bei der Erstellung einer ökologischen Belastungsmatrix vorzugehen ist. Sinnvollerweise wird die ökologische Belastungsmatrix von einem Projektteam mit Mitarbeitern aus unterschiedlichen Funktionsbereichen unter Einbezug von externen Experten wie bswp. Umweltberatern, Wissenschaftlern, Vertretern von Umweltschutz- und Konsumentenorganisationen erstellt. Beim Ausfüllen der Matrix ist sowohl auf bereits vorhandene „objektive" Daten (Energieverbrauch, Abfallmengen, Luftemissionen etc.) als auch auf „subjektive" Daten (Einschätzungen der beteiligten Projektmitarbeiter und anderer Gesprächspartner) zurückzugreifen. Das vorläufige Ergebnis dieser qualitativen Bewertung ist eine ausgefüllte ökologische Belastungsmatrix. Die Einschätzung der einzelnen Matrixfelder ist argumentativ zu begründen. Um die Plausibilität der Einschätzungen zu überprüfen, ist es sinnvoll, die Ergebnisse innerhalb der eigenen Unternehmung zu präsentieren und gemeinsam zu diskutieren. Erst dann kann das Instrument seine kommunikative Wirkung entfalten. Durch die gemeinsamen Diskussionen werden auch bereits erste Sensibilisierungsprozesse in Gang gesetzt und Denkanstösse im ökologischen Kontext gegeben. Dies kann aber nur der erste Schritt sein: Es ist unbedingt notwendig, mit der erstellten ökologischen Belastungsmatrix den Kontakt zu externen Anspruchsgruppen zu suchen. Nur so ist es möglich, unternehmensbezogene Wahrnehmungsbarrieren zu überwinden und zu einer breit abgesicherten ökologischen Belastungsmatrix zu gelangen. Der Kontakt mit den externen Anspruchsgruppen legitimiert die Ergebnisse und setzt beiderseits ökologische Lernprozesse in Gang. Desweiteren kann die ökologische Belastungsmatrix Ausgangspunkt für vertiefende Analysen sein. Insofern ist sie durchaus komplementär zu anderen ökologischen Analyseinstrumenten wie Stoff- und Energiebilanzen, Ökobilanz, Produktlinienanalyse und Transportkettenanalyse.

2 Ökologische Ansprüche

Von wem werden die ökologischen Belastungen aufgegriffen und an die Unternehmen herangetragen? Wer stellt ökologische Ansprüche an die Unternehmen? Ist es der Gesetzgeber, der die Unternehmen mit Ge- und Verboten konfrontiert? Sind es Umweltschutzorganisationen, die bestimmte Anliegen aufgreifen und daraus Forderungen an die Adresse der Unternehmen ableiten? Oder sind es Kunden, die ihr Kaufverhalten ökologisch ausrichten? Zur systematischen Beantwortung dieser Fragen wird auf das Anspruchsgruppenkonzept zurückgegriffen. Ganz allgemein kann man unter dem Begriff der *Anspruchsgruppe* eine Gruppe von Personen oder eine Institution verstehen, die in direkten oder indirekten Beziehungen zum Unternehmen steht und hieraus konkrete Ansprüche oder Forderungen ableitet (vgl. Achleitner 1985: 75). Handelt es sich um besonders einflussreiche Anspruchsgruppen, die das Unternehmenshandeln nachhaltig beeinflussen können, soll von strategischen Anspruchsgruppen die Rede sein. Grundsätzlich kann man zwischen *marktlichen, politischen und öffentlichen Anspruchsgruppen* unterscheiden. Herkömmlicherweise stehen marktliche Anspruchsgruppen wie Kunden und Konkurrenten im Vordergrund der Betrachtung. Im ökologischen Kontext zeigt sich jedoch, dass es sich dabei um eine verkürzte Sichtweise handelt. Im Vorfeld von marktlichen Veränderungen wirken politische und öffentliche Anspruchsgruppen, die den ökologischen Strukturwandel vorbereiten und aktiv mitgestalten. Daher sind auch Anspruchsgruppen wie bspw. Gesetzgeber, Behörden, politische Parteien, Verbände, Medien, Umwelt- und Konsumentenorganisationen mit einzubeziehen.

Beispiele für *ökologische* Ansprüche sind:

- Deklaration von gentechnologisch veränderten Produkten (Umweltschutz- und Konsumentenorganisationen),
- VOC-Lenkungsabgaben (Gesetzgeber),
- Umsetzen der Störfallverordnung (Umweltbehörden),
- sicherer und gesunder Arbeitsplatz (Mitarbeiter/Schweizerische Unfallversicherungsanstalt),
- Einbezug ökologischer Kriterien bei der Kreditvergabe (Banken),
- Verweigerung des Versicherungsschutzes aufgrund ökologischer Risiken (Versicherungen),
- Steigende Nachfrage nach Ökoprodukten (Handel/Endverbraucher).

Ökologische Ansprüche sind von Unternehmen bei der Strategieformulierung zu beachten, weil sie früher oder später wettbewerbsrelevant werden können. Damit wird sehr stark auf die (wettbewerbs-) strategische Interpretation des Anspruchsgruppenkonzeptes abgehoben. Dem ist die ethische Interpretation des Anspruchsgruppenkonzeptes gegenüberzustellen (vgl. P. Ulrich 1996). Danach sind ökologische Ansprüche aus den Bereichen Öffentlichkeit und Politik nicht lediglich deswegen zu berücksichtigen, weil sie früher oder später wettbewerbsrelevant werden könnten, sondern um ihrer selbst willen. Die ökologischen Ansprüche stellen einen Wert für sich dar, der ethisch begründet und mit anderen ökonomischen Interessen abzuwägen ist. Aus dieser Perspektive geht es nicht ausschliesslich um die Sicherung der unternehmerischen Wettbewerbsfähigkeit, sondern um die Wahrnehmung der ethischen Verantwortung für die Rechte und Interessen anderer, die vom unternehmerischen Handeln betroffen sind.

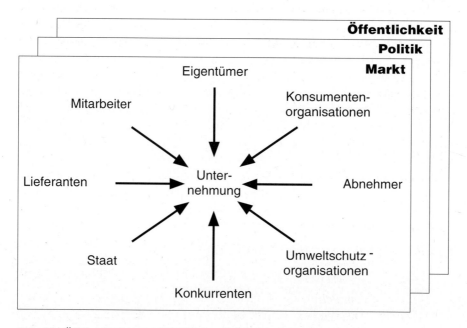

Abb. 10: Ökologierelevante Einflüsse auf die Unternehmung

Bei der strategischen und der ethischen Interpretation des Anspruchsgruppenkonzeptes handelt es sich um zwei Perspektiven, die theoretisch zwar vollkommen verschieden sind, in der Praxis jedoch ineinander übergehen. So zeigt sich in einer repräsentativen Umfrage zum Umweltmanagement in der Schweiz (vgl. Dyllick 1996: 19f.), dass die Gründe für das Umweltverhalten nicht alleine ökonomisch oder politisch bedingt sind: Neben Kosteneinsparungen, Erschliessung neuer Märkte, Einhaltung der Umweltschutzgesetze/-verordnungen spielt dabei auch die persönliche Überzeugung des Eigentümers bzw. der Direktion eine wichtige Rolle für das Umweltverhalten von Unternehmen. Erfolgsstrategisches Denken mischt sich bei den Schweizer Führungskräften mit gesellschaftlichem Verantwortungsgefühl. Unabhängig von den Motiven ist es relevant, die unternehmerischen Freiräume in der Schnittmenge von Ökologie und Wettbewerbsfähigkeit zu ermitteln. Damit werden die unternehmerischen Bemühungen im ökologischen Bereich auf eine langfristig tragfähige Basis gestellt.

Die verschiedenen Anspruchsgruppen kann man als institutionelle Repräsentanten der drei externen Lenkungssysteme Öffentlichkeit, Politik und Markt ansehen, die auf die Unternehmung einwirken (vgl. Abb. 10). Während das Anspruchsgruppenkonzept auf einer institutionellen Betrachtungsweise des unternehmerischen Umfeldes beruht, geht das Konzept der Lenkungssysteme aus einer funktionalen Betrachtungsweise hervor. Beim Anspruchsgruppenkonzept steht die Frage im Vordergrund: *Wer* stellt die ökologischen Ansprüche? Beim Konzept der externen Lenkungssysteme geht es um die Frage: *Wie* werden die ökologischen Ansprüche vermittelt?

Jedem der drei externen Lenkungssysteme liegt eine bestimmte Funktionsweise zugrunde, die in den folgenden Ausführungen kurz erläutert wird (vgl. näher Dyllick 1990: 127-229).

- *Lenkungssystem Öffentlichkeit:* Das Lenkungssystem Öffentlichkeit beruht auf sozialer Ächtung und dem eigenen Gewissen. Daraus wird deutlich, dass es weitgehend implizit wirksam ist. Im Hinblick auf die Öffentlichkeit geht es primär um die Sicherung von Akzeptanz und Legitimität bei den relevanten Anspruchsgruppen. Zu denken wäre hier an Anwohner, lokale Bürgerinitiativen, Umweltschutzorganisationen und Medien, deren Einfluss auf der Mobilisierung von öffentlichem Druck beruht.

- *Lenkungssystem Politik:* Die Politik legt verbindliche Regeln für das Verhalten fest. Die Wirkungsweise beruht auf hoheitlichem Zwang gegenüber den Adressaten; die Entscheidungsfindung ist demokratisch geregelt. In politischer Hinsicht steht für die Unternehmen die Erfüllung der gesetzlichen Umweltvorschriften und die Einhaltung der behördlichen Auflagen im Vordergrund; daneben spielt aber auch die Mitverantwortung für die Weiterentwicklung der politischen Rahmenbedingungen eine Rolle, d.h. die aktive Mitwirkung an der Transformation von der sozialen zur ökosozialen Marktwirtschaft.

- *Lenkungssystem Markt:* Der Markt regelt den Ausgleich von Angebot und Nachfrage nach Gütern. Er bedient sich des Preises als Lenkungsmechanismus. Marktliche Einflüsse drücken sich im ökologischen Kontext vor allem in einem veränderten Nachfrageverhalten aus, treten aber auch in Form von Kosten auf, bpsw. für verlangte Sanierungen, Abfälle oder ökologische Risiken. Für die Unternehmen geht es zum einen um die kosteneffiziente Anpassung an ökologische Anforderungen und Auflagen, zum anderen aber auch um den Aufbau ökologischer Erfolgspotentiale.

Grundsätzlich kann man den einzelnen Lenkungsystemen bestimmte Anspruchsgruppen zuordnen. So bedienen sich Kunden und Konkurrenten des Lenkungssystems Markt, Gesetzgeber/Behörden wirken primär über das Lenkungssystem Politik und Umweltorganisationen üben ihren Einfluss über das Lenkungssystem Öffentlichkeit aus. Eine solche Zuordnung ist jedoch nicht ganz unproblematisch, da ein- und dieselbe Anspruchsgruppe über mehrere Lenkungssysteme wirken kann. So macht Greenpeace nicht nur durch spektakuläre Aktionen in der Öffentlichkeit auf ökologische Missstände aufmerksam, sondern bedient sich auch der Macht des Marktes, indem sie bestimmten ökologischen Produkten wie bspw. dem FCKW-freien Kühlschrank Greenfreeze zum Durchbruch verhelfen oder ökologische Produkte über den Versandhandel anbieten. Und wenn der Gesetzgeber ökologische Steuern erhebt, dann werden primär marktliche Impulse für Unternehmen ausgelöst. Die Beispiele machen deutlich, dass eine Zuordnung bestimmter Anspruchsgruppen zu einzelnen Lenkungssystemen nicht immer eindeutig möglich ist.

Ökologische Anspruchsmatrix

Für die Analyse auf der sozioökonomischen Ebene wird das Instrument der ökologischen Anspruchsmatrix eingesetzt. Sie ist gewissermassen das Pendant zur ökologischen Belastungsmatrix. Auf der Horizontalen sind wiederum die jeweiligen Branchenstufen abgetragen; auf der Vertikalen befinden sich die drei externen Lenkungssysteme Markt, Politik und Öffentlichkeit. Die ausgefüllten Matrixfelder kennzeichnen die Höhe des Einflusses von ökologischen Forderungen eines externen Lenkungssystems auf der jeweiligen Branchenstufe. Wie in der ökologischen Belastungsmatrix werden jedoch ebenfalls nur drei Abstufungen nach Massgabe des Einflusses unterschieden:

schwarz = hoher Einfluss

grau = mittlerer Einfluss

weiss = geringer Einfluss.

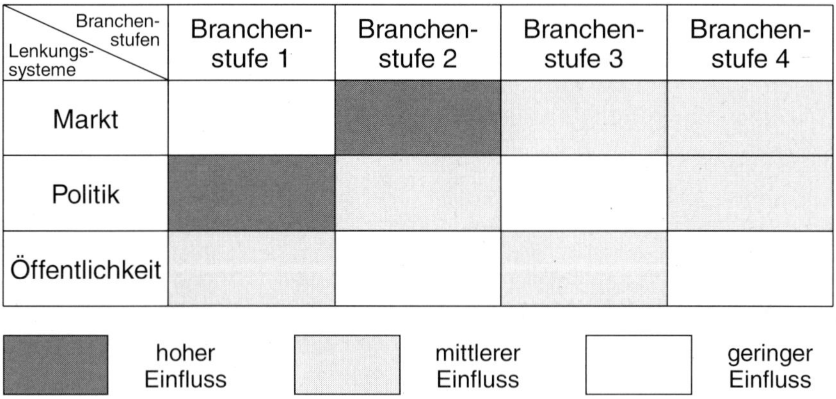

Lenkungs-systeme / Branchenstufen	Branchen-stufe 1	Branchen-stufe 2	Branchen-stufe 3	Branchen-stufe 4
Markt				
Politik				
Öffentlichkeit				

hoher Einfluss   mittlerer Einfluss   geringer Einfluss

Abb. 11: Ökologische Anspruchsmatrix (Quelle: Dyllick/Belz 1994: 27)

Der Einfluss eines Lenkungssystems steht zusammenfassend für die Summe des Einflusses aller relevanten Anspruchsgruppen, die sich dieses Lenkungssystems bedienen. Der funktionale Mechanismus eines Lenkungssystems ist nicht unmittelbar zu erfassen bzw. zu messen. Es ist vielmehr notwendig, die ökologischen Forderungen einzelner Anspruchsgruppen zu betrachten und die Einflussmöglichkeiten dieser Anspruchsgruppen auf eine Unternehmung oder Branche zu gewichten. Die Höhe des Einflusses ergibt sich aus der Intensität der ökologischen Ansprüche und dem Sanktionspotential der jeweiligen Anspruchsgruppe. Einerseits existieren Gruppen, für die bestimmte ökologische Themen eine zentrale Bedeutung haben, die jedoch über keine Einflusspotentiale verfügen; andererseits gibt es Gruppen, von denen Unternehmen in hohem Mass abhängig sind, für die ökologische Fragen jedoch keine relevanten Forderungen darstellen. In beiden Fällen ist die Höhe des Einflusses als „gering" einzuschätzen. Dabei ist jedoch zu beachten, dass sich die ökologischen Forderungen und Einflusspotentiale im Laufe der Zeit ändern können. Ein nachfragemächtiges Handelsunternehmen, für das Ökologie lange Zeit nebensächlich war, mag sich aufgrund veränderter Rahmenbedingungen dazu entschliessen, ökologische Kriterien in die Beschaffung mit einzubeziehen. Und Konsumentenorganisationen, die sich mit Umweltschutz- und Tierschutzorganisationen zu einem Netzwerk zusammenschliessen (Beispiel: Basler Appell gegen Gentechnologie), können das Unternehmenshandeln sehr wohl nachhaltig beeinflussen.

Um eine ökologische Anspruchsmatrix zu erstellen, ist wie folgt vorzugehen:

- In einem ersten Schritt sind die Anspruchsgruppen einer Unternehmung bzw. einer Branche möglichst umfassend zu ermitteln und im Hinblick auf die von ihnen thematisierten ökologischen Inhalte zu betrachten. Dieser breiten Analyse kommt eine hohe Bedeutung zu, weil sich nur so ökologische Herausforderungen identifizieren lassen, die zu relevanten Wettbewerbskräften von morgen werden können.

- In einem zweiten Schritt sind die Anspruchsgruppen nach Relevanz bzw. Einflussmöglichkeiten zu gewichten.

Die skizzierten Bewertungshinweise hängen eng mit der strategischen Funktion der ökologischen Anspruchsmatrix zusammen. Ähnlich wie bei der ökologischen Belastungsmatrix stehen auch bei der ökologischen Anspruchsmatrix die Visualisierungs-, Sensibilisierungs-, Kommunikations- sowie Suchfunktion und nicht eine möglichst exakte Quantifizierung im Vordergrund.

Aus der Gegenüberstellung von ökologischer Belastungsmatrix und ökologischer Anspruchsmatrix ergibt sich die Frage nach der *„ökologischen Angemessenheit"* der Anspruchsgruppenforderungen. Sie bringt zum Ausdruck, ob die ökologischen Belastungen und die ökologischen Ansprüche übereinstimmen; dabei kann man näher zwischen Forderungen von öffentlichen, politischen und marktlichen Anspruchsgruppen unterscheiden. Diskrepanzen sind ein Indiz dafür, dass es in Zukunft noch zu erheblichen Veränderungen bei den ökologischen Ansprüchen aus den Bereichen Öffentlichkeit, Politik und Markt kommen kann. Geht man von der Annahme aus, dass sich in Zukunft ökologische Belastungen und ökologische Ansprüche angleichen, dann sollten Unternehmen ökologisch orientierte Strategien nur mit Behutsamkeit auf heutigen Anspruchskonstellationen aufbauen. Eine solche Annahme ist durchaus plausibel. Denn der Wissensstand über ökologische Zusammenhänge ist in den letzten Jahren in Öffentlichkeit und Politik, aber auch bei Unternehmen stark angewachsen. Erhebliche Diskrepanzen zwischen bestehenden ökologischen Belastungen und erhobenen ökologischen Ansprüchen sind zunehmend schwerer zu begründen, und es werden sich vermehrt die Ansprüche durchsetzen, die auf wichtigen stofflich-energetischen Problemen beruhen. In den folgenden Ausführungen werden zentrale ökologische Ansprüche der sechs ausgewählten Branchen dargestellt und auf die Frage der ökologischen Angemessenheit eingegangen.

Ökologische Ansprüche: Lebensmittelbranche

Die ökologischen Ansprüche in der Lebensmittelbranche beziehen sich vor allem auf den Verpackungsbereich und die Anbauweise/Tierhaltung und gehen gleichermassen von Öffentlichkeit, Politik und Markt aus (vgl. Belz 1995: 52-66).

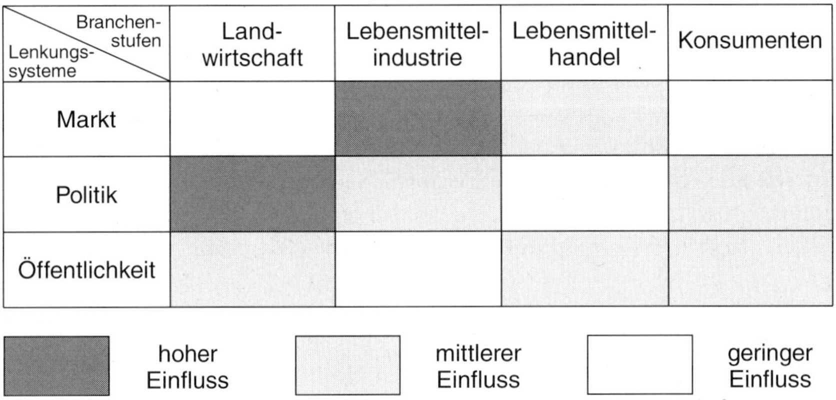

Lenkungs-systeme \ Branchen-stufen	Land-wirtschaft	Lebensmittel-industrie	Lebensmittel-handel	Konsumenten
Markt		▓		
Politik	▓			
Öffentlichkeit				

▓	hoher Einfluss	☐	mittlerer Einfluss	☐	geringer Einfluss

Abb. 12: Ökologische Anspruchsmatrix der Lebensmittelbranche (Quelle: Belz 1995: 53)

Anfang der 90er Jahre haben eine Vielzahl von Schweizer Gemeinden und Städten eine „Kehrichtsackgebühr" eingeführt. Demnach werden die Abfall-gebühren nicht mehr pauschal pro Haushalt erhoben, sondern in Abhän-gigkeit von der Abfallmenge. Damit werden finanzielle Anreize zur Abfall-vermeidung geschaffen: Je weniger Abfall ein Haushalt produziert, desto weniger muss er bezahlen. Diese Massnahme hat innerhalb kurzer Zeit zu einschneidenden Verhaltensveränderungen geführt. Der Verbraucher ist bemüht, seine Abfälle so weit wie möglich zu reduzieren. Unnötige (Um-) Verpackungen werden vermieden und im Laden zurückgelassen; der Abfall wird sortiert und rezykliert. Der Lebensmittelhandel wiederum tritt an die Hersteller heran und fordert umweltverträgliche Verpackungen. Nachfra-gemächtige Handelsunternehmen wie Migros und Coop setzen Öko-Bilan-zen ein, um die Umweltverträglichkeit von Verpackungen zu beurteilen. Dadurch wird der Druck entlang der Lebensmittelkette weitergegeben. Öffentlicher und gesetzlicher Druck wird in marktlichen Druck transformiert. Eine Kombination aus Ökologie-Push und Ökologie-Pull ist im Bereich Anbauweise/Tierhaltung festzustellen. Einerseits wirkt die Politik auf eine umfassende Ökologisierung der Landwirtschaft hin (ökologische Ausgleichszahlungen nach Art. 31b Landwirtschaftsgesetz, Lenkungsabgaben auf Handelsdünger etc.); andererseits versuchen sich die grossen Handelsunternehmen mit Produkten aus biologischem Landbau und artgerechter Tierhaltung im Wettbewerb zu profilieren. Im Frühjahr 1993 hat Coop mit grossem Erfolg den Coop Naturaplan lanciert; dadurch sah sich die Migros Anfang 1996 veranlasst, mit M-Bio nachzuziehen. Mittlerweile können mehr Bioprodukte verkauft als beschafft werden. Engpassfaktor ist nicht der Absatz-, sondern der Beschaffungsmarkt.

Wie steht es mit der ökologischen Angemessenheit in der Lebensmittelbranche? Inwieweit entsprechen die ökologischen Belastungen den ökologischen Ansprüchen? Hier scheint vor allem auf der vierten Stufe eine Diskrepanz zu bestehen. Die ökologischen Ansprüche, die an den Konsumenten herangetragen werden, stehen weit hinter den ökologischen Belastungen zurück, die durch den Lebensmitteleinkauf, die Kühlung und Zubereitung der Lebensmittel, aber auch aufgrund der heutigen Ernährungsmuster verursacht werden. Ähnliches gilt für den Bereich der Lebensmitteltransporte.

Ökologische Ansprüche: Baubranche

Der ökologische Wandel in der Baubranche geht primär von der Politik aus. Dabei ist zunächst an die Umweltschutzgesetze und -verordnungen zu denken, welche die Baubranche ganz unmittelbar beeinflussen (Beispiel: Technische Verordnung über Abfälle). Darüber hinaus spielt auch das Aktionsprogramm „Energie 2000" eine wichtige Rolle, welches mittels Auflagen, Subventionen und Steuererleichterungen Anreize zur Steigerung der Energieeffizienz und zum Einsatz regenerativer Energiequellen schafft. Flankiert wird dieses Programm durch eine gezielte Förderung von Pilot- und Demonstrationsanlagen und durch eine Weiterbildungsoffensive. Aufgrund des hohen Energieverbrauchs ist die Baubranche eine wichtige Zielgruppe des Aktionsprogramms. Erst in zweiter Linie trägt auch die Öffentlichkeit zur Ökologisierung der Baubranche bei. Im Rahmen von Baubewilligungsverfahren und Umweltverträglichkeitsprüfungen können Umweltschutzorganisationen von Rechts wegen eine Verbandsbeschwerde einlegen. Damit steht ihnen ein wichtiges Sanktionsmittel zur Verfügung. Andere wichtige öffentliche Anspruchsgruppen sind Medien, Anwohner, Interessengemeinschaften und wissenschaftliche Institutionen wie bspw. die Eidgenössische Prüf- und Forschungsanstalt (EMPA) und das Schweizerische Institut für Baubiologie (SIB). Marktliche Anspruchsgruppen spielen in der Baubranche nur eine untergeordnete Rolle. Bei den marktlichen Anspruchgruppen sind es vor allem die Entsorger und Wiederverwerter, die ökologische Forderungen an Bauunternehmen und Baumaterialhersteller richten. Durch ökologische Annahmebedingungen für die Baurestmassen und durch ihre Preispolitik üben sie einen aktiven Marktdruck auf die vorgelagerten Stufen aus. Angesichts der Deponieknappheit und der steigenden Entsorgungskosten wird das Schliessen von Materialkreisläufen zu einer vordringlichen Aufgabe in der Baubranche, die sich auch auf den Wettbewerb auswirkt (vgl. Koller 1995: 161-204).

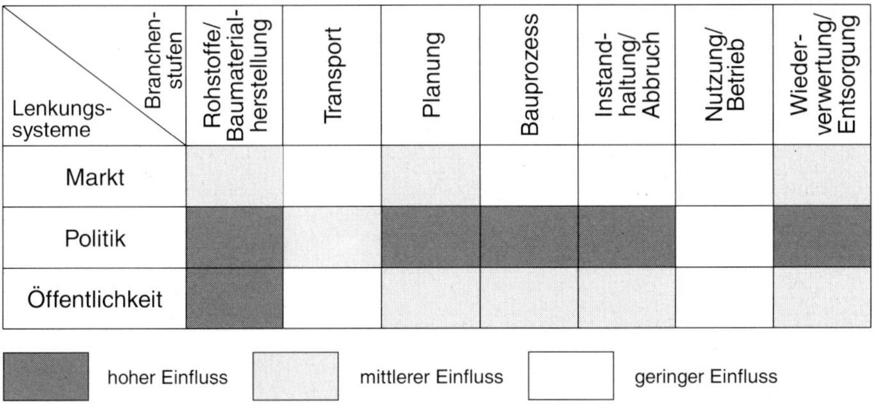
Branchen-stufen
Lenkungs-systeme
Rohstoffe/ Baumaterial-herstellung
Transport
Planung
Bauprozess
Instand-haltung/ Abbruch
Nutzung/ Betrieb
Wieder-verwertung/ Entsorgung
Markt
Politik
Öffentlichkeit
hoher Einfluss
mittlerer Einfluss
geringer Einfluss

Abb. 13: Ökologische Anspruchsmatrix der Baubranche (Quelle: Koller 1995: 162)

Auffallend ist, dass die Investoren und Mieter vom ökologischen Wandel in der Baubranche praktisch nicht betroffen sind. Hier besteht eine offensichtliche Diskrepanz zwischen den ökologischen Belastungen und den ökologischen Ansprüchen, ist die Stufe Nutzung/Betrieb doch mit hohen Umweltbelastungen verbunden. In abgeschwächter Form gilt dies auch für den Transportbereich. Bei den anderen Stufen kann von einer ökologischen Angemessenheit ausgegangen werden, sieht man von der Tatsache ab, dass der Markt bezüglich ökologischer Fragestellungen in der Baubranche nur eine untergeordnete Rolle spielt.

Ökologische Ansprüche: Maschinenbranche

In der ökologischen Anspruchsmatrix der Maschinenbranche ist die Dominanz des Lenkungssystems Politik noch grösser als in der Baubranche. Der ökologische Wandel in der Maschinenbranche – sofern man überhaupt von einem solchen sprechen kann – ist fast aussschliesslich politisch induziert. In diesem Kontext spielt die Öffentlichkeit nur am Rande eine Rolle und der Markt ist praktisch bedeutungslos.

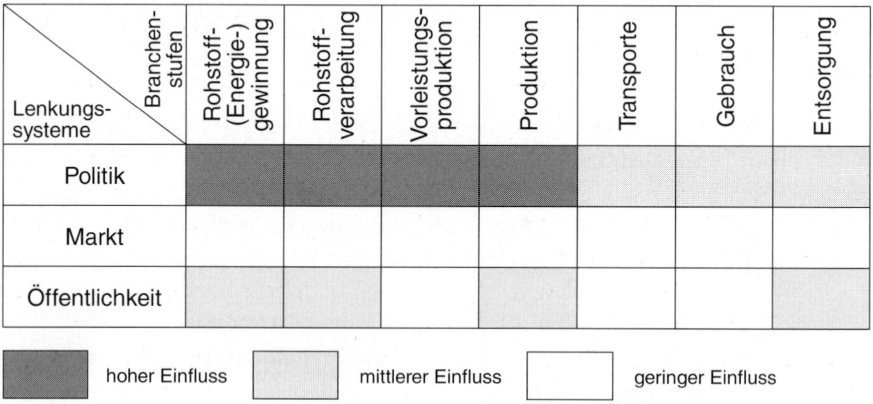

Lenkungs-systeme \ Branchen-stufen	Rohstoff-(Energie-)gewinnung	Rohstoff-verarbeitung	Vorleistungs-produktion	Produktion	Transporte	Gebrauch	Entsorgung
Politik	hoher	hoher	hoher	hoher	mittlerer	mittlerer	mittlerer
Markt							
Öffentlichkeit				mittlerer	mittlerer	mittlerer	mittlerer

hoher Einfluss   mittlerer Einfluss   geringer Einfluss

Abb. 14: Ökologische Anspruchsmatrix der Maschinenbranche (Quelle: Laubscher 1995: 82)

Der gesamte Bereich der Rohstoffgewinnung über die Rohstoffverarbeitung, die Vorleistungsproduktion bis zur eigentlichen Produktion ist durch zahlreiche Umweltschutzgesetze und -verordnungen reguliert. Diese Regelungen üben einen hohen Einfluss auf die Branche aus, da ihre Einhaltung verpflichtend ist und z.T. erhebliche Auswirkungen auf die Produktionskosten hat. Zuweilen fühlen sich Anwohner von Maschinenunternehmen bzw. deren Lieferanten durch Lärm- und Luftemissionen empfindlich gestört. Grundsätzlich ist aber davon auszugehen, dass Auseinandersetzungen mit der Öffentlichkeit in der Maschinenbranche eher punktuell erfolgen und Einzelfälle darstellen. Über das Lenkungssystem Markt vermittelte ökologische Forderungen existieren in der Maschinenbranche bis heute kaum. Die schlechte Wirtschaftslage, stagnierende bzw. schrumpfende Märkte und die bestehenden Überkapazitäten in der Maschinenindustrie führen zu einem reinen Verdrängungswettbewerb, in dem der Preis das zentrale Verkaufsargument darstellt. Ökologisch bedingte Mehrkosten lassen sich nur sehr

schwer auf den Kunden abwälzen. Insofern repräsentiert die Maschinenbranche eine Branchensituation der umweltpolitischen Frühphase, in der
ausschliesslich der Staat als ökologisch lenkender Akteur auftritt (vgl. Pfriem
1995: 28). Die existierenden Ansprüche sind dabei durchaus ökologisch angemessen. Genauso wie die politischen Forderungen liegen auch die ökologischen Belastungsschwerpunkte der Maschinenbranche auf den Stufen Rohstoffgewinnung, Rohstoffverarbeitung und in etwas geringerem Masse auf
den Stufen Vorleistungsproduktion und Produktion.

Ökologische Ansprüche: Computerbranche

In der Computerbranche gehen die ökologischen Ansprüche vor allem von
Markt und Politik aus (vgl. Paulus 1996: 183-212). In der Öffentlichkeit wird
die Computerbranche immer noch als „saubere" Branche betrachtet. Für
professionelle Systemanwender stellt der Energieverbrauch während der
Nutzungsphase ein wichtiges Kriterium dar. Stellvertretend für andere Grossunternehmen sei die Schweizerische Kreditanstalt genannt, die bei der
Beschaffung auf energiesparsame Elektronikgeräte achtet. Wenn man
bedenkt, dass alle Bürogeräte der Schweizerischen Kreditanstalt im Jahres-
vergleich mehr Strom als die Stadt Winterthur benötigen, dann wird deutlich, welche Einsparungspotentiale in diesem Bereich vorhanden sind. Andere wichtige Kriterien neben dem Energieverbrauch sind: FCKW-freie Produktion und umweltgerechte Wiederverwertung/Entsorgung der Computer. Generell ist jedoch zu sagen, dass ökologische Kriterien gegenüber ökonomischen und technischen Kriterien nur eine untergeordnete Rolle spielen.
Dies gilt in besonderem Masse für das „Home/Small-Office"-Segment, in
dem der Computer ein reines Gebrauchsgut ist.

Wie ist die ökologische Angemessenheit in der Computerbranche zu beurteilen? Im Bereich der Betriebsphase und der Verwertungs-/Entsorgungs-
phase entsprechen die ökologischen Ansprüche durchaus den ökologischen
Belastungen. Die Herstellphase, die in anderen Teilen der Erde stattfindet und
mit vergleichsweise hohen Umweltbelastungen verbunden ist, wird von
den ökologischen Anspruchsgruppen nur am Rande wahrgenommen. Hier
besteht ebenso wie im Transportbereich noch eine ökologische Diskrepanz.
Es kann darüber spekuliert werden, inwiefern sich die Veränderungen auf
den nachgelagerten Stufen auf die vorgelagerten Stufen auswirken. Die
umfassende Materialverantwortung, die im deutschen Kreislaufwirtschaftsgesetz festgeschrieben ist, zwingt die Computerhersteller zukünftig

dazu, ökologische Kriterien wie die Recyclingfähigkeit bereits bei der Entwicklung der Produkte mit zu berücksichtigen.

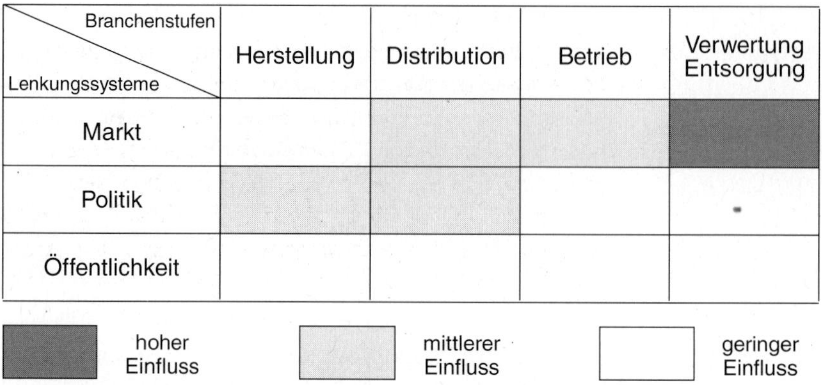

Branchenstufen / Lenkungssysteme	Herstellung	Distribution	Betrieb	Verwertung Entsorgung
Markt				
Politik				▪
Öffentlichkeit				

	hoher Einfluss		mittlerer Einfluss		geringer Einfluss

Abb. 15: Ökologische Anspruchsmatrix der Computerbranche (Quelle: Paulus 1996: 183)

Ökologische Ansprüche: Güterverkehrsbranche

Der Güterverkehr wird insbesondere durch die Lenkungssysteme Politik und Öffentlichkeit mit ökologischen Ansprüchen konfrontiert (vgl. Hugenschmidt 1995: 89-128). Dabei ist der Verkehrsträger Strasse wesentlich stärker betroffen als der Verkehrsträger Schiene. Ein Blick auf die ökologische Anspruchsmatrix der Güterverkehrsbranche zeigt, dass insbesondere Wegebau und Transport Gegenstand ökologischer Forderungen sind. Eine wichtige Zielsetzung der Schweizer Verkehrspolitik ist, das Wachstum des Verkehrs in Grenzen zu halten. Grundsätzlich soll die freie Wahl des Verkehrsmittels aufrecht erhalten werden, gleichzeitig soll jedoch dem öffentlichen und dem kombinierten Verkehr durch staatliche Förderung zum Durchbruch verholfen werden. Damit wird deutlich, dass die Umweltproblematik Eingang in die Verkehrspolitik gefunden hat. Bei der Infrastrukturpolitik ist eine Verlagerung der Finanzmittel weg von der Strasse hin zur Schiene festzustellen. Für den Ausbau des Verkehrswegenetzes ist die Verordnung über die Umweltverträglichkeitsprüfung von zentraler Bedeutung. Im Rahmen einer solchen Prüfung wird Umweltschutzorganisationen ein Beschwerderecht eingeräumt, von dem sie in der Vergangenheit regen Gebrauch gemacht haben. Auf der Transportstufe kommen alle drei Lenkungssysteme zum Tragen. Im marktlichen Bereich ist damit zu rechnen, dass umweltgerechten Transportmitteln in Zukunft eine höhere Bedeutung beigemessen wird. Bereits heute legt die öffentliche Hand als Nachfrager von Transportleistungen grossen Wert auf die Umweltverträglichkeit. Aufträge werden nur noch an Transporteure vergeben, deren Fahrzeuge bestimmte Umweltkennziffern erfüllen. Und Grossverteiler wie Migros und Coop setzen seit Jahren auf kombinierten Verkehr. Die Politik versucht, durch Internalisierung der externen Kosten und durch bewusste Förderung des kombinierten Verkehrs Einfluss auf die Verkehrsmittelwahl zu nehmen. In Zukunft ist mit einer stärkeren Betonung der Abgabenpolitik zu rechnen, die zu einer relativen Attraktivitätserhöhung der Schiene gegenüber der Strasse führen wird.

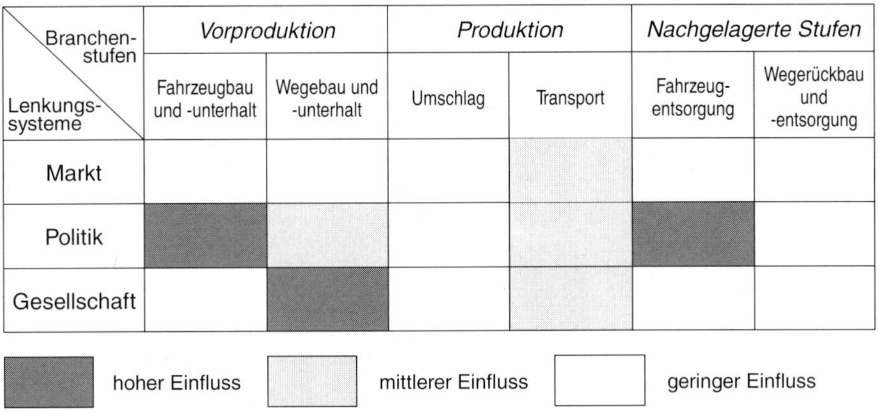

Branchen-stufen / Lenkungs-systeme	*Vorproduktion*		*Produktion*		*Nachgelagerte Stufen*	
	Fahrzeugbau und -unterhalt	Wegebau und -unterhalt	Umschlag	Transport	Fahrzeug-entsorgung	Wegerückbau und -entsorgung
Markt						
Politik	hoher	mittlerer			hoher	
Gesellschaft		hoher				

	hoher Einfluss		mittlerer Einfluss		geringer Einfluss

Abb. 16: Ökologische Anspruchsmatrix der Güterverkehrsbranche (Quelle: Hugenschmidt 1995: 90)

Die Öffentlichkeit richtet ihre Ansprüche nicht direkt an die Güterverkehrsunternehmen, sondern an die Politik. Damit wirkt sie als Katalysator der „offiziellen" Politik. Letzten Endes ist die Festsetzung von verschärften Grenzwerten für Abgase und Lärm auf den öffentlichen Druck zurückzuführen. Vergleicht man die ökologischen Ansprüche mit den ökologischen Belastungen, dann erweisen sie sich als ökologisch adäquat: Die ökologischen Belastungsgipfel auf den Stufen Wegebau und Transport stimmen mit den zentralen ökologischen Ansprüchen weitgehend überein.

Ökologische Ansprüche: Chemiebranche

Wie keine andere Branche ist die Chemie durch ökologische Ansprüche aus den Bereichen Politik und Öffentlichkeit betroffen (vgl. Schneidewind 1995b: 69-83). Relevante gesetzliche Bestimmungen reichen von der Luftreinhalteverordnung über das Gewässerschutzgesetz, die Verordnung über Abwassereinleitungen, die Verordnung über den Verkehr mit Sonderabfällen, die Technische Verordnung über Abfälle, die Störfallverordnung, das Giftgesetz bis zur Verordnung über umweltgefährdende Stoffe und zur Verordnung über die Umweltweltverträglichkeitsprüfung. Die hohe umweltgesetzliche Regelungsdichte führt insbesondere in der Produktion zu erheblichen ökonomischen Belastungen.

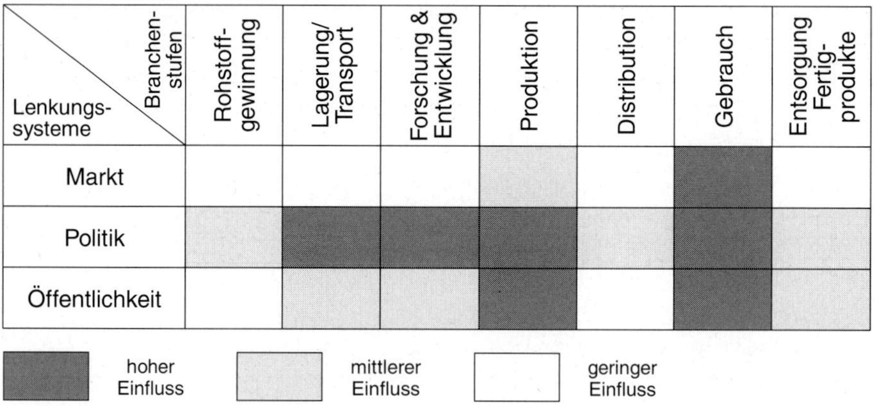

Lenkungssysteme / Branchenstufen	Rohstoffgewinnung	Lagerung/Transport	Forschung & Entwicklung	Produktion	Distribution	Gebrauch	Entsorgung Fertigprodukte
Markt	geringer	geringer	mittlerer	mittlerer	geringer	hoher	geringer
Politik	mittlerer	hoher	mittlerer	hoher	mittlerer	hoher	mittlerer
Öffentlichkeit	geringer	mittlerer	mittlerer	mittlerer	geringer	hoher	mittlerer

Legende: ■ hoher Einfluss ▨ mittlerer Einfluss □ geringer Einfluss

Abb. 17: Ökologische Anspruchsmatrix der Chemiebranche (Quelle: in Anlehnung an Schneidewind 1995b: 70)

In der Öffentlichkeit ist die international agierende Umweltschutzorganisation Greenpeace mit Abstand die wichtigste Anspruchsgruppe für die Chemiebranche. Im Rahmen der weltweit abgestimmten Kampagnen stehen u.a. folgende Themen im Vordergrund: Chlorchemie, Sondermüllexporte, Export von Pestiziden und Anwendung gentechnischer Verfahren. Durch die steigende Sensibilität bei den Nachfragern, aber auch durch staatliche Regelungen (z.B. Umwelthaftung und Rücknahmeverpflichtungen), beginnen die ökologischen Auswirkungen chemischer Produktion und Produkte in letzter Zeit auch Berücksichtigung im Markt zu finden. So existiert in der Farbenchemie produktseitig ein ökologischer Wettbewerb, der durch einzelne industrielle Kundengruppen forciert wird. Besonders Automobil- und Textilhersteller fragen schadstofffreie, umweltverträgliche Farbmittel (Pigmente und Farbstoffe) nach. Die Wettbewerbswirkungen betreffen dabei sowohl die Farbstoff- und Pigmentproduzenten als auch die Hersteller von Farben und Lacken. In der Hygienechemie sind die Endverbraucher und der Handel die Triebkräfte für den ökologischen Wettbewerb. Neben Preis und Qualität ist die Umweltverträglichkeit der Produkte und Verpackungen ein zentrales Kaufkriterium. Dies gilt in besonderen Masse für die mengenmässig bedeutsamen Wasch- und Reinigungsmittel. Die Beispiele können jedoch nicht darüber hinweg täuschen, dass in vielen Bereichen der Chemie hohe Kosten durch staatliche Umweltschutzauflagen entstehen, die nicht auf die Preise abgewälzt werden können.

Die Frage der ökologischen Angemessenheit kann in der Chemiebranche nicht ohne weiteres beantwortet werden, da sich die ökologischen Belastungsprofile von Subbranche zu Subbranche stark unterscheiden. Tendenziell lässt sich sagen, dass die ökologischen Ansprüche, die sich auf die Produktion und den Gebrauch von chemischen Produkten konzentrieren, durchaus ökologisch angemessen sind.

Von der Öffentlichkeit zum Markt

Die ökologische Anspruchsmatrix gibt die Art und das Ausmass der ökologischen Ansprüche wieder, die zu einem bestimmten Zeitpunkt innerhalb einer Branche bestehen. Sie vermittelt einen Überblick über die ökologischen Ansprüche, welche heute bereits wettbewerbsrelevant sind und welche zukünftig wettbewerbsrelevant werden könnten. Kritisch ist zu beurteilen, dass die ökologische Anspruchsmatrix auf einer statischen Betrachtungsweise beruht und dass die Interaktionen zwischen den verschiedenen Anspruchsgruppen bzw. Lenkungssystemen nicht sichtbar werden. Es fragt sich: Wie interagieren Anspruchsgruppen im ökologischen Kontext? Welcher Zusammenhang besteht zwischen öffentlichen, politischen und marktlichen Anspruchsgruppen? Von wem werden die ökologischen Ansprüche als erstes erhoben und wie werden sie weitergegeben? Wie werden ökologische Ansprüche aus den Bereichen Öffentlichkeit und Politik in marktliche Ansprüche transformiert? Die empirischen Untersuchungen in den einzelnen Branchen deuten darauf hin, dass ökologische Belastungen auf zwei Wegen von öffentlichen in marktliche Ansprüche transformiert werden. Dahingehend kann man zwischen indirekten und direkten Prozessen unterscheiden (vgl. Belz 1995: 240-244; s. Abb. 18).

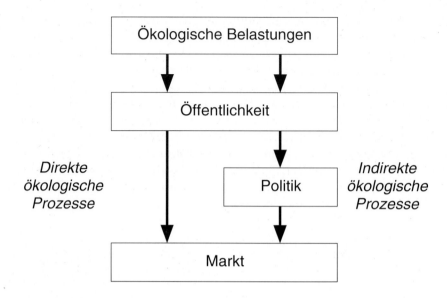

Abb. 18: Direkte und indirekte ökologische Prozesse

Indirekte ökologische Prozesse nehmen ihren Anfang in der Öffentlichkeit, werden dann von der Politik aufgegriffen, bevor sie letztendlich den Markt erreichen. Sie verlaufen typischerweise von der Öffentlichkeit über die Politik in den Markt hinein.

Legt man das Lebenszykluskonzept für gesellschaftliche Anliegen zugrunde, dann kann man fünf verschiedene Phasen unterscheiden, die ökologische Ansprüche im Laufe eines solchen Prozesses durchlaufen: Latenz-, Emergenz-, Aufschwung-, Reife- und Abschwungphase (vgl. Abb. 19).

In der *Latenzphase* tauchen erste Berichte über Probleme in Spezialpublikationen mit beschränkter Verbreitung auf. Lediglich Experten zeigen Interesse an der Entwicklung und verfolgen sie weiter. In der *Emergenzphase* nehmen die Berichte über die Ereignisse zu, werden erste Vermutungen und Hypothesen zur Erklärung des Anliegens aufgestellt, finden Fachdebatten statt, werden Forschungsprogramme initiiert, Fachtagungen und -kongresse organisiert. Gesellschaftliche Interessengruppen beginnen sich für das Thema zu interessieren. In der *Aufschwungphase* bemächtigen sich Interessengruppen des Themas und tragen es in die allgemeine Öffentlichkeit. Die vorher primär wissenschaftliche Debatte unter Experten wird zu einer politischen Auseinandersetzung in der Öffentlichkeit. Eine Avantgarde von Politikern greift das Thema auf und macht sich für seine Lösung stark. In der *Reifephase* sehen sich auch die etablierten politischen Fraktionen gezwungen, im Hinblick auf das politisierte Anliegen Stellung zu nehmen und eine Regelung in Angriff zu nehmen. Gleichzeitig stagniert das Interesse der Massenmedien und die öffentliche Aufmerksamkeit. Diese wenden sich neuen Themen zu. In der *Abschwungphase* gelingt es, eine Regelung für das Anliegen zu finden und zu verabschieden. Das Verhalten der betroffenen Akteure wird im Hinblick auf die neue Regelung hin überprüft und Verstösse werden sanktioniert. Bei einer Zuordnung dieser fünf Phasen zu den drei externen Lenkungssystemen spielen sich Latenz-, Emergenz- und Aufschwungphase primär im Lenkungssystem Öffentlichkeit ab, die Reifephase ist dem Lenkungssystem Politik zuzuordnen und je nach Art der gefundenen Regulierung ist der Markt die Arena für die Abschwungphase. Beispiel für einen indirekten ökologischen Prozess ist die Abfall- und Verpackungsproblematik in der Lebensmittelbranche. Geradezu idealtypisch werden hier alle fünf beschriebenen Phasen durchlaufen. Die Problematik wird als erstes von der Öffentlichkeit aufgegriffen, später von der Politik thematisiert, bevor sie schliesslich den Markt erreicht.

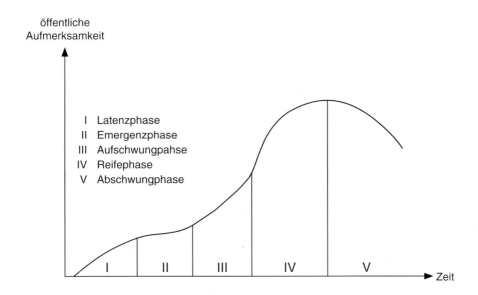

Abb. 19: Lebenszykluskonzept gesellschaftlicher Anliegen (Quelle: in Anlehnung an Dyllick 1990: 245-246)

Von „Abfallbergen" zur Umweltverträglichkeit von Lebensmittelverpackungen

Ausgehend von ersten Kritikern eines ungebremsten Wachstums und der Klage über steigende „Abfallberge" in den 60er Jahren (Latenzphase) sensibilisieren die zwei Ölkrisen und die „Grenzen des Wachstums" eine breitere Öffentlichkeit in den 70er Jahren für die Umweltproblematik im allgemeinen und die Abfallproblematik im speziellen (Emergenzphase). Das allmählich ansteigende Umweltbewusstsein geht allerdings noch nicht mit einem entsprechenden Umweltverhalten einher. In den 80er Jahren wird der Entsorgungsnotstand im Abfallbereich zunehmend deutlich (Aufschwungphase). Die Kapazität der vorhandenen Kehrichtverbrennungsanlagen ist begrenzt und der vorhandene Deponieplatz wird knapp; der Bau neuer Anlagen und Deponien stösst auf Widerstände in der Schweizer Bevölkerung. Die Politik muss sich der Problematik annehmen; Städte und Gemeinden sehen sich gezwungen, wirksame Massnahmen zur Abfallvermeidung und -reduktion in Form von Kehrichtsackgebühren und offensiver Informationspolitik zu ergreifen. Diese führen innerhalbkurzer Zeit zu einschneidenden Verhaltensänderungen (Reifephase). Konsumenten lassen unnötige (Um-) Verpackungen im Laden zurück, der Handel übt Druck auf die Lebensmittelhersteller aus und nimmt seine „ökologische gatekeeper"-Funktion durch den Einsatz von Ökobilanzen vermehrt wahr. Öffentliche und politische Ansprüche werden dadurch in marktliche Ansprüche transformiert. In der Zwischenzeit wird die Umweltverträglichkeit der Verpackung zunehmend als ein Grundnutzen verstanden und vom Konsumenten als Selbstverständlichkeit erachtet (Abschwungphase). Womöglich kommt es aber auch zu einer erneuten Aufschwungphase z.B. aufgrund einer weiteren Erhöhung der Kehrichtsackgebühren oder der Einführung einer CO_2-/Energiesteuer (Quelle: Belz 1995: 231-233).

Direkte ökologische Prozesse verlaufen unmittelbar von der Öffentlichkeit in den Markt hinein – unter Umgehung der offiziellen Politik. Beispiel für einen solchen direkten ökologischen Transformationsprozess ist die Auseinandersetzung zwischen Greenpeace und Shell um die Versenkung der Ölplattform Brent Spar im Sommer 1995. Unabhängig davon, ob die Versenkung der Ölplattform im Meer oder die Landentsorgung die ökologisch vorteilhaftere Lösung darstellt, haben die symbolträchtigen Bilder im Fernsehen und die umfassende Berichterstattung in den Medien zu einem grossen Anklang in der Öffentlichkeit und zu einem Boykott von Shell-Tankstellen und Shell-Produkten geführt. Wie das Beispiel zeigt, können öffentliche Ansprüche innerhalb weniger Wochen in marktliche Ansprüche transformiert werden.

Es ist wichtig zu verstehen, was die Übertragung ökologischer Impulse von einer Anspruchsgruppe zur nächsten beeinflusst. Hier spielt die Idee der *ökologischen Schlüsselakteure* eine wichtige Rolle. Grundsätzlich kann man zwischen öffentlichen, politischen und marktlichen Schlüsselakteuren unterscheiden. *Öffentliche Schlüsselakteure* verstehen in besonderer Weise die öffentliche Aufmerksamkeit auf sich zu ziehen und ökologische Themen überhaupt erst prominent auf die Tagesordnung von Politik und Markt zu bringen. Sicherlich ist die Umweltschutzorganisation Greenpeace hierzu zu zählen. *Politische Schlüsselakteure* ziehen ihren Einfluss aus der Möglichkeit, die Rahmenbedingungen des Wettbewerbs zu beeinflussen. Dies kann sowohl für nationale Gesetzgeber als auch für lokale Vollzugsbehörden gelten: So bestimmen die Zulassungsregeln der amerikanischen „Food and Drug Administration" weitgehend die ökologischen Spielräume in der Produktion von Pharmazeutika. In Branchen mit hohen standortbezogenen Umweltschutzkosten spielt die Art des Vollzugs der lokalen Vollzugsbehörden eine zentrale Rolle. *Marktliche Schlüsselakteure* haben besonders grossen Einfluss auf ihre Lieferanten oder Kunden: Beispiele hierfür sind grosse Handelsketten wie Migros und Coop in der Schweiz mit ihrem Einfluss auf Konsumgüterlieferanten oder die Macht von Automobilunternehmen auf das Verhalten ihrer Zulieferer. Mineralölunternehmen (Art der Benzinsorten) schaffen wegweisende technische Möglichkeiten für ihre Kunden und üben auf diese Weise eine Schlüsselfunktion in der Wertschöpfungskette aus. Eine solche Marktmacht kann sich aus den jeweiligen Marktstrukturen (hoher Konzentrationsgrad einer Branche), technologischen Bedingungen des Wettbewerbs, aber auch durch bewusstes strategisches Verhalten wie das Eingehen von Kooperationen ergeben. So ist die Information Center Managers Forum Schweiz-Initiative der professionellen Anwender von Computern ein Beispiel dafür, wie sich Nachfragemacht durch gezielte ökologische Kooperationen schaffen lässt.

Wie der Öko-Preis des Information Center Managers Forum Schweiz den Computerwettbewerb beeinflusst

Das Information Center Managers Forum Schweiz (ICMF) ist ein Zusammenschluss von rund 100 Informationstechnologie-Verantwortlichen mittlerer und grosser Unternehmen, deren Einkaufsvolumen rund 70% des schweizerischen Marktes für professionelle Personal Computer abdeckt. Dem ICMF gehören u.a. Migros Genossenschaftsbund, Schweizerische Bankgesellschaft und Coopers & Lybrand an. Der ICMF als Berufsverband hat sich zur Aufgabe gemacht, einheitliche Kriterien zur ökologischen Bewertung von Computern und Computerzubehör zu erarbeiten. Das umfassende Bewertungskonzept, das sich auf alle Stufen des Computerlebenszyklus bezieht, wurde in Zusammenarbeit mit anderen öffentlichen Institutionen und Gruppen wie bspw. der Stiftung der schweizerischen Interessengemeinschaft für Abfallverminderung, dem Aktionsprogramm „Energie 2000" und der Forschungsgruppe „Energieanalysen" der ETH Zürich erstellt. Anhand der Kriterien werden jährlich vom ICMF symbolische Öko-Preise für das beste Umwelt-Gesamtkonzept und die besten Umweltprodukte in den Kategorien Computer, Bildschirm und Drucker vergeben. Damit soll das Beschaffungsverhalten der Verantwortlichen ökologisiert und Signale an die Computerunternehmen gesendet werden, ihr Angebot auch in ökologischer Hinsicht zu überprüfen und zu positionieren. Aufgrund der grossen Nachfragemacht, die die Organisation auf sich vereinigt, verfehlen die Signale ihre Wirkung nicht (vgl. Paulus 1996: 190-196).

Entscheidend für den Einfluss von öffentlichen, politischen und marktlichen Schlüsselakteuren ist die ökonomische Relevanz, die ihr Handeln auf andere Akteure hat. Die ökonomische Relevanz kann sich dabei in hohen Kosten, umfassenden Differenzierungsmöglichkeiten oder der Eröffnung neuer Geschäftsfelder äussern. In Bezug auf die Geschwindigkeit der Übertragung lässt sich feststellen, dass marktliche Schlüsselakteure in der Regel schnellere Reaktionen in der Kette auslösen als politische Schlüsselakteure. Dies hängt damit zusammen, dass es bei letzteren häufig durch Time-Lags in der politischen Entscheidungsfindung und im Vollzug der Massnahmen zu Verzögerungen kommt.

Zusammenfassend werden die wichtigsten Merkmale von indirekten und direkten ökologischen Prozessen festgehalten:

• *Von der Öffentlichkeit zum Markt:* Ausgangspunkt ökologischer Prozesse – seien sie direkter oder indirekter Art – sind immer ökologische Belastungen auf der stofflich-energetischen Ebene, die auf den Menschen zurückwirken. Wichtig für die Beurteilung der ökologischen Prozesse im Hinblick auf die Dringlichkeit und die Wettbewerbsrelevanz ist der Entwicklungsstand. Wie ist der „status quo" der ökologischen Prozesse? Befindet sich die jeweilige Umweltthematik augenblicklich in der Arena der öffentlichen Diskussion? Nimmt sich die Politik der Thematik an? Inwiefern wirkt sie sich bereits auf den Markt aus? Je nachdem, auf welcher „Bühne" sich die ökologischen Prozesse gerade abspielen, liegen andere Rahmenbedingungen zugrunde, sind andere Spielregeln zu beachten und treten unterschiedliche Akteure auf. In der Regel verlaufen ökologische Prozesse zunächst sehr langsam. Die Öffentlichkeit muss zunächst auf die jeweilige Umweltthematik aufmerksam gemacht und dafür sensibilisiert werden. Bevor in der Öffentlichkeit Bereitschaft zum Umdenken und Handeln geschaffen ist, können Jahre vergehen. Politik setzt langwierige Meinungsbildungsprozesse und mehrheitsfähige Beschlüsse voraus. Erreichen die ökologischen Anliegen jedoch den Markt, dann können sie sehr schnell virulent werden und erlauben den Unternehmen und Branchen nur kurze Reaktionszeiten. Eine Ausnahme stellt Brent Spar dar; in diesem Fall hat Greenpeace mit symbolträchtigen Aktionen und den weltweit verbreiteten Fernsehbildern einen dynamischen Prozess in Gang gesetzt. Innerhalb weniger Wochen haben sich die öffentlichen Proteste auf den Markt ausgewirkt.

- *Schlüsselakteure:* In der Regel werden die ökologischen Prozesse von einigen zentralen Akteuren vorangetrieben. Dabei kann man zwischen öffentlichen, politischen und marktlichen Schlüsselakteuren unterscheiden. Je nach Entwicklungsstand und Thematik können diese sehr unterschiedlich zusammengesetzt sein. In einem frühen Stadium sind es vor allem Wissenschaft und Medien, die die Thematik aufgreifen. Die Umweltschutz- und Konsumentenorganisationen machen die Thematik zum „Dauerbrenner", bevor sie von Politikern und Parteien aufgenommen werden. Wie die empirischen Ergebnisse der Branchenstrukturanalyse und der Unternehmensfallstudien zeigen, ist der Handel ein zentraler Akteur, wenn es darum geht, ökologische Prozesse im Markt voranzutreiben. Für die Unternehmen ist es wichtig, die Anspruchsgruppenkonstellation themen- und situationsspezifisch zu analysieren sowie die Droh- und Sanktionspotentiale der einzelnen Anspruchsgruppen bzw. Anspruchsgruppennetzwerke einzuschätzen.

In den bisherigen Ausführungen wurde näher darauf eingegangen, wie ökologische Ansprüche innerhalb einer Branche transformiert werden. Dahingehend kann man zwei ökologische Prozesse unterscheiden: direkte verlaufen von der Öffentlichkeit in den Markt, indirekte nehmen ihren Weg von der Öffentlichkeit über die Politik in den Markt hinein. Haben die ökologischen Ansprüche erst einmal den Markt erreicht, dann stellt sich die Frage, wie sie sich von dort aus fortsetzen. Wie kommt es zur Ökologisierung ganzer Akteurs- und Produktketten? Und wie wirken sich die ökologischen Impulse einer Branche auf andere Branchen aus? Zur Beantwortung dieser Fragen wird das Instrument der ökologischen Dominoketten herangezogen. Damit können nicht nur ökologische Ansprüche innerhalb einer Branche, sondern auch über verschiedene Branchen hinweg erfasst werden.

Ökologische Dominoketten

Ähnlich wie schon bei den ökologischen Belastungs- und Anspruchsmatrizen ist es wichtig, alle Stufen einer Branche zu betrachten. Oft wirken öffentliche oder politische Impulse nämlich nicht direkt auf das betrachtete Unternehmen oder seine unmittelbaren Kunden, sondern stossen Veränderungen auf einer sehr viel weiter vor- bzw. nachgelagerten Stufe des ökologischen Produktlebenszyklus an und pflanzen sich von dort marktlich über die Stufen der Wertschöpfungskette fort. Bildlich kann man diese Fortpflanzung von ökologischen Ansprüchen als Dominokette darstellen. Wie bei einem Dominospiel wird ein bestimmter Stein angestossen, worauf weitere umfallen. So kann ein ökologischer Impuls über sehr viele Glieder von einem Ort zu einem weit entfernten anderen Ort getragen werden. Grundsätzlich kann man zwei verschiedene Arten von ökologischen Dominoketten unterscheiden: Haupt- und Nebenketten (vgl. Abb. 20).

Hauptketten bestehen aus den marktlichen Akteuren entlang des ökologischen Produktlebenszyklus. Dabei handelt es sich bspw. in der Lebensmittelbranche um Landwirte, Lebensmittelhersteller, Lebensmittelhändler und Lebensmittelkonsumenten. In diesem Zusammenhang soll von der Hauptkette der Lebensmittelbranche oder vereinfachend von der Lebensmittelkette die Rede sein. Die Lebensmittelkette, bestehend aus den wichtigsten Marktakteuren der Lebensmittelbranche, kann durch öffentliche und politische Impulse angestossen werden. Hier sei auf die direkten und indirekten ökologischen Prozesse verwiesen, die oben dargestellt worden sind. Die Hauptkette gibt Antwort auf die Frage, wie sich ökologische Impulse innerhalb einer Branche auswirken. Sollen die branchenübergreifenden Wirkungen erfasst werden, dann sind neben den Hauptketten auch die Nebenketten einer Branche zu berücksichtigen.

Nebenketten bestehen aus den marktlichen Akteuren, die Produkte und Dienstleistungen für die Hauptkette bereitstellen. Nebenketten der Lebensmittelbranche sind bspw. die Agrochemie, die Verpackungs-, Güterverkehrs- und Hausgerätebranche. Die Verknüpfung von Haupt- und Nebenketten vermag aufzuzeigen, wie sich ökologische Ansprüche innerhalb einer Branche und über Branchen hinweg fortpflanzen. So wirkt sich der Öko-Wettbewerb im Lebensmittelhandel einerseits auf die Landwirtschaft (Hauptkette), andererseits aber auch auf die Agrochemie und die Verpackungsbranche aus (Nebenketten). Die vereinfachende Darstellung darf jedoch nicht darüber hinwegtäuschen, dass die Fortpflanzung der ökologischen Ansprüche in der Realität wesentlich komplexer ist, als es die ökologischen Dominoketten suggerieren mögen.

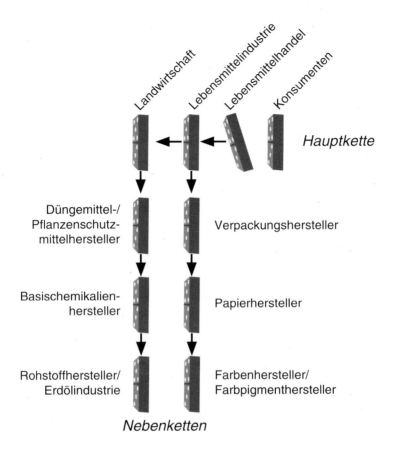

Abb. 20: Haupt- und Nebenketten der Lebensmittelbranche

Ökologische Dominoketten können unterschiedlich lang sein. Im Fall von Landis & Gyr ist die ökologische Dominokette relativ kurz und reicht über zwei Glieder entlang der Hauptkette der Maschinenbranche, hat dort aber sehr positive Effekte. Angestossen durch die EMAS-Verordnung und die ISO-Norm 14001 nimmt Landis & Gyr seine ökologische Verantwortung in verstärktem Masse wahr. Neben der Einführung von Umweltmanagementsystemen an den europäischen und amerikanischen Produktionsstandorten werden auch die (Vor-) Lieferanten ökologisch bewertet. Es ist zu erwarten, dass sich dieses Muster auch in anderen Unternehmen und Branchen durchsetzen wird. Während die Zertifizierung nach EMAS und/oder ISO 14001 heute noch einen Wettbewerbsvorteil verspricht, dürfte sie in einigen Jahren

zur Selbstverständlichkeit geworden sein. Es ist zu erwarten, dass Grossab-
nehmer aus der Automobil-, Maschinen- und Elektroindustrie, aber auch
grosse Handelsunternehmen schon in naher Zukunft ökologische Lei-
stungsnachweise von ihren Lieferanten verlangen.

Wie EMAS/ISO 14001 zur Verbesserung der Umwelt- und Arbeitssicherheit in Belgaum/Indien beiträgt

Landis & Gyr ist ein weltweit tätiges Unternehmen, das Lösungen für den effi-
zienten Einsatz von Energie anbietet. Im Jahr 1996 haben Landis & Gyr und
Elektrowatt fusioniert. Im Jahr 1995 erzielte Landis & Gyr mit 16.000 Mitar-
beitern einen Umsatz von 2900 Mio SFr und einen Reingewinn von 110 Mio
SFr. Die drei wichtigsten Geschäftsbereiche sind Building Control, Energy
Utilities und Communications. Produkte wie bspw. der Wärmezähler SONO-
GYRTM sollen den Kunden dazu verhelfen, bei gleicher Leistung möglichst
viel Strom, Gas, Öl und Wasser einzusparen und damit weniger Umweltbe-
lastungen zu verursachen. Der Wärmezähler SONOGYRTM ist bereits in der
Entwicklung „von der Wiege bis zur Bahre", d.h. von der Beschaffung bis zum
stofflichen Recycling, ökologisch optimiert worden. Durch ein umfassendes
Umweltprogramm wird die ökologische Herstellung des Produktes bei Landis
& Gyr sichergestellt. Im Dezember 1995 hat der Produktionsstandort in Tel-
ford/England das Zertifikat nach der Umweltnorm BS 7750 erhalten. Bis 1997
sollen alle grösseren Standorte von Landis & Gyr in Europa und ein Standort in Amerika die Zertifizierung ihrer Umweltmanagementsysteme nach EMAS
bzw. ISO 14001 erlangen. Einerseits wird die Zertifizierung zunehmend von
den Kunden nachgefragt, andererseits sollen mit einem effizienten Umweltmanagement gezielt Kosten reduziert werden.

Im Rahmen der Umweltmanagementsysteme werden auch die Schlüssellie-
feranten ökologisch bewertet. Darunter befindet sich Reliance Engineering
Corp. in Belgaum/Indien, die seit 1986 jährlich 10.000 Ventilkörper im Wert von
200.000 US$ an Landis & Gyr liefern. Die Gussteile fertigt das Unternehmen
in Zusammenarbeit mit lokalen Giessereien. Im Mai 1995 hat Landis & Gyr bei
Reliance Engineering Corp. und deren Unterlieferant k.t.n. metals ein umfassendes Umwelt- und Arbeitssicherheitsaudit durchgeführt. Bei der Umsetzung der dringend notwendigen Umwelt- und Sicherheitsmassnahmen werden die indischen Partner auch finanziell unterstützt: Im Oktober 1995 hat
sich Landis & Gyr vertraglich verpflichtet, sich bis Ende 1996 mit 0.25 US$ pro
Ventil am Verbesserungsprogramm zu beteiligen. Fazit: Umweltmanagementsysteme nach EMAS und ISO 14001 tragen nicht nur zur Ökologisierung
der hiesigen Produktionsstandorte bei, sondern können sich auch auf Lieferanten in anderen Teilen der Welt auswirken (vgl. Landis & Gyr 1996).

Im Fall von Landis & Gyr sind zwei unmittelbar vorgelagerte Glieder entlang der Hauptkette der Maschinenbranche angestossen worden: Reliance Engineering Corp. als Lieferant von Landis & Gyr und k.t.n. metals als Vorlieferant. Im Fall der Baubranche ist die ökologische Dominokette länger und bezieht sich auch nicht auf die unmittelbar vorgelagerten Glieder der Hauptkette: Hier wirken sich die Entsorgungsprobleme am Ende des ökologischen Produktlebenszyklus auf den Einsatz und die Herstellung von Baumaterialien am Anfang des ökologischen Produktlebenszyklus aus.

Wie Entsorgungsdruck die Baubranche mobilisiert

Bauschutt und Bauabfälle können in den seltensten Fällen verbrannt werden, sondern müssen auf Deponien entsorgt werden. In den letzten Jahren hat sich ein erheblicher Entsorgungsnotstand entwickelt: Einerseits wird der Deponieraum knapp, um auch zukünftig die grossen Mengen an Bauabfällen aufzunehmen; andererseits entwickeln sich immer mehr bestehende Deponien zu potentiellen Altlasten. Durch die politische Stärkung des Verursacherprinzips und die Auferlegung einer Gefährdungshaftung für Deponiebetreiber sind Deponien heute kaum noch versicherbar. All dies hat in den letzten Jahren zu einer Explosion der Entsorgungskosten geführt. Es entstehen daher erhebliche Anreize zum Schliessen von Materialkreisläufen im Baubereich, der auf die Hersteller von Baumaterialien zurückwirkt. Die Möglichkeit, Materialkreisläufe zu schliessen, wird entscheidend von den eingesetzten Baumaterialien bzw. deren Inhaltsstoffen und Zusammensetzung bestimmt. Fazit: Ausgelöst durch staatliche Massnahmen entsteht am Ende des ökologischen Produktlebenszyklus ein ökologisches Wettbewerbsfeld, das sich auf die (Vorprodukte-) Lieferanten am Anfang des ökologischen Produktlebenszyklus auswirkt.

Durch den Zwang, Materialkreisläufe zu schliessen, gewinnt die Recyclingfähigkeit von Baustoffen eine ganz neue Bedeutung. Im Unterschied zum vorhergehenden Fallbeispiel werden bei der ökologischen Dominokette der Baubranche nicht die unmittelbar nebeneinander liegenden, sondern auch die weiter vorgelagerten Glieder angestossen. In diesem Fall ist die ökologische Dominokette wesentlich länger (vgl. Abb. 21). Vor dem Hintergrund des deutschen Kreislaufwirtschaftsgesetzes ist zu vermuten, dass dieses Muster zukünftig vermehrt auftreten wird. In dem neuen Gesetz, das am 7. Oktober 1996 in Kraft getreten ist, wird eine „umfassende Produktverantwortung" für alle Unternehmen festgeschrieben, die Erzeugnisse entwickeln, herstellen, be- und verarbeiten oder vertreiben. Ziel ist das Schliessen von Stoff- und Materialkreisläufen zur Schonung der natürlichen Ressourcen (vgl. Kirchgeorg 1995: 233). Weitreichender als die dargestellten Beispiele ist die Idee eines eigentlichen Lebenszyklusmanagements. Allgemein geht es darum, dass ein Akteur oder ein Verbund von Akteuren eine umfassende Ökologisierung der gesamten Kette anstrebt. Die Mittlerrolle zwischen Produzenten und Konsumenten ermöglicht es dem Handel, eine solche Funktion wahrzunehmen. Als „ökologischer Gatekeeper" (Hansen 1988: 453-454) entscheidet der Handel über den Erfolg oder Misserfolg von ökologischen Konzepten. Er kann durch seine Einkaufs-, Sortiments- und Kommunikationspolitik ökologische Impulse auf die vor- und nachgelagerten Stufen ausüben: Wenn der Handel ökologische Produkte und Dienstleistungen vermehrt nachfragt, dann resultiert daraus ein „Ökologie-Pull" auf seiten der Lieferanten bzw. Hersteller; und wenn der Handel ökologische Produkte und Dienstleistungen verstärkt anbietet und bewirbt, dann bewirkt er einen „Ökologie-Push" auf seiten der Kunden (vgl. Fallbeispiel „Von der Öko-Nische zum ökologischen Massenmarkt").

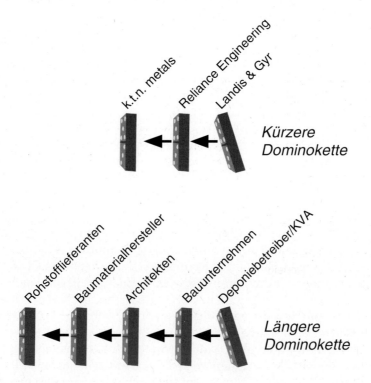

Abb. 21: Länge der ökologischen Dominoketten

Von der Öko-Nische zum ökologischen Massenmarkt

Mit einem Umsatz von 11 Mrd. SFr. und 45.000 Beschäftigen ist Coop die Nr. 2 im Schweizer Handel. Im September 1995 hat Coop ihre gesamte Unterwäsche-Kollektion auf Ökologie umgestellt. Die neue Kollektion wird unter dem Öko-Label Coop Natura Line geführt und ist nicht mehr wie bisher eine Zusatzkollektion. Die umgestellten Unterwäsche-Modelle werden allesamt nur noch nach bestimmten ökologischen Standards gefertigt, die sich an den Empfehlungen des Arbeitskreises Naturtextil orientieren. Der Arbeitskreis Naturtextil ist eine Vereinigung deutschsprachiger Textilhersteller und -veredler, die sich zum Ziel gesetzt haben, anspruchsvolle ökologische Kriterien für die Herstellung von Textilien zu definieren und in der Praxis zu implementieren.

Die ökologische Textilkollektion der Coop wird erst durch eine enge Kooperation mit ausgesuchten Partnern entlang der textilen Kette möglich. Die Sidema AG ist ein kleines mittelständisches Unternehmen (Umsatz 1994: 24 Mio SFr.), das Wäschestücke im Lohnauftrag für Coop und andere schweizerische Handelsunternehmen produziert. Als eigenständige Linie wird von der Sidema AG in Deutschland seit 5 Jahren die „NATURA"-Kollektion angeboten. Der Anstoss der Coop hat dazu geführt, diese Linie erheblich auszuweiten. Die Remei AG als Lieferant der Sidema AG ist ebenfalls ein kleines mittelständisches Unternehmen, das im internationalen Baumwollgarnhandel tätig ist. Durch das Engagement und die Abnahmegarantien der Coop konnte die Remei AG ihre Lieferanten in Maikaal/Indien dazu bewegen, in einem Pilotprojekt auf Bio-Baumwolle umzusteigen. Etwaige Ertragseinbussen werden durch einen Sozialfonds abgefedert, den Coop eingerichtet hat. Neu an der Strategie der Coop ist, dass sie nicht auf eine kleine lukrative Öko-Nische, sondern auf den ökologischen Massenmarkt abzielt. Dem Kunden soll ein Mehrwert in Form von Ökologie geliefert werden, ohne dass er dafür einen Aufpreis bezahlt. Durch die Ausweitung des Marktes hofft Coop, grössenbedingte Kosteneinsparungen zu erzielen und dadurch entsprechende Gewinnmargen zu erhalten. Weiterhin erzielt Coop positive Imageeffekte, die weit über das Textilsortiment hinausreichen und sich auf das gesamte Unternehmen beziehen (vgl. Schneidewind/Hummel 1996: 63-66).

Aufgrund seiner Nachfragemacht kann der Handel seinen ökologischen Forderungen den nötigen Nachdruck verleihen. Um im Bild der ökologischen Dominoketten zu bleiben: Der Handel ist ein besonders grosser Dominostein, der andere Steine anstossen und damit ganze Dominoketten nachhaltig verändern kann. Doch nicht nur die Grösse des ökologischen Dominosteins, sondern auch die Richtung, in die der ökologische Dominostein fällt,

ist wichtig (vgl. Abb. 22). So kann der Handel einerseits durch eine ökologische Beschaffungspolitik die vorgelagerten Stufen im Sinne eines „Greening of the Supply Chain" beeinflussen, andererseits aber durch eine ökologische Absatzpolitik Einfluss auf die nachgelagerten Stufen ausüben. Der
Handel ist ein marktlicher Schlüsselakteur, der die Ökologisierung ganzer
Produktketten vorantreiben und gestalten kann. Dies gilt in besonderem
Masse für Konsumgüterbranchen, in denen die Konzentration des Handels
bereits weiter fortgeschritten ist.

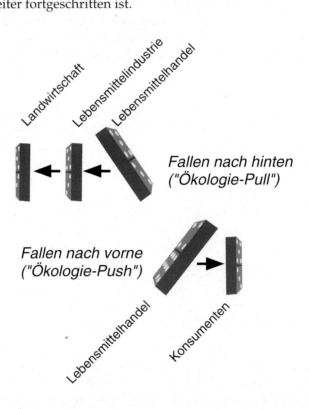

Abb. 22: Grösse und Richtung der ökologischen Domi-
nosteine

Sollen auch die branchenübergreifenden Wirkungen von ökologischen Impul-
sen erfasst werden, dann sind auch die Nebenketten zu berücksichtigen.
Wie das Fallbeispiel „Wie sich der 'Öko-Wettbewerb' im Handel auf andere Branchen auswirkt" zeigt, beschränken sich die Auswirkungen dabei
nicht notwendigerweise auf eine Nebenkette, sondern können gleich eine
ganze Reihe von Nebenketten betreffen. Die betroffenen Nebenketten in

dem konkreten Fallbeispiel sind die Farbenchemie, die Agrochemie, der Güterverkehr und die Maschinenbranche; die Hauptkette ist die Lebensmittelbranche, bestehend aus Landwirtschaft, Lebensmittelindustrie, Lebensmittelhandel und Lebensmittelkonsumenten.

Wie sich der „Öko-Wettbewerb" im Handel auf andere Branchen auswirkt

Mit einem Marktanteil von über 40% sind Migros und Coop die wichtigsten Unternehmen im Lebensmittelhandel. Aufgrund ihrer genossenschaftlichen Struktur sind beide Unternehmen sehr stark öffentlich exponiert. Nicht zuletzt deshalb nehmen sie ihre soziale und ökologische Verantwortung in besonderem Masse wahr. Seit einigen Jahren ist ein regelrechter „Öko-Wettbewerb" zwischen den beiden Handelsunternehmen entfacht, der sich nicht nur auf die Verpackung beschränkt, sondern der auch die Produkte und die Transportmittel mit einschliesst. Seit Ende der 80er Jahre bewerten Migros und Coop die Umweltverträglichkeit von Lebensmittelverpackungen anhand von Ökobilanzen. Umverpackungen werden – soweit möglich – ganz vermieden. Dies hat Rückwirkungen auf die Lebensmittelindustrie, die Verpackungshersteller und die Farbenchemie. Die auf dem Produkt selbst angebrachte Produktwerbung befindet sich nicht mehr auf einer Kartonverpackung, sondern direkt auf der aus Kunststoff bestehenden Verkaufsverpackung. Für das aufwendige Bedrucken von Kunststoffverpackungen bedarf es im Gegensatz zum Papierdruck qualitativ hochstehender Farbpigmente. Dadurch entstanden für die Hersteller hochwertiger Pigmente neue bzw. erweiterte Marktsegmente. Vor allem die von Ciba entwickelte und unter ökologischen Gesichtspunkten optimierte DPP-Pigmentklasse (im wesentlichen für rote Farbtöne) profitierte von den Verpackungsumstellungen der Lebensmittel- und Konsumgüterhersteller.

Mittlerweile hat sich der Öko-Wettbewerb im Lebensmittelhandel auf die Anbauweise/Tierhaltung und damit die Produkte selbst verlagert. Seit Ende der 70er Jahre bietet die Migros in ihrem M-Sano-Programm Lebensmittel aus integrierter Produktion an. Anfang der 90er Jahre hat die Coop das strategische Wettbewerbspotential von Bioprodukten erkannt und konsequent aufgegriffen. Der im Frühjahr 1993 lancierte Coop Naturaplan ist ein unumstrittener Markt- und Imageerfolg. 1996 betrug der Umsatz über 150 Mio SFr und bis zum Jahr 2000 strebt die Coop einen Umsatz von 400-500 Mio SFr in diesem Bereich an, was 20% in den betroffenen Sortimentsbereichen entspricht. Im Frühjahr 1996 hat die Migros mit ihrem M-Bio-Programm nachgezogen. Es ist abzusehen, dass die Bio-Programme der zwei Marktführer nachhaltige Wirkungen auf die Landwirtschaft und damit auch die Agrochemie haben werden. Ein weiterer Bereich des Öko-Wettbewerbs sind die mit

den Lebensmitteln verbundenen Transporte. Beide Handelsunternehmen stre-
ben an, ihre logistischen Prozesse soweit wie möglich zu optimieren und der
Schiene den Vorzug vor der Strasse zu geben. Durch die Entwicklung eines
Kombitrailers ist es der Migros gelungen, den Sattelschlepper eines LKW
innerhalb weniger Minuten in einen Güterwagen umzuwandeln und damit den
kombinierten Verkehr kontinuierlich zu steigern. Dieses (Pilot-) Projekt könn-
te sich als wegweisend für die gesamte Güterverkehrsbranche erweisen.

Anhand der verschiedenen Fallbeispiele wird illustriert, wie sich das Instrument der ökologischen Dominoketten in der Praxis einsetzen lässt. Dabei
sind folgende Punkte zu beachten:

- *Haupt- und Nebenketten:* Ökologische Dominoketten setzen sich aus Haupt-
  und Nebenketten zusammen. Hauptketten bestehen aus den marktlichen Akteuren einer Branche (Beispiel Baubranche: Baumaterialienher-
  steller, Transporteure/Spediteure, Architekten, Bauunternehmen, Nutzer
  und Entsorger). Diese können durch öffentliche und politische Akteure
  zum ökologischen Handeln veranlasst werden. Nebenketten bestehen
  aus den marktlichen Akteuren, die Produkte und Dienstleistungen für die
  Hauptkette bereitstellen (Beispiel Baubranche: Güterverkehrsbranche,
  Maschinenbranche, Metallbranche und Farbenchemie).
- *Länge der ökologischen Dominoketten:* Ökologische Dominoketten können
  unterschiedlich lang sein. Zuweilen beziehen sich ökologische Dominoketten lediglich auf ein oder zwei unmittelbar vor- oder nachgelager-
  te Stufen. Bildlich gesprochen heisst das, dass nur die direkt nebeneinander liegenden Dominosteine umfallen. Ökologische Dominoketten
  können sich aber auch auf fünf oder sechs Stufen beziehen und auf die
  gesamte Kette erstrecken.
- *Grösse der ökologischen Dominosteine:* Die ökologischen Dominosteine können unterschiedlich gross sein. Die Grösse eines ökologischen Dominosteins hat einen Einfluss auf das Ausmass und die Wahrscheinlichkeit,
  dass ökologische Prozesse in Gang gesetzt werden. Fällt ein grosser Dominostein um, dann sind i.d.R. auch die anliegenden Dominosteine davon
  betroffen. Bei kleinen Dominosteinen ist dies nicht notwendigerweise
  der Fall. Daher konzentrieren sich die Aktionen von Umweltschutzorganisationen häufig auf grosse Dominosteine einer Kette oder einer Branche (Beispiel: Nestlé als die Nr. 1 im Lebensmittelmarkt, Migros als das
  grösste Handelsunternehmen in der Schweiz).
- *Richtung der ökologischen Dominosteine:* Grundsätzlich können ökologische Dominosteine in zwei Richtungen fallen: nach hinten und nach vorne. In der Regel fallen ökologische Dominosteine nach hinten: durch den

Einbezug ökologischer Kriterien in Beschaffungsentscheidungen werden die Lieferanten bzw. die vorgelagerten Stufen beeinflusst. Seltener ist das Fallen der ökologischen Dominosteine nach vorne: durch eine offene und aktive Informationspolitik können die Kunden bzw. die nachgelagerten Stufen im Hinblick auf ihr Umweltverhalten beeinflusst werden.

3 Ökologische Wettbewerbsfelder

Die vorangegangenen Kapitel zeichneten den Weg der ökologischen Transformation nach. Sie zeigten, wie die ökologischen Probleme einer Branche von Anspruchsgruppen aufgegriffen und zu Forderungen werden, die das Handeln von Unternehmen unmittelbar betreffen. Gleichzeitig präsentierten sie Instrumente, mit denen Unternehmen die relevanten ökologischen Probleme sowie den Prozess der Transformation rechtzeitig identifizieren können. Alle diese Überlegungen stecken das Umfeld für die Frage ab, die im Mittelpunkt des Buches steht: diejenige nach den Wettbewerbswirkungen ökologischer Veränderungen und ökologischer Unternehmensführung. Dieser Frage nähert sich das vorliegende Kapitel. Im Mittelpunkt der Analyse steht dabei das *Konzept der ökologischen Wettbewerbsfelder*. Ökologische Wettbewerbsfelder sind der Endpunkt des ökologischen Transformationsprozesses. Die Art und Ausprägung ökologischer Wettbewerbsfelder entscheidet darüber, wie sich die Kosten- und Differenzierungsposition von Unternehmen im ökologischen Kontext verändert und welche Chancen und Gefahren für sie durch den Prozess der ökologischen Transformation entstehen.

Begriff der ökologischen Wettbewerbsfelder

Ökologische Wettbewerbsfelder bezeichnen die ökologischen Probleme einer Branche, deren Lösung die Erlangung von Wettbewerbsvorteilen ermöglicht bzw. deren Nichteinhaltung mit beträchtlichen Wettbewerbsnachteilen einhergeht. Dabei spielen sowohl Kosten- als auch Differenzierungsaspekte eine Rolle.

Auf die einzelnen Aspekte dieser Definition soll im folgenden näher eingegangen werden:

- *„Ökologische Wettbewerbsfelder"*: Es lassen sich fünf zentrale Triebkräfte des Branchenwettbewerbs identifizieren: die Verhandlungsmacht der Abnehmer, die Verhandlungsstärke der Lieferanten, die Rivalität unter den bestehenden Unternehmen der Branche, die Bedrohung durch neue Konkurrenten und die Bedrohung durch Ersatzprodukte (vgl. Porter 1983). Der Begriff „Wettbewerbsfeld" kann als Überbegriff für eine solche Konstellation verstanden werden, die sowohl durch die Stärke der Triebkräfte als auch deren konkrete Inhalte bestimmt wird. Der Begriff „Ökologische Wettbewerbsfelder" deutet darauf hin, dass sich Triebkräfte und Inhalte ökologisch induziert verändern: Neue Differenzierungskriterien bei Kunden, ein durch ökologische Kriterien verschärfter Wettbewerb zwischen Anbietern, höhere Preise für Inputgüter oder neue ökologisch optimierte Produktvarianten sind mögliche Beispiele für solche ökologisch induzierten Wettbewerbsfelder.

- *„Ökologische Probleme"*: Den Ausgangspunkt bzw. Kern solcher ökologischen Wettbewerbsfelder bilden die konkreten ökologischen Probleme der Branche. Mit anderen Worten: Die ökologischen Belastungen von heute sind die ökologischen Wettbewerbsfelder von morgen. Auf die Logik der ökologischen Transformation wurde in den vorangegangenen Kapiteln ausführlich eingegangen.

- *„Deren Lösung"*: Der Schlüssel, um die veränderte Branchenkonstellation für das einzelne Unternehmen zu nutzen, besteht darin, geeignete Strategien zur Lösung der ökologischen Probleme zu ergreifen. Die Eignung bezieht sich dabei sowohl auf die ökologische Tragweite als auch auf die wettbewerbsstrategische Ausprägung der Unternehmensansätze. Teil II des Buches wird sich diesen Fragen ausführlich widmen.

- *„Wettbewerbsvorteile"*: Ziel der Unternehmensstrategien im relevanten ökologischen Wettbewerbsfeld ist die Erlangung von Wettbewerbsvorteilen, d.h. eine relative Besserstellung gegenüber wichtigen Wettbewerbern. Diese kann z.B. in Kostenvorteilen bestehen, wenn es gelingt, durch ökologische Massnahmen Kosten zu reduzieren oder neue Differenzierungsmöglichkeiten in bestehenden oder neuen Geschäftsfeldern zu erhalten.

Ökologische Wettbewerbsfelder bieten die Chance zur Erlangung von Wettbewerbsvorteilen. Wettbewerbsvorteile sind immer eine relative Kategorie: Es geht darum, Bedürfnisse von Kunden besser zu befriedigen als die Wettbewerber. Dies ist im wesentlichen durch eine höhere Qualität der Produkte oder durch einen niedrigeren Preis für vergleichbare Produkte möglich. Differenzierung und Kosten sind daher die beiden zentralen Wettbewerbsdimensionen für Unternehmen: „Differenzierung" heisst, Produkte mit Qualitäten anzubieten, die die Wettbewerber nicht offerieren können. „Kosten" meint, die Herstellungskosten für Produkte so weit zu reduzieren, dass sie zu Preisen angeboten werden können, die unter denen der Wettbewerber für vergleichbare Produkte liegen.

Beim Blick auf die ökologischen Wettbewerbsfelder zeigt sich, dass es sowohl differenzierungs- als auch stärker kostenorientiert ausgeprägte Formen gibt.

Gerade bei den aktuellen Wettbewerbsfeldern dominieren jedoch *Differenzierungs*aspekte. Für Unternehmen stellt sich dort die Herausforderung, Kunden einen höheren ökologischen Gebrauchsnutzen bzw. eine ökologisch bessere Entsorgbarkeit der Produkte zu offerieren.

Es existieren zwei Formen von Differenzierungsmöglichkeiten:

- Die Schaffung eines ökologischen Zusatznutzens für bestehende Produkte.
- Produkte und Dienstleistungen für neue, ökologisch induzierte Geschäftschancen.

Die Ökologisierung bestehender Produkte ist immer dann ein aus Wettbewerbssicht erfolgversprechender Weg, wenn bestehende Differenzierungskriterien am Markt zur Selbstverständlichkeit werden (z.B. Waschstärke bei Waschmitteln) oder die Wettbewerbsprodukte vom Wesen her schon sehr homogen sind (z.B. Benzin). Darüber hinaus können ökologische Veränderungen im Wettbewerbsumfeld zu Märkten für Ersatzprodukte und Dienstleistungen führen. Ob Unternehmen diese Differenzierungschancen besser als ihre Wettbewerber nutzen und sich damit Wettbewerbsvorteile erschliessen, hängt entscheidend von den bestehenden Unternehmenspotentialen und den gewählten Unternehmensstrategien ab. Auf beide Aspekte geht der Teil II des Buches ein.

Wettbewerbschancen durch eine relativ *bessere Kostenposition* im ökologischen Kontext sind bei aktuellen Wettbewerbsfeldern bisher kaum vertreten. Zwei Arten von Kostenvorteilen müssen unterschieden werden, um dies zu erklären:

- *Absolute Kostenreduktionen.* Wenn es Unternehmen gelingt, durch ökologische Innovationen die Herstellungskosten für Produkte unter das Niveau zu senken, welches Wettbewerber haben, die die ökologischen Effekte ihrer Herstellung weitgehend externalisieren können (z.B. aufgrund geringer gesetzlicher Umweltauflagen in Produktionsländern), dann liegen absolute Kostenreduktionen durch Umweltschutz vor. Ökologische Optimierungsstrategien haben in diesen Fällen einen „Entdeckungscharakter". Erst durch die Suche nach ökologisch besseren Lösungen werden hier Wege aufdeckt, die auch ökonomisch sehr viel günstiger sind. Dennoch ist es schwierig, solche sowohl ökologisch als auch ökonomisch ausreichend vorteilhaften Innovationssprünge systematisch zu erschliessen, so dass das ökologische Wettbewerbsfeld „Produktion" heute noch in keiner Branche aufgrund von Kostenvorteilen ein aktuelles Stadium erreicht hat.

- Bedeutender sind in dieser Hinsicht *relative Kostenreduktionen*: Solche liegen vor, wenn es Unternehmen gelingt, die Kosten für Umweltschutzaufwand signifikant geringer zu halten als Wettbewerber, die gleichen oder ähnlichen Umweltauflagen unterliegen. In Branchen, in denen die umweltinduzierten Kosten einen erheblichen Anteil an den Gesamtkosten ausmachen, ist möglich, sich durch solche Massnahmen systematisch Wettbewerbsvorteile zu erschliessen. Die Zahl solcher Branchen ist heute noch gering, wird in Zukunft aufgrund der zunehmenden Internalisierung ökologischer Auswirkungen aber steigen. Entscheidend ist dabei, dass die Wettbewerber nicht durch eine Externalisierung über Standortverlagerung an Orte mit geringeren Umweltauflagen diese relativen Vorteile wieder zunichte machen können. In der Einführung des Buches wurde deutlich, dass in vielen Branchen Standorte nach anderen als Umweltschutzkosten-Kriterien ausgewählt werden und die Umweltschutz-Rahmenbedingungen daher häufig wirklich vergleichbar sind. Unternehmen sollten daher bewusst auch nach Möglichkeiten zur Erlangung relativer Kostenvorteile Ausschau halten. Diese werden in Zukunft an Bedeutung gewinnen: Es sind nicht nur ökologisch induzierte Differenzierungschancen, die Wettbewerbsvorteile in ökologischen Wettbewerbsfeldern ermöglichen.

Weiterhin ist es wichtig, bei der Kostenbetrachtung eine erweiterte Kostenperspektive zugrunde zu legen. Nicht nur die unmittelbar heute auftretenden Kosten sind relevant, sondern auch die Opportunitätskosten ansonsten später eingeführter Umweltschutzmassnahmen: So sind langfristig geplante ökologische Veränderungen häufig sehr viel kostengünstiger als solche, die kurzfristig unter äusserem Zwang erfolgen: „Richtig ist, dass Umweltschutz Geld kostet. Richtig ist aber auch, dass der Verzicht auf Umweltschutz ebenfalls Geld kostet – häufig sogar noch mehr" (Dyllick 1990: 18). Die Kostenvorteile heute schon eingeleiteter Umweltschutzmassnahmen sind daher in der Regel viel grösser als dies auf den ersten Blick scheint.

Entwicklungsstadien ökologischer Wettbewerbsfelder

Es existieren drei Entwicklungsstadien ökologischer Wettbewerbsfelder: Sie können aktuell, latent und potentiell sein. Insbesondere für das Timing ökologischer Strategien hat diese Einteilung eine hohe Bedeutung. *Aktuelle ökologische Wettbewerbsfelder* beeinflussen heute schon die Wettbewerbschancen von Unternehmen einer Branche. Je nach Branchensituation und Art des ökologischen Problems kann dies Unterschiedliches bedeuten:

- Ökologische Qualität ist ein wichtiges Kauf- und damit Differenzierungskriterium bei Kunden bzw. gegenüber Wettbewerbern.
- Ökologische Produktalternativen bestreiten bedeutende Marktanteile und verdrängen zunehmend herkömmliche Produktvarianten.
- Ökologisch induzierte Kosten machen einen wichtigen Anteil an den Gesamtkosten aus. Kosteneinsparungen in diesem Bereich ermöglichen daher die Verbesserung der Wettbewerbsposition.
- Ökologische Werbung und Kommunikation spielen eine wichtige Rolle.

In *latenten ökologischen Wettbewerbsfeldern* befindet sich die Beeinflussung der Marktbedingungen erst in einem Anfangsstadium: ökologische Produktvarianten treten nur in einzelnen Nischen auf und werden lediglich von einzelnen Pionierunternehmen lanciert. Als Differenzierungskriterium spielen ökologische Kriterien nur bei kleinen Kundengruppen eine Rolle. Ökologische Probleme induzieren zwar Kosten für die Unternehmen, diese sind aber strategisch unbedeutend.

In einem noch früheren Entwicklungsstadium befinden sich *potentielle ökologische Wettbewerbsfelder*. Grundsätzlich stellt jedes wichtige ökologische Problem einer Branche ein potentielles ökologisches Wettbewerbsfeld dar. Die grosse Unsicherheit besteht dabei in der zeitlichen Dimension. Besondere Bedeutung besitzen solche ökologischen Probleme, für die Lösungsoptionen und konkrete Handlungsansätze schon als Konzepte existieren. Dies stellt die Vorstufe zu einem konkreten Aufgreifen des Problems in der Politik und im Markt dar. Ein Beispiel für ein solches ökologisches Problem sind die Transportbelastungen, für die sich mit der Diskussion über Regionalkonzepte konkrete Lösungsansätze zu entwickeln beginnen. Grundsätzlich gilt jedoch: Je stärker ein ökologisches Wettbewerbsfeld noch latent oder sogar potentiell ist, desto grösser sind die Freiräume für die Unternehmung, First-Mover-Vorteile zu realisieren, indem sie das Wettwerbsfeld und seine Entwicklung selbst entscheidend mitprägt. Desto grösser ist aber auch das Risiko eines Scheiterns, wenn die Weiterentwicklung zu einem aktuellen Wettbewerbsfeld nicht oder nur sehr verzögert stattfindet. Aktuelle ökologische Wettbewerbsfelder bergen diesbezüglich ein geringeres Risiko, aber auch die kleineren Chancen.

In den folgenden Ausführungen werden die aktuellen, latenten und potentiellen ökologischen Wettbewerbsfelder in den sechs ausgewählten Branchen dargestellt. Folgt man der Logik der ökologischen Transformation, dann werden die ökologischen Belastungen einer Branche durch die ökologischen Ansprüche vermittelt und führen zu ökologischen Wettbewerbsfeldern. Bei der kurzen Darstellung der ökologischen Wettbewerbsfelder wird kein Anspruch auf Vollständigkeit erhoben. Vielmehr geht es darum, exemplarisch zu verdeutlichen, welche konkreten Ausprägungen ökologische Wettbewerbsfelder in verschiedenen Branchen haben können.

Ökologische Wettbewerbsfelder: Lebensmittelbranche

In der Lebensmittelbranche finden sich ökologische Wettbewerbsfelder auf allen drei Entwicklungsstufen. Angetrieben durch den Entsorgungsnotstand, zahlreiche gesetzliche Initiativen und die besondere Sichtbarkeit sind (ökologisch optimierte) Verpackungen ein wichtiges Differenzierungskriterium in den meisten Produktfeldern.

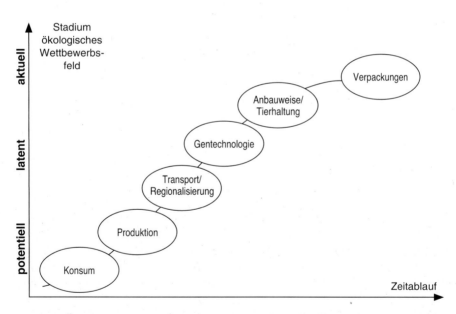

Abb. 23: Ökologische Wettbewerbsfelder der Lebensmittelbranche

Die Anbauweise, d.h. der zunehmende Rückgriff auf Lebensmittel aus ökologischer Landwirtschaft, sowie die durch die Gentechnik zu neuer Bedeutung gelangte Diskussion um Produktinhaltsstoffe, unterliegen als ökologische Wettbewerbsfelder derzeit einer grossen Dynamik. Sie stehen am Umbruch vom Latenz- zum Aktualitätsstadium. So will Coop Schweiz bis zum Jahr 2000 rund 20% ihres Umsatzes in den dafür geeigneten Segmenten mit Produkten aus biologischem Anbau bestreiten. Mit der sich ankündigenden Standardisierung bei der Produktkennzeichnung wird für viele Hersteller auch der bewusste Verzicht auf Lebensmittel auf Basis gentechnisch veränderter Produkte zum Thema. Die ökologisch motivierte Reduzierung der Transportdistanzen gewinnt mit den ersten Regionalkonzepten von Lebensmittelherstellern und -händlern einen zunehmend latenten Wettbewerbsstatus. Ökologisch optimierte Produktionsprozesse haben heute dagegen nur dort Wettbewerbsrelevanz, wo die entsprechenden Kosten nennenswerte Höhen erreichen. Dies gilt z.B. für den Wasserverbrauch in der Getränkemittelindustrie. Auch ökologisch optimierten Konsumgewohnheiten (d.h. Einkaufs-, Kühl- und Zubereitungsgewohnheiten) schenkt die Branche bisher keine Beachtung, trotz der grossen ökologischen Relevanz dieser Branchenstufe.

Ökologische Wettbewerbsfelder: Baubranche

Stark steigende Deponiekosten und die Bedeutung von Heiz- und Wasserkosten bei der Gebäudenutzung sind die Gründe dafür, dass die Gebäudeentsorgung und die Gebäudenutzung in der Baubranche aktuelle ökologische Wettbewerbsfelder darstellen. Die Wettbewerbseffekte in beiden Feldern erstrecken sich von Gebäudeentsorgern bzw. -betreibern über die Bauunternehmen und Architekten bis hin zu den Baustoffvorlieferanten. Auf allen diesen Ebenen sind entsorgungs- und nutzungsbezogene ökologische Kritierien ein wichiger Differenzierungs- bzw. Kostenaspekt. Fragen der sich verknappenden Baurohstoffe (insb. Kies) und das vermehrte Auftreten von Wohngiften befinden sich heute in einem latenten Wettbewerbsstatus. Ihre Bedeutung wächst jedoch stetig an und beginnt erhebliche Auswirkungen auf die Baumittelwahl und -herstellung zu haben. Die zunehmende Bodenverknappung, der hohe Anteil von Bautransporten am gesamten Lkw-Transportvolumen und Gesundheitsbeeinträchtigungen bei der Bauerstellung stellen wichtige ökologische Herausforderungen dar. Ihre Transformation in Wettbewerbsfaktoren scheitert jedoch noch an andersgerichteten ökonomischen Signalen: der kaufkräftigen Nachfrage und politischen Flankierung von Einfamilienbebauung, der fehlenden Internalisierung bei Transport-

kosten, dem Niedriglohndiktat bei der Bauerstellung. Eine Verschärfung
dieser ökologischen Probleme wird jedoch in Zukunft zu einer stärkeren
Wettbewerbstransformation führen.

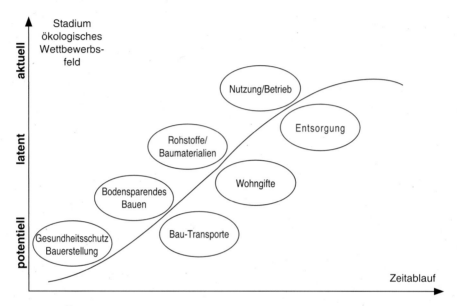

Abb. 24: Ökologische Wettbewerbsfelder der Baubranche

Ökologische Wettbewerbsfelder: Maschinenbranche

In der Maschinenbranche kann man zwischen einer „Ökologisierung der
Maschinenbranche" und einer „Technisierung der Ökologie" unterscheiden. Ökologisch effiziente Umwelttechnik stellt einen ökonomisch hoch
bedeutsamen Zweig der Maschinenbranche dar und ist Ausdruck technischer Lösungen für Umweltschutzprobleme in anderen Branchen. Er ist
jedoch auch das einzige aktuelle ökologische Wettbewerbsfeld der Branche.
Ansonsten befindet sie sich in einem stark unterentwickelten Stadium des
ökologischen Wettbewerbs – dies gilt insbesondere für die Bereiche, die die
Ökologisierung der Branche selber betreffen.

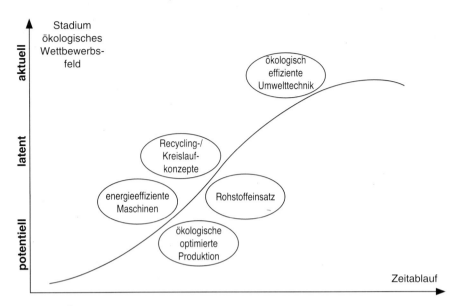

Abb. 25: Ökologische Wettbewerbsfelder der Maschinenbranche

Kreislauf- und Recyclingkonzepte sowie ein ökologisch optimierter Rohstoffeinsatz haben dabei noch einen latenten Status, da bei Stahl als wichtigstem Rohstoff der Branche der Einsatz von Recyclingmaterial schon immer eine hohe Bedeutung besessen hat und insbesondere unter Kosten- und Qualitätsaspekten ein Wettbewerbskriterium darstellt. Die Entwicklung energie- und ressourceneffizienter Maschinen ist heute dort von Relevanz, wo Energie- und Rohstoffkosten für die Maschinenanwender wettbewerbsstrategische Bedeutung haben. Durch Trends zu stärkerem Einsatz von Recyclingmaterialien auch bei den Maschinenanwendern wird die Wettbewerbsbedeutung geeigneter Maschinen in Zukunft wachsen. Fragen ökologischer Produktionsweisen reichen dagegen über die Einhaltung der gesetzlichen Standards nicht hinaus. In Produktbereichen, wo die so induzierten Kosten Wettbewerbsrelevanz besitzen, sind zumeist schon andere Kostenfaktoren für Standortverlagerungen ausschlaggebend (Lohnkosten, Energiekosten).

Ökologische Wettbewerbsfelder: Computerbranche

Die ökologischen Wettbewerbsfelder in der Computerbranche bewegen sich im Spannungsfeld von der „Ökologisierung des Computers" und der „Computerisierung der Ökologie". Ersteres bezeichnet die ökologischen Probleme, die durch Computer selber ausgelöst werden, zweiteres die Felder, in denen durch Computereinsatz ökologische Probleme entschärft werden können (vgl. Paulus 1996: 369-387).

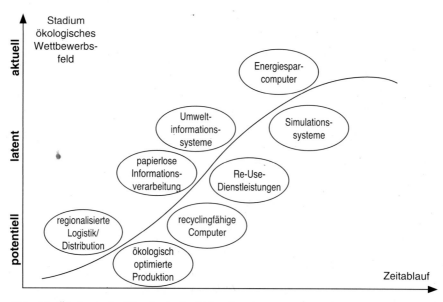

Abb. 26: Ökologische Wettbewerbsfelder der Computerbranche

Nur Energiesparcomputer stellen heute ein aktuelles Wettbewerbsfeld im Rahmen der Ökologisierung des Computers dar. Die Kosten bei der Nutzung und energiesparendes Einkaufsverhalten des Staates wie bspw. in den USA sind die wichtigsten Triebfedern für diese Entwicklung. Ansonsten dominieren bei den aktuellen ökologischen Wettbewerbsfeldern Anwendungen zur Computerisierung der Ökologie: Umweltinformations-, Simulationssysteme (z.B. bei der Fahrzeug- oder Medikamenteentwicklung) und Anwendungen zur papierlosen Informationsverarbeitung sind Beispiele. Aufgrund des ökologischen Notstandes bei der Computerentsorgung befinden sich die Wettbewerbsfelder für recyclingfähige Computer und Re-Use-Dienstleistungen in einem latenten Status. Viele Anbieter verfügen über entsprechende Konzepte, die jedoch noch nicht zu einem zentralen Wettbewerbskriterium geworden sind. Ansätze zur Ökologisierung des Produktionsprozesses und zur Senkung der Transportvolumina bei der Computerherstellung und -distribution sind dagegen zur Zeit von noch keiner Wettbewerbsrelevanz, da in diesen Feldern andere Wettbewerbsimperative (immer differenziertere Chiptechnologien, Nutzung globaler Economies of Scale) dominieren.

Ökologische Wettbewerbsfelder: Güterverkehrsbranche

In der Güterverkehrsbranche dominieren heute drei relevante ökologische Wettbewerbsfelder: Modalsplit Schiene/Strasse, ökologisch optimierte Fahrzeugbau und Fahrzeugrecycling. Die ökologischen Wettbewerbsfelder betreffen dabei unterschiedliche Branchenstufen.

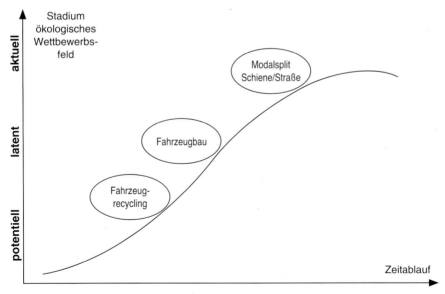

Abb. 27: Ökologische Wettbewerbsfelder der Güterverkehrsbranche

Für Spediteure und Transportunternehmen ist die Wahl des Modalsplits zwischen Schiene und Strasse aus Kosten- und Zeitaspekten von zentraler wettbewerbsstrategischer Bedeutung. Durch das Aufkommen neuer Angebote im Kombiverkehr, zunehmende ökologische Sensibilität der Kunden und die durch staatliche Rahmensetzung veränderten Kostenstrukturen wird die Wahl zwischen unterschiedlichen Transportmitteln zunehmend durch ökologische Kriterien beeinflusst. Eine im Vergleich dazu noch untergeordnete Bedeutung hat der Einsatz ökologisch effizienter Fahrzeuge, der sich insbesondere auf den Wettbewerb der Fahrzeughersteller untereinander auswirkt. Erst einzelne Pioniertransportunternehmen achten auf eine hohe ökologische Effizienz ihrer Fahrzeugflotte incl. deren Betriebs. Die hierdurch gleichzeitig zu erzielenden Kosteneinsparungen beim Betrieb sind jedoch noch nicht wettbewerbsstrategisch entscheidend. Mit zunehmender Erhöhung der Treibstoffkosten kann sich dies jedoch ändern. Die ökologisch optimierte Fahrzeugentsorgung befindet sich als ökologisches Wettbewerbsfeld noch in den Kinderschuhen und wird erst durch entsprechende Gesetzgebungen zunehmende Bedeutung gewinnen.

Ökologische Wettbewerbsfelder: Chemie

Art und Entwicklungsstand der ökologischen Wettbewerbsfelder in der Chemiebranche unterscheiden sich erheblich von Subbranche zu Subbranche. Exemplarisch werden hier ökologische Wettbewerbsfelder in der Farbenchemie beschrieben. Diese erstrecken sich über alle drei Entwicklungsphasen. Aktuelle Wettbewerbsfelder existieren dort, wo der Gebrauch bzw. die Entsorgung von Farben und Farbmitteln ökologische Probleme hervorruft, die von Kunden in marktrelevante Impulse an die Hersteller transformiert wurden: Hierzu zählen einmal Wasser- und Pulverlacke zur Reduktion von organischen Lösemittelemissionen bei der Färbung von Gegenständen, ökologisch effiziente Textilfarbstoffe zur Reduzierung von Abwasserbelastungen bei der Textilfärbung und schwermetallfreie Pigmente zur Vermeidung von ökotoxikologisch bedenklichen Stoffeinträgen bei der Entsorgung der mit entsprechenden Pigmenten gefärbten Produkte. In allen diesen Feldern findet heute ein intensiver Innovationswettbewerb mit ökologisch orientierten Produktalternativen statt. Im Latenzstadium befinden sich derzeit noch der Wettbewerb mit halogenfreien Pigmenten und derjenige mit Naturfarbstoffen. Einerseits sind hier zahlreiche ökologische Bewertungsfragen nicht geklärt, zum anderen können die entsprechenden Produkte noch nicht alle notwendigen Anwendungserfordernisse erfüllen. Zunehmende ökologische Wirkungsforschung und mehr Produktinnovationen könnten jedoch zu Veränderungen führen. Märkte für Recyclinglacke und ein Wettbewerb um ökologisch optimierte Produktionsformen stehen aufgrund fehlender Kundenresonanz erst am Anfang. Höhere Transparenz ökologischer Produktionsprozesse (EMAS, ISO-Zertifizierungen) bzw. veränderte ästhetische Standards (Rezyklate als „Öko-chic") können dies in Zukunft verändern.

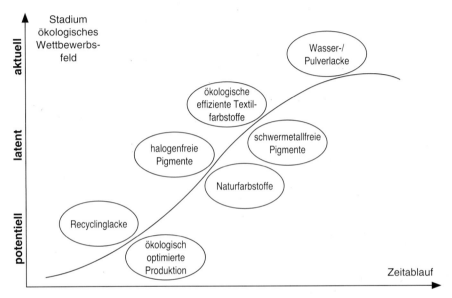

Abb. 28: Ökologische Wettbewerbsfelder der Farbenchemie

Beim Blick auf die aktuellen Wettbewerbsfelder der untersuchten Branchen zeigt sich, dass zumeist ökologische Probleme dominieren, die in der *Entsorgungs-* und der *Gebrauchsphase* der Branchenprodukte entstehen. In der Lebensmittelbranche sind es die Verpackungen, in der Baubranche die Gebäudenutzung und die Gebäudeentsorgung, Energiesparcomputer in der Computerbranche sowie in der Farbenchemie ökologisch optimierte Farbmittel und Farben, die bei ihrer Anwendung weniger Luft- und Abwasseremissionen erzeugen. Die Dominanz dieser beiden Bereiche erklärt sich aus einer spezifischen Konstellation von politischem Druck und marktlicher Verknüpfung in der Wertschöpfungskette.

Aufgrund von Entsorgungsengpässen (Deponieknappheit, steigende Kosten der Kehrichtverbrennung durch Luftreinhaltevorschriften) haben sich nicht

nur die deutschen und schweizerischen Bundes- und Landes-/Kantonsregierungen zu umfassenden Massnahmen zur Abfallreduktion entschlossen,
sondern wirken auch die steigenden Entsorgungskosten als Anreiz zu entsprechenden Reduktionen. Die davon unmittelbar betroffenen Unternehmen sind dabei häufig aber nicht diejenigen, die auch den Schlüssel zur
Lösung des Problems in den Händen halten: Lebensmittelverpackungen
enden beim Konsumenten oder beim Handel – konzipiert werden sie jedoch
von der Lebensmittelindustrie; Altbauten müssen vom Bauträger oder dem
Bauherren entsorgt werden, die ökologische Qualität des Abfalls und damit
die Entsorgungskosten haben jedoch Architekten und Baustoffhersteller
bestimmt. Die Betroffenen sind daher zur effektiven Lösung des ökologischen Problems darauf angewiesen, den Druck an die entsprechenden Vorstufen weiterzugeben. Da diese jedoch als Vorlieferanten agieren, entsteht
hierdurch automatisch ein Marktdruck: Ökologie wird zu einem Differenzierungskriterium im Wettbewerb oder kurz: zu einem ökologischen Wettbewerbsfeld.

Ein ähnliches Muster trifft auf die Gebrauchsphase zu. Auch hier gibt der
Gesetzgeber den Produktanwendern bestimmte ökologische Standards vor
– z.B. Abwassergrenzwerte beim Einsatz von Textilfarbstoffen oder Grenzwerte für Lösemittelemissionen beim Lackieren. Die Anwender sind in der
Regel nicht in der Lage, diese Grenzwerte ohne entsprechende Produktentwicklungen ihrer Lieferanten einzuhalten: Der politische Druck wird dabei
zu Marktdruck auf der Vorstufe. Bei energieeffizienten Produktlösungen
(z.B. Energiesparcomputer, Niedrigenergiehäuser) bedarf es häufig noch
nicht einmal des politischen Anstosses, weil die Anwender hier selbst ein
Interesse an entsprechender Kostenreduktion haben.

Die Beispiele illustrieren, dass ökologische Wettbewerbsfelder derzeit vom
Ende des Produktlebenszyklus in die Branchen diffundieren. Denn hier ist
die Stossrichtung der Transformation in hohem Masse kompatibel mit den
ökonomischen Anreizmechanismen in der Wertschöpfungskette. Das Entstehen eines aktuellen Wettbewerbsfeldes hängt im wesentlichen davon ab,
wie stark der ursprüngliche politische Ausgangsimpuls ist und wie weit die
Marktstrukturen eine unmittelbare marktliche Transformation von den
Anwendern an die Vorstufen unterstützen. Unternehmen sollten daher bei
der frühzeitigen Identifikation aktueller ökologischer Wettbewerbsfelder
beide Dimensionen im Auge behalten. Die Schlüsselfragen für die Identifikation lauten:

• Was sind die relevanten ökologischen Probleme meiner Kunden bzw.
  Produktanwender und welchem Handlungsdruck sind sie ausgesetzt
  oder werden es sein?

- Wie sind die Voraussetzungen zur Weiterleitung dieses Handlungsdrucks in der Wertschöpfungskette? Welche Glieder der Wertschöpfungskette werden besonders betroffen sein?

Ökologische Probleme auf der *Transport- und Produktionsseite* befinden sich heute noch überwiegend in einem potentiellen bzw. latenten Status. Optimierungen in diesen Feldern schlagen sich in den seltensten Fällen in einem höheren Kundennutzen nieder, sind daher als Differenzierungkriterium nicht geeignet. In vielen Fällen verursachen sie zudem hohe Kosten und verschlechtern damit sogar die Wettbewerbsposition: Die ökologischen Probleme, die vom Anfang des ökologischen Produktlebenszyklus kommen, laufen der ökonomischen Transformationslogik in der Wertschöpfungskette vermeintlich entgegen. Dies ist jedoch kein unveränderliches Phänomen. Im öffentlichen, politischen und marktlichen Umfeld lassen sich vielmehr Trends erkennen, die auch ökologische Produktions- und Transportprobleme zu aktuellen ökologischen Wettbewerbsfeldern werden lassen können:

- Die aktuellen Bestrebungen zur Einführung eines ökologisch angepassten Steuersystems sowie von Lenkungsabgaben sowohl in der Schweiz als auch auf EU-Ebene deuten darauf hin, dass die Preise für ökologischen Ressourcenverbrauch (Energie, Abwasser, Bodeneinträge, Transporte) mittel- bis langfristig stärker die „ökologische Wahrheit" als bisher sagen werden. Bisher vernachlässigte ökologische Kostenkomponenten werden dadurch zu einem relevanten Wettbewerbsfaktor.

- Die Bestrebungen zu strengeren Umwelthaftungsbestimmungen (z.B. bei der Abfallentsorgung) binden Unternehmen und z.T. sogar Banken („lender liability") stärker in das ökologische Verhalten ihrer Vorlieferanten/Kreditnehmer ein. Hierdurch besteht ein Anreiz, dort auf entsprechende ökologische Produktionsstandards zu achten.

- Ökologische Belastungen bei der Produktion werden bei Marktbeziehungen auch deswegen häufig nicht berücksichtigt, weil sie nicht transparent sind. Mit der EMAS-Verordnung und dem ISO-Standard zum Umweltmanagement ändert sich das aber. Massnahmen des standortbezogenen Umweltschutzes werden dadurch sichtbar und kommunizierbar, weshalb sie stärker in Markttransaktionen einfliessen werden.

- In Branchen wie der Automobilindustrie und der pharmazeutischen Industrie entwickeln sich teilweise enge und exklusive Verhältnisse zwischen Herstellern und Vorlieferanten. Dies erzeugt eine hohe gegenseitige Abhängigkeit zwischen den Partnern. Lieferausfälle bzw. -verzögerungen beim Lieferanten aufgrund ökologischer Risiken oder behördlicher Eingriffe sind für die Kunden häufig von strategischer Relevanz.

Bei dem Aufbau von solchen intensiven Geschäftsbeziehungen wird daher verstärkt auf den ökologischen Standard der Vorlieferanten geachtet.

Diese Entwicklungen sprechen dafür, dass sich auch ökologische Produktions- und Transportprobleme zunehmend zu latenten und aktuellen Wettbewerbsfeldern entwickeln werden.

Ökologische Angemessenheit der ökologischen Wettbewerbsfelder

In den bisherigen Ausführungen des Kapitels stand die Wettbewerbsrelevanz der ökologischen Wettbewerbsfelder im Vordergrund. Neben dieser Dimension ist jedoch auch ihre ökologische Angemessenheit zu betrachten. Das Konzept der ökologischen Angemessenheit stellt die Frage, ob durch ökologische Wettbewerbsfelder die in der Branche relevanten ökologischen Probleme abgebildet werden oder ob allenfalls ökologisch weniger relevante Probleme im Vordergrund stehen. So ist z.B. im Lebensmittelbereich die Dominanz der Verpackungsproblematik im Markt fragwürdig – angesichts der ökologisch sehr viel bedeutenderen Herausforderungen in der Landwirtschaft und beim Lebensmittelkonsum. Noch schwieriger gestaltet sich die Abwägung der ökologischen Angemessenheit der Wettbewerbsfelder in Schnittstellenbranchen: Wie sind die ökologischen Entlastungen durch Computer, Umwelttechnik oder Leichtkunststoffe im Transportbereich gegen die ökologischen Belastungen aufzurechnen, die bei Produktion, Nutzung und Entsorgung dieser Produkte entstehen?

Die Bewertung der ökologischen Angemessenheit hat nicht nur eine normative, sondern auch eine wettbewerbsstrategische Funktion: Unternehmensstrategien, die auf ökologisch nicht adäquate Wettbewerbsfelder abzielen, laufen Gefahr, nur kurzfristig von Bedeutung zu sein. Denn ökologisch untergeordnete Probleme drohen ebenso schnell von der öffentlichen, politischen und marktlichen Agenda zu verschwinden, wie sie auf sie gelangt sind. Weitreichende ökologische Strategien müssen daher auf Wettbewerbsfelder setzen, die ökologisch angemessen sind, d.h. Lösungen für die relevanten ökologischen Probleme der Branche bieten. Dies ist auch unerlässlich, um die ökologische Glaubwürdigkeit der Unternehmen zu gewährleisten, die sich als ökologische Vorreiter positionieren und dadurch dauerhafte Ausstrahlungseffekte auf die gesamte Unternehmenstätigkeit erzielen möchten.

Teil II

Ökologische Wettbewerbsstrategien

In dem ersten Teil des Buches wurde der ökologische Wandel im Umfeld von Unternehmen nachgezeichnet. Ausgehend von den ökologischen Belastungen und den ökologischen Ansprüchen wurde die Entstehung von ökologischen Wettbewerbsfeldern dargestellt. Der zweite Teil des Buches zeigt, welche ökologischen Wettbewerbsstrategien Unternehmen ergreifen, um dem ökologischen Wandel gerecht zu werden. Unternehmen unterscheiden sich danach, ob sie auf ökologische Anliegen reagieren, indem sie Ansprüche abwehren und soweit wie möglich vermeiden oder ob sie sich das Thema Ökologie zu eigen machen und in Markt oder Gesellschaft zur Geltung bringen. Dabei ist die Gesellschaft als Oberbegriff für Öffentlichkeit und Politik zu verstehen. Im ersten Fall liegt eine defensive Strategieausrichtung vor, im zweiten Fall eine offensive. Wie der erste Teil des Buches gezeigt hat, spielt im ökologischen Kontext nicht nur der Markt eine Rolle, sondern auch das gesellschaftliche Umfeld in Gestalt von Politik und Öffentlichkeit. Geht man von den vorliegenden empirischen Untersuchungen zur Bedeutung von Anspruchsgruppen im ökologischen Kontext aus, so scheint das gesellschaftliche Umfeld in der Regel sogar einflussreicher als das marktliche Umfeld zu sein. Deshalb ist neben dem Marktbezug von ökologischen Wettbewerbsstrategien auch immer der Gesellschaftsbezug zu berücksichtigen. Ausgehend von der Strategieausrichtung (defensiv/offensiv) und dem Strategiebezug (Gesellschaft/Markt) kann man folgende vier Typen ökologischer Wettbewerbsstrategien unterscheiden (vgl. Abb. 29):

- ökologische Marktabsicherungsstrategien,
- ökologische Kostenstrategien,
- ökologische Differenzierungsstrategien,
- ökologische Marktentwicklungsstrategien.

Jeder der vier Strategietypen lässt sich empirisch beobachten und anhand von Beispielen aus der Praxis belegen. Die ökologischen Wettbewerbsstrategien werden vor dem Hintergrund unterschiedlicher Ausgangskonstellationen von Unternehmen ergriffen und gehen mit unterschiedlichen Zielen und Massnahmen einher. Dabei schliessen sich die vier ökologischen Wettbewerbsstrategien nicht unbedingt gegenseitig aus. Wie in den folgenden Ausführungen gezeigt wird, bedingen sie sich teilweise sogar einander.

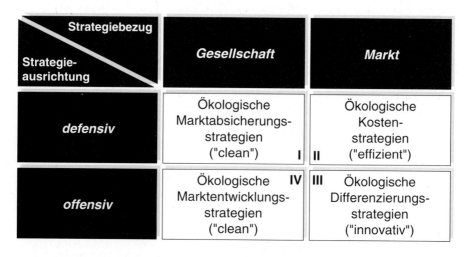

Abb. 29: Typologie ökologischer Wettbewerbsstrategien

Die *ökologische Marktabsicherungsstrategie* entspringt einer defensiven Ausrichtung und reagiert auf gesellschaftliche Einflüsse, die bestehende Märkte und Geschäftstätigkeiten zu gefährden drohen (Kap. 4). Noch bevor öffentliche und politische Ansprüche wettbewerbsrelevant werden können, nehmen sich Unternehmen aus wohlverstandenem Eigeninteresse der Forderungen an. Durch geeignete Massnahmen, wie bspw. Kommunikation oder Selbstverpflichtungen, wirken sie auf den ökologischen Transformationsprozess ein. So verpflichten sich bspw. Chemieunternehmen im Rahmen von „Responsible Care" zu einem umfassenden Umwelt- und Sicherheitsmanagement, um bestehende Risiken zu minimieren und das Image in der Öffentlichkeit zu verbessern. Ziel dieser Strategie ist es, ökologisch „*clean*" zu sein und bestehende Märkte bzw. Geschäftstätigkeiten gegenüber ökologischen Ansprüchen abzusichern.

Ebenso wie ökologische Marktabsicherungsstrategien sind auch *ökologische Kostenstrategien* Ausdruck einer defensiven Ausrichtung (Kap. 5). In diesem Fall wenden sich Unternehmen nicht gegen den ökologischen Transformationsprozess, sondern nehmen ihn als gegeben hin und versuchen, die ökologischen Anforderungen möglichst „*effizient*", d.h. kostengünstig, zu erfüllen. Dabei zeigt sich, dass in vielen Fällen Lösungen von Unternehmen entwickelt werden, die sogar Kosten einsparen. Ähnlich wie beim „Business Reengineering" wird beim Umweltmanagement ein neuer Blick auf die Geschäftstätigkeit geworfen. Dadurch können bisherige Wahrnehmungsbarrieren überwunden und Kosteneinsparungspotentiale entdeckt werden. Eine solche Wahrnehmungsbarriere besteht u.a. in der engen Abgrenzung von Umweltschutzkosten, die mit den direkten Kosten gleichgesetzt werden, welche z.B. für die Entsorgung von Reststoffen oder die Verminderung von Emissionen anfallen. Berücksichtigt man im Sinne einer ökologischen Totalkostenrechnung neben den direkten auch die indirekten Kosten der Reststoffe oder Emissionen, so öffnet dies den Blick für ökonomisch vorteilhafte Alternativen des produktionsbezogenen Umweltschutzes. Insofern trägt eine erweiterte Kostenbetrachtung dazu bei, ökologisch und ökonomisch effizienter gegenüber Konkurrenten zu werden. Eine zweite wichtige Erweiterung ist der Einbezug der Kosten, die auf den vor- und nachgelagerten Stufen der Unternehmung entstehen. Gerade aus strategischer Perspektive ist die Erfassung dieser „ökologischen Lebenszykluskosten" relevant, eröffnen sie doch die Möglichkeit zur Differenzierung im Markt.

Ökologische Differenzierungsstrategien sind das Resultat einer offensiven Ausrichtung von Unternehmen und beziehen sich primär auf den Markt (Kap. 6). Das Ziel besteht darin, durch Ökologie Innovationspotentiale zu erschliessen, d.h. auf dem Markt „*innovativ*" zu sein. Gerade in gesättigten Märkten, in denen sich die Produkte zunehmend angleichen und aus der Sicht des Konsumenten austauschbar werden, erweist sich die Ökologie als ein wichtiges Differenzierungskriterium (Beispiele: Lebensmittel aus biologischem Landbau, umweltschonende Wasch- und Reinigungsmittel). Aber auch in neu entstehenden ökologischen Märkten besteht für Unternehmen die Möglichkeit, sich durch ökologische Produkte oder Dienstleistungen zu differenzieren (Beispiele: Umweltschutztechnologien, Umweltberatung). Dabei dürfen ökologische Differenzierungsstrategien nicht vorschnell mit herkömmlichen Differenzierungsstrategien gleichgesetzt werden. So hat bspw. die ökologische Glaubwürdigkeit einer Unternehmung in der Öffentlichkeit eine zentrale Bedeutung für den Erfolg oder Misserfolg von ökologischen Differenzierungsstrategien.

Eine Gefahr von neuen Öko-Produkten und Öko-Märkten besteht darin, dass sie auf Dauer in Nischen verharren. Ein solches Beispiel ist der Markt für Sonnenkollektoren. Obwohl ökologisch sinnvoll und technisch machbar, haben sich Sonnenkollektoren bisher nicht auf breiter Front durchsetzen können. Dazu bedarf es einer Änderung der gesellschafts- und ordnungspolitischen Rahmenbedingungen. Dies ist der Ansatzpunkt von *ökologischen Marktentwicklungsstrategien* (Kap. 7). Sie entspringen einer offensiven Ausrichtung und beziehen sich auf die Rahmenbedingungen, innerhalb derer Wettbewerb stattfindet. Das Ziel besteht darin, die Voraussetzungen mitzugestalten, die zur Entstehung und Vergrösserung ökologischer Wettbewerbsfelder führen. Strategien dieser Art sollen als *„progressiv"* bezeichnet werden. Sie setzen am ökologischen Transformationsprozess an und versuchen diesen durch geeignete Massnahmen zu fördern und zu beschleunigen. Beispiele hierfür sind die Erstellung von Ökobilanzbasisdaten für Packstoffe durch die Grossverteiler Migros und Coop oder der Einsatz für die Einführung einer ökologischen Steuerreform wie im Falle von AEG Hausgeräte.

Die Abfolge der Strategietypen folgt typischerweise – aber nicht notwendigerweise – einer Sequenz, die von Marktabsicherungsstrategien über Kostenstrategien und Differenzierungsstrategien bis zu Marktentwicklungsstrategien verläuft. Dies hat vor allem mit organisatorischen Lern- und Entwicklungsprozessen zu tun, die sich nicht ohne weiteres überspringen lassen. Am häufigsten werden die ersten beiden Strategien verfolgt. Seltener sind Differenzierungsstrategien, während nur wenige Pionierfirmen auch Marktentwicklungsstrategien einschlagen.

Gemeinsames Merkmal von Marktabsicherungs- und Marktentwicklungsstrategien ist, dass sie sich nicht auf den Wettbewerb im engeren Sinne beziehen, sondern auf den Wettbewerb im weiteren Sinne, d.h. auf die Rahmenbedingungen, innerhalb derer Wettbewerb stattfindet. Mit anderen Worten: Beiden Strategietypen liegt – implizit oder explizit – ein erweitertes Wettbewerbsverständnis zugrunde, das neben dem Markt auch die Gesellschaft mit einbezieht. Im Hinblick auf die Motive unterscheiden sich die zwei Strategien allerdings grundlegend voneinander: Während es bei Marktabsicherungsstrategien darum geht, den ökologischen Transformationsprozess zu verlangsamen, um bestehende Geschäftsfelder und Märkte gegenüber Störungen und Beschränkungen abzusichern, geht es bei Marktentwicklungsstrategien gerade um die Entwicklung und Verbreiterung neuer ökologischer Geschäftsfelder und Märkte, d.h. um eine Förderung und Beschleunigung des ökologischen Transformationsprozesses.

Gemeinsames Kennzeichen der Kosten- und Differenzierungsstrategien ist der Marktbezug. Bei Kostenstrategien geht es um eine „effiziente" Bewältigung der ökologischen Anforderungen, die an die Unternehmung gestellt werden. Daher haben Kostenstrategien eher einen defensiven Charakter. Bei Differenzierungsstrategien geht es hingegen um eine „innovative" Bewältigung der ökologischen Anforderungen, die an die Produkte gestellt werden und die sich aufgrund des ökologischen Wandels auf den Märkten ergeben. Daher haben Differenzierungsstrategien grundsätzlich einen offensiven Charakter. Teilweise bedingen die beiden Strategien einander: Soll eine Differenzierungsstrategie langfristig glaubwürdig und erfolgreich sein, dann ist eine Ökologisierung der betrieblichen Prozesse und damit eine Kostenstrategie unabdingbar. Und wenn im Rahmen von Kostenstrategien auch die ökologischen Lebenszykluskosten mit einbezogen werden, dann eröffnen sich dadurch vollkommen neue Differenzierungspotentiale am Markt. Insofern handelt es sich bei der Differenzierungsstrategie um eine konsequente Fortführung der Kostenstrategie. Genauso kann man Marktentwicklungsstrategien als eine logische Fortsetzung von Differenzierungsstrategien betrachten. Damit wird angedeutet, dass sich die ökologischen Wettbewerbsstrategien nicht gegenseitig ausschliessen, sondern dass sie sich aufeinander beziehen und von Unternehmen auch parallel verfolgt werden können.

4 Ökologische Marktabsicherungsstrategien

Ökologische Strategien von Unternehmen und Branchen sind oft nicht auf den Markt, sondern auf Öffentlichkeit und Politik ausgerichtet: So gibt sich bspw. die Chemieindustrie weltweit in ihrem „Responsible Care"-Programm gemeinsame Richtlinien für ein umfassendes Sicherheits- und Umweltmanagement und kommuniziert diese Standards mit viel Aufwand in der Öffentlichkeit. Die Aluminium- und Weissblechindustrie hebt in Anzeigen und Plakaten die ökologischen Vorteile ihrer Werkstoffe hervor. Wie lassen sich diese Massnahmen vor dem Hintergrund des ökologischen Transformationsprozesses erklären? Welche Wettbewerbswirkungen haben sie? Welcher ökologische Nutzen geht von ihnen aus? Diese Fragen stehen im Mittelpunkt des vorliegenden Kapitels.

In der Regel greifen öffentliche und politische Anspruchsgruppen ökologische Probleme von Unternehmen und Branchen auf, bevor sie wettbewerbsrelevant werden. Gemäss der Ablauflogik des ökologischen Transformationsprozesses sind Öffentlichkeit und Politik gewissermassen „Vorsteuergrössen" für marktliche Veränderungen. Dies war Gegenstand des ersten Teils des Buches. Ökologische Marktabsicherungsstrategien setzen nun an den ersten Schritten dieses Transformationsprozesses an: Noch bevor öffentliche und politische Ansprüche wettbewerbsrelevant werden, nehmen sich Unternehmen und Branchen der Forderungen an. Durch geeignete Massnahmen wie bspw. Kommunikation und Selbstverpflichtungen wirken sie auf den ökologischen Transformationsprozess ein. Das Einwirken auf die politische und öffentliche Ebene des ökologischen Transformationsprozesses ist das gemeinsame Charakteristikum von ökologischen Marktabsicherungs- und Marktentwicklungsstrategien (vgl. Abb. 30). Beiden Strategietypen liegt – implizit oder explizit – ein erweitertes Wettbewerbsverständnis zugrunde, das neben dem Markt auch die Gesellschaft mit einbezieht. Im Hinblick auf die Motive unterscheiden sich die zwei Strategien allerdings grundlegend voneinander: Während es bei Marktabsicherungsstrategien darum geht, den ökologischen Transformationsprozess zu verlangsamen oder aufzuhalten, um bestehende Geschäftsfelder und Märkte gegenüber Störungen und Beschränkungen abzusichern, geht es bei Marktentwicklungsstrategien gerade um die Entwicklung neuer und die Verbreiterung bestehender ökologischer

Geschäftsfelder und Märkte, d.h. um eine Förderung und Beschleunigung des ökologischen Transformationsprozesses. Erstere entspringen somit einer defensiven Ausrichtung und haben eine strukturerhaltende Wirkung, während letztere aus einer offensiven Orientierung hervorgehen und strukturverändernd wirken.

Abb. 30: Einflussnahme von Unternehmen auf den ökologischen Transformationsprozess

Grundsätzlich haben ökologische Marktabsicherungsstrategien zwei Ausprägungen: Zunächst können sie darauf ausgerichtet sein, ablaufende ökologische Transformationsprozesse zu verzögern oder sogar ganz zu verhindern. Beispiele hierfür sind das direkte Einwirken auf den Gesetzgebungsprozess (z.B. unter Hinweis auf ökonomische Folgen für die Branche) oder das Entkräften bestehender Argumentationsmuster in der öffentlichen Diskussion (z.B. über die Schädlichkeit einzelner Stoffe). In der Regel erfolgt Marktabsicherung jedoch differenzierter und berücksichtigt den besonderen symbolischen Charakter des öffentlichen und politischen Diskurses. So dienen Umweltleitbilder und Selbstverpflichtungen zum Aufbau von Glaubwürdigkeit und senken den öffentlichen Druck schon vor dem Erreichen konkreter Ergebnisse. Durch ökologisches Engagement in anderen als den hauptsächlich betroffenen Bereichen sollen die gesellschaftlichen Ansprüche befriedigt werden: Dies ist bspw. der Fall, wenn Banken ihren Energieaufwand minimieren und Recyclingpapier einsetzen anstatt das Kredit- und Anlagengeschäft zu ökologisieren oder wenn Fluggesellschaften den Verpackungsmüll ihres Bordservices reduzieren anstatt sich mit den verkehrs-bezogenen Schlüsselproblemen ihres Geschäftes auseinanderzusetzen. Marktabsicherung kann weiterhin auf die Ausdifferenzierung von Anliegen und Auseinandersetzungen zielen. So trafen die Debatten über Chlorchemie oder Gentechnik die Chemieindustrie in einer sehr pauschalen Weise. Die Ausdifferenzierung der Diskussion (z.B. Unterscheidung gentechnischer Anwendungen bei Medikamenten und Lebensmitteln) ist ein Weg, Akzeptanz für ökologisch weniger belastende Anwendungsfelder in der Öffentlichkeit zu schaffen.

Besondere Relevanz haben ökologische Marktabsicherungsstrategien für Branchen, die durch gesellschaftliche Ansprüche stark betroffen sind. Dazu gehören u.a. die Branchen, die im ersten Teil des Buches näher untersucht worden sind (Bau, Chemie, Computer, Güterverkehr, Maschinenbau und Lebensmittel). Dies gilt umso mehr, als sich zeigt, dass Ansprüche aus dem Bereich Öffentlichkeit und Politik zunehmend in den Markt diffundieren (vgl. zum Trend vom „Ökologie-Push" zum „Ökologie-Pull" Kirchgeorg 1995). Ziel ökologischer Marktabsicherungsstrategien ist es, dies zu verhindern oder zu verzögern.

Versucht man ökologische Marktabsicherungsstrategien zu systematisieren, dann stehen drei Fragenkomplexe im Vordergrund:

- *Was* wird abgesichert? Sind es Standorte, Produkte oder Technologien des Unternehmens? Wogegen werden sie abgesichert?

- *Wer* sichert ab? Sind es Unternehmen oder ganze Branchen, die sich mit der Gefährdung ihrer Geschäftätigkeit auseinandersetzen?

- *Wem gegenüber* wird abgesichert? Ist es eine Absicherung auf regionaler, nationaler und internationaler Ebene?

In den folgenden Ausführungen werden diese Dimensionen ökologischer Marktabsicherungsstrategien näher beschrieben und anhand von Beispielen illustriert. Am Ende des Kapitels erfolgt eine Bewertung ökologischer Marktabsicherungsstrategien aus wettbewerbsstrategischer und ökologischer Perspektive.

Was wird abgesichert? – Marktabsicherung von Standorten, Technologien und Produkten

Der Gegenstand ökologischer Marktabsicherungsstrategien kann sehr unterschiedlich sein. Sie können sich beziehen auf:

* Standorte,
* Technologien,
* Produkte.

Während die Absicherung von Standorten und Technologien im ökologischen Kontext schon seit längerer Zeit eine Rolle spielt, ist die Absicherung von Produkten ein relativ neues Phänomen, welches an Bedeutung gewinnt. Dabei ist an ökologisch bedingte Produktauflagen, Produktverbote sowie umfassende Rücknahme- und Recyclinganforderungen zu denken.

Standortabsicherung

Standortbezogene Emissionen und Risiken des Produktionsprozesses waren und sind für viele Unternehmen der Ausgangspunkt, sich mit ökologischen Forderungen auseinanderzusetzen: Schadstoffemissionen in Luft und Wasser, die in der unmittelbaren Nachbarschaft sowohl zu ökologischen als auch zu gesundheitlichen Beeinträchtigungen führen, riefen z.T. schon Anfang des Jahrhunderts die Widerstände von Anwohnern und lokalen Behörden hervor (vgl. z.B. für die Chemieindustrie Henseling 1992). Die Umweltschutzgesetzgebung der 70er und 80er Jahre regulierte insbesondere diese luft- und abwasserseitigen Belastungen von Unternehmen. Heute spielen Konflikte um die Errichtung von Entsorgungsanlagen eine Schlüsselrolle in standortbezogenen öffentlichen und politischen Konflikten. Wie das Beispiel der regionalen Entsorgungsanlage Niedergösgen in der Schweiz zeigt, können eine offene Informationspolitik und intensive Dialoge dazu beitragen, das Vertrauen und die Akzeptanz der Bevölkerung zu gewinnen und gemeinsam eine sinnvolle Lösung zu entwickeln, die von allen Seiten getragen wird (vgl. Kasten). Dabei spielen Mediationsverfahren eine wichtige Rolle. Bei solchen Verhandlungsprozessen, die i.d.R. unter der Leitung eines neutralen Moderators stattfinden, sollen die Interessen möglichst vieler Betroffener zu einem Ausgleich gebracht werden (vgl. zu Mediationsverfahren Wiedemann/Claus 1994). Eine solche Vorgehensweise schafft einerseits Akzeptanz und Legitimität, andererseits werden dadurch aber auch zeit- und kostenaufwendige Klagen vor Verwaltungsgerichten vermieden.

Standortabsicherung: Fallbeispiel Entsorgungsanlage Niedergösgen

Wohin mit den Abfällen, die aufgrund verschärfter Umweltschutzvorschriften (Technische Verordnung über Abfälle und Luftreinhalteverordnung) seit 1996 in der Schweiz nicht mehr deponiert werden dürfen? Diese Frage stellte sich Anfang der 90er Jahre für eine Reihe von Unternehmen und die Abwasserverbände aus den Regionen Olten, Aarau und Schönenwerd. Es galt, Rückstände des grössten schweizerischen Altpapierverarbeiters, Klärschlamm aus der Region, Treibholz aus der nahegelegenen Aare und Abbruchholz gesetzeskonform und umweltgerecht zu entsorgen. Dafür wurde die Regionale Entsorgungsanlage Niedergösgen (RENI) projektiert. Nach über 120 Einsprachen während der Bewilligungsverfahren musste sich die Bauherrschaft zunächst mit Öffentlichkeitsarbeit statt mit den Bauarbeiten befassen. Hauptmotive für die grosse Zahl der Einsprachen waren u.a. Vorurteile und Misstrauen.

In dieser Situation setze die Bauherrschaft auf aufklärende und vertrauensfördernde Öffentlichkeitsarbeit, intensiven Dialog und Mediation. Zunächst suchte man an speziellen Informationsveranstaltungen das direkte Gespräch mit den Einsprechenden. In einem öffentlichen Hearing liess man die Befürworter und die Gegner der RENI via Lokalradio zu Wort kommen. Im Laufe der Diskussionen entwickelte sich ein Klima gegenseitigen Vertrauens zwischen den zukünftigen Betreibern der Anlage, der Bevölkerung und den Behörden. Ein weiteres Resultat der Auseinandersetzung war die Gründung einer Kontrollkommission Niedergösgen, welche die umweltrelevanten Aspekte der RENI überwacht und eine Art Bindeglied zwischen dem Anlagenbetreiber und der Öffentlichkeit darstellt. Damit werden der kritischen Bevölkerung Informations-, Anhörungs- und Mitspracherechte beim Betreiben und Stilllegen der Anlage gewährt.

Als Folge der Massnahmen konnten die Bauarbeiten im März 1994 begonnen und bereits nach 15 Monaten ohne weitere Einsprachen abgeschlossen werden. Durch die Verbrennung der Rückstände entsteht Energie, die zur Papiererzeugung in der nahegelegenen Kartonfabrik Niedergösgen verwendet wird. Gleichzeitig konnten durch den Bau und das Betreiben der Anlage neue Arbeitsplätze geschaffen werden. Im November 1995 kamen über 1500 Gäste aus der Bevölkerung und der Politik zum Tag der offenen Tür (Quelle: Kobelt 1995).

Beim Fallbeispiel Niedergösgen geht es um den Bau einer neuen Anlage und die Vermeidung von Entsorgungsengpässen. Etwas anders gelagert ist der Fall Zürich-Kloten und Swissair (vgl. Kasten). Hier geht es um die Erweiterung und den Ausbau des Flughafen Zürich-Kloten. Laut Prognosen ist davon auszugehen, dass der internationale Flugverkehr in den nächsten Jahren kontinuierlich ansteigen wird. Um den steigenden Luftverkehr zu bewältigen und die internationale Wettbewerbsfähigkeit der Swissair zu sichern, sollten entsprechende Kapazitäten in Zürich-Kloten aufgebaut werden. Angesichts der bereits bestehenden Luft- und Lärmbelastungen in der Region ist dies nicht ohne weiteres möglich, zumal die Erweiterung und der Ausbau des Flughafens einer Zustimmung der Bevölkerung bedarf. Durch ökologische Massnahmen am Standort und bei den Flugzeugen versucht die Swissair, die Akzeptanz der Bevölkerung für die ökonomisch notwendigen Massnahmen zu erlangen und damit zukünftige Absatzmärkte abzusichern.

Standortabsicherung Flughafen Zürich-Kloten: Fallbeispiel Swissair

Die Swissair-Gruppe erwirtschaftete 1993 einen Umsatz von über 6 Mrd. SFr bei einem Personalbestand von rund 25.000 Mitarbeitern. Als erste Fluglinie der Welt publizierte die Swissair 1991 eine Ökobilanz. Nach eigenen Aussagen ist diese Pioniertat nicht nur aus „innerer Überzeugung" entstanden, sondern auch auf den spürbar zunehmenden Druck von aussen zurückzuführen. Damit sind vor allem politische und gesellschaftliche Gruppen gemeint (Kantonsrat, Anwohner, Umweltschutzorganisationen usw.). Die „handlungsorientierte Ökobilanz" gibt einen detaillierten Überblick über die wichtigsten ökologischen Problembereiche der Swissair (Flugzeuge, Flugzeug- und Fahrzeugunterhalt, Bodenverkehr, Verpflegungswesen, Energieversorgung, Gebäude und Verwaltung). Sie ist die Grundlage für weitere ökologische Massnahmen. Gleichzeitig soll sie die Transparenz für einen offenen Dialog mit Betroffenen und Beteiligten schaffen. Die wichtigsten Zielgruppen der Swissair-Ökobilanz sind: Öffentlichkeit und Politik, Flughafen-Anwohner, Mitarbeiter und Kunden. Primäres Ziel der ökologischen Marktabsicherungsstrategie ist, ökologische Verantwortung nach aussen hin zu dokumentieren sowie Vertrauen und Unterstützung des Flugbetriebes bei den Betroffenen zu sichern. Führt man sich vor Augen, dass der Flughafen Zürich-Kloten in den kommenden Jahren aufgrund eines steigenden Verkehrsaufkommens erweitert werden soll und die Bevölkerung in einer direkten Befragung über den Flughafenausbau entscheidet, dann handelt es sich bei der Suche nach Unterstützung durch gesellschaftliche und politische Anspruchsgruppen um eine ökonomische Überlebensnotwendigkeit. In diesem Zusammenhang sei auch an die heftigen Auseinandersetzungen um die Startbahn West und den Ausbau des Frankfurter Flughafens Anfang der 80er Jahre erinnert. Um die Bedeutung der Ökologie im Swissair-Konzern zu unterstreichen, engagiert sich Otto Loepfe, Präsident der Geschäftsleitung (bis 1996), persönlich. Bei den Pressekonferenzen anlässlich der ersten und der zweiten Swissair-Ökobilanz 1991 und 1993 hielt er das Einführungsreferat. Dabei strich er sowohl die positiven als auch die negativen Folgen des Flugverkehrs heraus und machte deutlich, dass die Swissair auch in wirtschaftlich schwierigen Zeiten an ihrem ökologischen Kurs festhält. Angestrebt wird eine gleichbleibende oder sinkende Umweltbelastung bei steigender Produktion.

Eines der zentralen Probleme besteht in der übermässigen Luftbelastung im Raum Kloten, die mit den politischen Zielen des Kantons Zürich im Konflikt stehen. Hauptursache hierfür ist gemäss Ökobilanz nicht der Flugverkehr, sondern der Autoverkehr, der von Mitarbeitern und Kunden verursacht wird. Umweltmassnahmen der Swissair sind deshalb darauf ausgerichtet, die Verwendung öffentlicher Verkehrsmittel zu fördern, indem die Mitarbeiter Gratis-Abonnements für den Zürcher Verkehrsbund erhalten und Fluggästen beim Kauf eines Swissair-Tickets ein Bahnbillet für die An- und Abreise gratis abgegeben wird. Ein weiteres Problem besteht in der Lärmbelastung, die von den Flugzeugen beim Start und beim Landen ausgeht. In der dicht besiedelten Region rund um den Flughafen Zürich-Kloten stellt der Lärm das Umweltproblem dar, welches am stärksten von der Öffentlichkeit beachtet wird. Im Jahr 1995 hat Swissair die neue Airbusflotte für den europäischen Luftverkehr eingeführt, die besonders leise und energieeffizient ist. Damit werden einerseits spürbare Lärmreduktionen pro Einzelstart erreicht, andererseits aber auch Kosteneinsparungen durch einen verminderten Treibstoffverbrauch erzielt (Quelle: Belz/Dyllick 1996: 176-177).

Sowohl beim Fall Niedergösgen als auch beim Fall Zürich-Kloten handelt es sich um regionale Standortabsicherung. Auf *regionaler Ebene* findet die Standortabsicherung in unmittelbarer Auseinandersetzung mit Betroffenen und Behörden statt. So haben in der Schweiz die kantonalen Vollzugsbehörden durchaus gewisse Spielräume bei der Vollstreckung von Umweltschutzgesetzen. Ihnen obliegt insbesondere die Abwägung der ökonomischen Verträglichkeit von Auflagen. Marktabsicherung in diesem Kontext bedeutet für Unternehmen, mit Behörden eine Form der Umsetzung von Umweltschutz zu erreichen, die ein gegebenes Umweltziel bei möglichst minimaler ökonomischer Belastung erreicht. Eine besondere Form der regionalen Standortabsicherung sind die sog. „Runden Tische" zur Zukunft der Kunststoff- und Chemieindustrie, wie sie derzeit u.a. in den deutschen Bundesländern Niedersachsen oder Sachsen-Anhalt durchgeführt werden. In diesen Runden diskutieren Vertreter der Landesregierung, der betroffenen Industrie, von Gewerkschaften und Umweltschutzverbänden über Wege eines ökologischen Strukturwandels in den Branchen, ohne den jeweiligen Standort ökonomisch zu gefährden. Das Interesse an Standortsicherung liegt dabei nicht nur bei der Industrie, sondern auch bei den jeweiligen Landesregierungen. Auf *nationaler Ebene* findet die Standortabsicherung in der Regel nicht in unmittelbarer Auseinandersetzung mit den direkt Betroffenen, sondern mit den jeweiligen Vertretern der Industrie, des Staates und der Öffentlichkeit statt. So lassen bspw. Industrieverbände ihre Interessen in den nationalen Gesetzgebungsprozess einfliessen, um ökonomisch verträgliche Ausprägungen von Umweltschutzgesetzen zu erreichen.

Einen zusätzlichen Pfad standortbezogener Absicherung eröffnet heute die Standardisierung und die Möglichkeit der Zertifizierung von Umweltmanagementsystemen im Rahmen der EMAS-Verordnung und der ISO-Norm 14001. Durch sie wird es möglich, wirksame Umweltmanagementsysteme – von unabhängiger Stelle geprüft – nach aussen gegenüber Anspruchsgruppen zu dokumentieren. Diese Zertifizierung durch unabhängige Gutachter kann helfen, das Misstrauen von Anwohnern und lokalen Umweltschutzgruppen gegenüber der Informationspolitik von Unternehmen abzubauen. Die öffentliche Umwelterklärung für den zertifizierten Standort ist zudem ein Mittel, die Diskussion zwischen Unternehmen und Anspruchsgruppen zu fördern und damit ökonomisch überzogene Forderungen an die Unternehmen abzuwenden.

Technologieabsicherung

Bei der Technologieabsicherung kann man zwischen bereits bestehenden und neu entstehenden Technologien unterscheiden. Die Kerntechnik und chemische Schlüsselverfahren gehören zu den bereits bestehenden Technologien, die zunehmend unter gesellschaftspolitischen Druck geraten. Von Umweltschutzorganisationen wie z.B. Greenpeace wird ein sofortiger Ausstieg aus den umstrittenen Technologien gefordert. Andere setzen sich für einen regulierten Rückzug ein. Das Beispiel der Chlorchemiedebatte zeigt, wie einzelne Produktbereiche und Märkte durch eine argumentative Ausdifferenzierung abgesichert werden (vgl. Kasten). Dabei werden im Zuge des Diskussions- und Aushandlungsprozesses von allen Seiten Kompromisse und Zugeständnisse verlangt: Während Chemieunternehmen bereit sind, „freiwillig" aus besonders sensiblen Bereichen der Chlorchemie auszusteigen, nehmen Umweltschutzorganisationen von der Forderung eines sofortigen umfassenden Ausstiegs aus der Chlorchemie Abstand.

Zu den aufkommenden Technologien zählen die Informations- und Kommunikationstechnologien sowie die Gentechnik. Insbesondere letztere ist aufgrund ihrer ökologischen und sozialen Auswirkungen höchst umstritten. Die Industrie versucht über die Verbände und durch Lobbyarbeit Ein-

Technologieabsicherung: Fallbeispiel Chlorchemie

Aufgrund immer wieder auftretender bedeutender Störfälle, unmittelbarer Luft- und Abwasserbelastungen sowie der Herstellung von Produkten, die in ihrer Anwendung ökologisch besonders bedenklich sind, steht die Chemieindustrie im Zentrum öffentlicher Kritik. Mit Konzentration auf die „Chlorchemie" gewann die chemiepolitische Diskussion in den 80er Jahren eine neue Wendung. Die bis dahin diffusen Zweifel an chemischer Produktion bekamen plötzlich ein konkretes Gesicht in der öffentlichen Debatte: von Bhopal über Seveso bis zu Schweizerhalle sowie vom DDT über Lösungsmittel bis zum FCKW: Es waren immer chlorchemische Produkte, die die großen chemischen Umweltkatastrophen auslösten. Die „Chlorchemie" schien der Schlüssel zu den ökologischen Problemen der Chemieindustrie zu sein: Aufgrund ihrer hohen Reaktivität, der geringen biologischen Abbaubarkeit und dem Faktum, daß chlororganische Produkte in der Natur kaum vorkommen, erwiesen sich chlorchemische Produkte und Synthesewege vermeintlich als das Hauptproblem auf dem Weg zu einer umweltverträglichen Chemie. Die Forderung nach einem Ausstieg aus der Chlorchemie bedeutet jedoch eine existentielle Bedrohung für die Chemieindustrie. Rund 70% der chemischen Produktion sind heute Produkte, die entweder selbst Chlor enthalten oder über chlorchemische Synthesewege gewonnen werden. Grund dafür sind gerade die ökologisch bedenklichen Eigenschaften des elementaren Chlors bzw. seiner Verbindungen: Aufgrund seiner Reaktivität werden viele Synthesen erst durch chlorchemische Zwischenstufen möglich, ihre Wirkung entfalten viele Pestizide und Pharmazeutika erst durch die Chlorgruppen in ihrem Molekülaufbau.

Auf die pauschale Verurteilung jedweder Chlorchemie reagierte die Chemieindustrie mit einer ökologischen Marktabsicherungsstrategie auf der Basis argumentativer Ausdifferenzierung: In zahlreichen Publikationen wurden der Nutzen chlorchemischer Produkte, die völlig unterschiedliche Gefahrenlage je nach Produktgruppe, die ökologischen Vorteile auf der Rohstoffseite (Chlor als ausreichend verfügbarer Rohstoff, der andere knappe Ressourcen substituiert, Recyclingmöglichkeiten beim PVC) oder das Vorkommen natürlicher chlororganischer Verbindungen betont. Die Anstrengungen der Chemieindustrie wurden von politischer Seite flankiert. Das deutsche Umweltbundesamt erstellte eine umfassende Dokumentation zur Chlorchemie, um die bestehenden Produkt(ions)pfade chlorchemischer Produkte nachzuzeichnen. Die Chlorchemie wurde auch ein wichtiger Bestandteil der Enquete-Kommission „Schutz des Menschen und der Umwelt" des Deutschen Bundestages. Neben diesen naturwissenschaftlichen Analysen wurden auch Untersuchungen zur volks- und betriebswirtschaftlichen Bedeutung der Chlorchemie durchgeführt.

Die durch diese Aktivitäten betriebene Ausdifferenzierung hat sich durchgesetzt. Auf der einen Seite vertreten die Umweltverbände wie bspw. der BUND heute in ihren Positionen zur Chlorchemie differenzierte Forderungen für einzelne Produkt- bzw. Stoffkategorien. Auf der anderen Seite sind Chemieunternehmen auf die Ausstiegsforderungen in besonders bedenklichen Produktgruppen eingegangen (z.B. Chlorparaffin-Ausstieg bei Hoechst). Zwar bestehen weiterhin wichtige Konfliktbereiche (z.B. PVC-Diskussion), doch hat die Ausdifferenzierung dazu beigetragen, dass bestimmte Produktgruppen wie z.B. Pharmazeutika auf Chlorbasis von der chlorchemischen Debatte ausgenommen worden sind (Quellen: Bayer 1995, BUND 1994, Enquete-Kommission „Schutz des Menschen und der Umwelt" des Deutschen Bundestages 1995, Umweltbundesamt 1991 und 1992).

fluss auf den gesellschaftlichen und politischen Prozess zu gewinnen, um zukünftige Märkte abzusichern. Die Macht und Einflussnahme der Wirtschaft findet ihre Entsprechung in der Öffentlichkeit. In Deutschland haben sich die Kritiker zum „Genethischen Netzwerk" und in der Schweiz zum „Basler Appell gegen Gentechnologie" und zur „Schweizerischen Arbeitsgemeinschaft Gentechnologie" formiert. Der Basler Appell gegen Gentechnologie ist eine „single issue group", die seit Anfang der 90er Jahre wesentlichen Einfluss auf die öffentliche und politische Diskussion gewonnen hat. Sie macht auf die Besonderheiten der Gentechnik aufmerksam und betont die gesundheitlichen und ökologischen Risiken der neuen Technik. In Diskussionen stehen sich die Befürworter und Kritiker teilweise unversöhnlich gegenüber. Sowohl in Deutschland als auch in der Schweiz gibt es Bemühungen, diese Pattsituation aufzuheben. So hat bspw. das Wissenschaftszentrum Berlin über 2 Jahre hinweg einen „Runden Tisch" mit 60 Teilnehmern aus Wissenschaft, Wirtschaft, Behörden und Umweltverbänden organisiert, die ausführlich über die Chancen und Risiken der Gentechnik am Beispiel herbizidresistenter Pflanzen diskutiert haben. Im Laufe des Prozesses ist es zu einem intensiven Gedankenaustausch und zu einer Ausdifferenzierung der Argumente gekommen. In der Schweiz wird seit Ende 1993 eine Wanderausstellung zum Thema „Pro und Contra der Gentechnik" gezeigt, die von verschiedenen Gruppen getragen wird. Sowohl Befürworter als auch Kritiker kommen im Laufe der Vorträge und Diskussionen gleichermassen zu Wort (vgl. Kasten). Ziel ist die Information und Aufklärung der Bevölkerung und die Möglichkeit einer eigenen Meinungsbildung. Dadurch, dass die Wanderausstellung von Vertretern unterschiedlichster Positionen konzipiert und getragen wird, geniesst sie eine hohe Glaubwürdigkeit.

Für die Industrie ist die Teilnahme an solchen Initiativen eine notwendige, aber lang noch keine hinreichende Legitimitätsbedingung. Die Diskussionen können nicht darüber hinwegtäuschen, dass es nach wie vor unüberwindliche Meinungsverschiedenheiten gibt. So sind die Umweltverbände in

---

Technologieabsicherung: Fallbeispiel Gentechnik

Während die Gentechnologie in den 80er Jahren häufig noch als „Allheilmittel" für die sozialen und ökologischen Probleme der Gegenwart gepriesen wurde, ist in den 90er Jahren eine grosse Skepsis eingetreten, die von vorsichtiger Zurückhaltung bis zu totaler Ablehnung reicht. Ein Problem ist das Informationsdefizit, das in der breiten Öffentlichkeit besteht. Um dieses Defizit zu beseitigen, lancierte die Kommunikationsberatung Locher, Brauchbar & Partner bereits 1992 die Idee einer Gemeinschaftsausstellung zum Thema Gentechnik mit Vertretern der Industrie, des Staates und von öffentlichen Anspruchsgruppen wie dem Konsumentinnenforum und der Schweizerischen Gesellschaft für Umweltschutz (SGU). Die Wanderausstellung, die seit Ende 1993 in verschiedenen Schweizer Städten gezeigt wird, vermittelt Informationen zur Gentechnik und ermöglicht eine eigene Meinungsbildung. Sie beantwortet Fragen wie: Was ist Gentechnik? Wie funktioniert Gentechnik? Wie wird Gentechnik angewandt? Welche Chancen und Risiken sind mit der Gentechnik verbunden? Da die Wanderausstellung von Vertretern sehr unterschiedlicher Positionen in der Gentechnikdebatte gemeinsam konzipiert wurde, geniesst sie eine hohe Glaubwürdigkeit. Ein Ziel der Ausstellung besteht in der Ausdifferenzierung der Gentechnik-Debatte, um damit Akzeptanz in Bereichen zu schaffen, in denen die ökologischen Gefahren gering und der ökonomische Nutzen besonders gross sind. Dahingehend ist zu unterscheiden zwischen einer Anwendung der Gentechnik in der Pharmazie/Medizin und im Lebensmittelbereich (Landwirtschaft, Lebensmittelproduktion). Wie eine repräsentative Umfrage der IHA-GfM zur Gentechnik aus dem Jahre 1996 zeigt, wird eine solche Differenzierung mittlerweile von einem Grossteil der Bevölkerung vorgenommen. Gemäss der Umfrage wird die Gentechnik im Bereich der Medizin und Pharmazie weitgehend unterstützt, während die Gentechnik im Lebensmittelbereich auf Ablehnung stösst. Hier ist man sich vor allem über die Notwendigkeit und den Nutzen nicht im Klaren. In der Umfrage wird aber auch deutlich, dass sich die Schweizer Bevölkerung nach wie vor ungenügend oder schlecht zum heiklen Thema Gentechnik informiert fühlt. Gefordert wird u.a. eine Kennzeichnungspflicht (Quellen: Brockhaus 1996: 96-133, IHA-GfM 1996).

Deutschland nach zwei Jahren am Runden Tisch bei der Abschlusskonferenz in Berlin ausgestiegen, weil sie die Schlussfolgerungen nicht mittragen konnten und wollten. Die Zustimmung zu den Ergebnissen des Verfahrens wäre ein Signal mit hohem Nachrichtenwert für die Massenmedien gewesen und hätte einen beträchtlichen Akzeptanzgewinn zur Folge gehabt. Wie wichtig die gesellschaftliche Akzeptanz für den Markt sein kann, zeigt sich am Beispiel des gentechnisch hergestellten Labferments „Chymosin", das bei der Käseproduktion eingesetzt wird: Aufgrund des öffentlichen Drucks und aus Angst vor Image- und Umsatzverlusten sind die schweizerischen Käsereien davon abgekommen, das gentechnisch hergestellte Labferment einzusetzen. In Selbstverpflichtungen sprechen sich die Schweizerische Käseunion und die Schweizerische Genossenschaft der Weich- und Halbhartkäsefabrikanten gegen den Einsatz der Gentechnik in der Käseherstellung aus. Während es im medizinischen Bereich bereits einige Produkte im Handel gibt, die mittels Gentechnik hergestellt werden, steht die kommerzielle Nutzung im Lebensmittelbereich noch aus. Solange keine Akzeptanz für gentechnisch hergestellte oder veränderte Lebensmittel in der Öffentlichkeit besteht, ist der Markterfolg dieser Produkte jedoch fragwürdig.

Produktabsicherung

Standortabsicherung bedeutet in aller Regel, sich vor einer verschlechterten Kostenposition bestehender Produktionsstandorte zu schützen: Umweltschutzauflagen in der Produktion erhöhen die Produktionskosten zumeist unmittelbar, längere Genehmigungszeiten oder die durch Verwaltungsklagen verzögerte Fertigstellung von Investitionsprojekten mittelbar. Dies sind Gründe für Unternehmen, gesellschaftlichen und politischen Ansprüchen defensiv zu begegnen.

Die Produktabsicherung hat dagegen keine Standortperspektive; sie ist vielmehr auf den Absatzmarkt ausgerichtet: Produktauflagen, Produktverbote sowie umfassende Rücknahme- oder Recyclinganforderungen bedrohen bzw. zerstören Marktchancen von Produkten, die diesen Anforderungen nicht gerecht werden, und schaffen Anreize für betroffene Unternehmen, solchen Entwicklungen schon im öffentlichen und politischen Vorfeld entgegenzutreten.

Eine solche Produktabsicherung kann auf unterschiedlichen Ebenen stattfinden:

- Durch Einwirken auf den nationalen Gesetzgebungsprozess, das zumeist über Verbände stattfindet (vgl. Kasten): Ansatzpunkte für produktbezogene Regulierungen sind dabei Zulassungs- oder Verbotsverordnungen für Stoffe/Chemikalien (z.B. Phosphat- oder FCKW-Verbot bzw. die Chemikalienzulassung) oder Rücknahme- und Abfallbestimmungen für bestimmte Produktgruppen (z.B. Elektronikschrott oder Getränkeverpackungen).
- Einwirken auf die Kriterienentwicklung für Öko-Label: Eine solche Einflussnahme ist derzeit z.B. bei der Erarbeitung des EU-Öko-Labels für unterschiedliche Produktgruppen zu beobachten.

- Beeinflussung der ökologischen Wahrnehmung bestimmter Produktgruppen: So finden sich in den Tages- und Wochenzeitungen Anzeigen,
  in denen Unternehmen und Verbände versuchen, die Öffentlichkeit von
  den ökologischen Vorzügen bestimmter Werkstoffe (z.B. Weissblech,
  Aluminium oder PVC) zu überzeugen, die in der Regel als unökologisch
  wahrgenommen werden.

Produktabsicherung: Fallbeispiel Getränkeverpackungen

Anfang 1989 legte der Schweizer Bundesrat einen Verordnungsentwurf für den Umgang mit Getränkeverpackungen vor, nachdem eine freiwillige Vereinbarung zur Reduktion des PVC-Einsatzes in Getränkeverpackungen an einer zu grossen Menge an Fremdimporten gescheitert war. Der Entwurf sah das Verbot von PVC- und Aluminiumverpackungen für Getränke vor sowie bestimmte Einwegquoten für andere Verpackungen. Eine Durchsetzung dieser Verordnung hätte erhebliche marktliche Rückwirkungen auf Verpackungshersteller, Getränkehersteller und den Handel gehabt. Der Entwurf wurde von fast allen Kantonen, den Umweltschutz- und Konsumentenorganisationen und den Kehrichtzweckverbänden unterstützt. Unter Federführung des Dachverbandes der schweizerischen Industrie (Vorort) und flankiert durch den Aufbau von zwei Recyclingorganisationen für Aluminiumverpackungen (IGORA) und PET-Verpackungen (PRS – Verein PET-Recycling-Schweiz) kam es zu intensiven Verhandlungen zwischen den Interessengruppen der betroffenen Branchen und dem BUWAL (Bundesamt für Umwelt, Wald und Landschaft). Die Wirtschaftsverbände legten dabei einen eigenen Verpackungsverordnungsentwurf vor, der Grundlage für die am 22. August 1990 bekanntgemachte endgültige Version der Verordnung wurde: PVC-Verpackungen blieben danach weiter verboten, für Aluminium- und Stahlblechverpackungen (Dosen) wurde jedoch lediglich eine Verwertungspflicht vorgeschrieben. Statt Einwegquoten sah die Verordnung nur noch vorgeschriebene Restabfallmengen vor. Hierdurch wurde die Wiederverwendung (Mehrwegflaschen) und die Wiederverwertung (Rezyklierung von Einwegflaschen) gleichgestellt, was u.a. ein Grund für den Siegeszug von PET-Flaschen im schweizerischen Getränkemarkt war (vgl. Knoepfel et al. 1995: 323 ff.).

Alle diese Eingriffsformen sind Marktabsicherung im klassischen Sinne: Sie sollen vermeiden, dass sich weder das Marktvolumen noch die Kriterien, nach denen sich dieses Marktvolumen auf unterschiedliche Produkte verteilt, aufgrund ökologisch motivierter Eingriffe ändern.

Die bisherigen Ausführungen zu ökologischen Marktabsicherungsstrategien beziehen sich vor allem auf die Absatzmärkte. Zu bedenken ist, dass auch die Beschaffungsmärkte zu einem Engpassfaktor werden können und im Rahmen ökologischer Wettbewerbsstrategien zu berücksichtigen sind. Dabei ist insbesondere an finanzielle, aber auch an humane Ressourcen zu denken. Aufgrund der verschärften Haftpflichtbestimmungen sind amerikanische Banken dazu übergegangen, die Umweltverträglichkeit der Produktion und der Produkte bei der Kreditvergabe mit einzubeziehen. Deutsche Banken zeigen grosses Interesse an ökologischen Leistungsnachweisen in Form von EMAS-Zertifikaten, um sich gegenüber ökologischen Kreditrisiken abzusichern. Und Schweizer Grossbanken sind dabei, branchen- und unternehmensspezifische Kennzahlensysteme zur Beurteilung der ökologischen Kreditrisiken zu entwickeln. Ähnliche Tendenzen sind bei (Rück-) Versicherungen festzustellen, die aufgrund ökologischer Schäden hohe Ausfälle zu verzeichnen haben und nicht mehr ohne weiteres bereit sind, die damit verbundenen Risiken selber zu tragen. Doch nicht nur auf den Kapital-, sondern auch auf den Personalmärkten spielen ökologische Absicherungsstrategien eine wichtige Rolle. Ein Unternehmensimage als „Umweltsünder" wirkt sich negativ auf die Mitarbeitermotivation und die Rekrutierung von neuen Mitarbeitern aus. Ein positives Unternehmensimage als „Umweltpionier" erleichtert dagegen den Zugang zu Human-Ressourcen.

Produktabsicherung: Fallbeispiel Kunststoff

Aufgrund seiner Vielseitigkeit und grossen Gestaltbarkeit ist Kunststoff in den letzten Jahrzehnten erfolgreich in viele Anwendungsbereiche vorgedrungen und hat die traditionellen Werkstoffe verdrängt. Nach wie vor ungelöst sind jedoch Verwertung- und Entsorgungsprobleme des Kunststoffs, die mit zunehmender Verbeitung immer offensichtlicher werden. Während mittlerweile für fast alle anderen Werkstoffe Lösungen gefunden wurden, ist dies beim Kunststoff noch nicht der Fall. Kunststoffe sind vielmehr zum Hauptproblem in der Entsorgung von häuslichen Siedlungsabfällen avanciert. In der Schweiz fallen jährlich rund 800.000 t Kunststoffabfälle an. Der weitaus grösste Teil von 500.000 t (= ca. 60%) entfällt dabei auf die Siedlungsabfälle. Rezykliert wurden im Jahr 1993 lediglich 70.000 t oder 8% der Kunststoffabfälle. Verglichen mit anderen Werkstoffen ist dieser Recyclinganteil sehr gering. Aufgrund der hohen Wachstumsraten von Kunststoffen wird sich dieses Entsorgungsproblem in Zukunft weiter verschärfen. Während die Leistungsstärke des Kunststoffs aus technischer und wirtschaftlicher Sicht in der Vergangenheit eindrucksvoll demonstriert werden konnte, kommt die eigentliche Herausforderung der Branche heute von seiten der Öffentlichkeit und Politik. In der Öffentlichkeit sieht sich die Kunststoffbranche einem schwer revidierbaren Image- und Akzeptanzproblem gegenüber: Fragt man die Bürger und Konsumenten nach ihrer Sympathie für unterschiedliche Materialien, dann landet „Kunst"stoff in der Regel auf den hinteren Plätzen; bevorzugt werden „natürliche" Stoffe wie Glas, Papier und Holz. Für die Politik steht primär das Problem der Abfallbeseitigung im Vordergrund.

Um ihre heutigen und zukünftigen Märkte abzusichern, kommt die Branche nicht umhin, Beiträge zur Lösung des Entsorgungsproblems zu leisten. Hierfür sind folgende Ansatzpunkte geeignet: (1) Differenzierung nach Lebenszyklusstufen. Allgemein gilt, dass sich die Wiederverwertungsbemühungen auf die frühen Lebenszyklusstufen Herstellung, Verarbeitung und Handel konzentrieren sollten, um dort sortenreine Rückstände zu erfassen. Auf der Stufe der Endverbraucher sollten demgegenüber allenfalls klar abgrenzbare Teilfraktionen erfasst und einer Wiederverwertung zugeführt werden. (2) Enge Schleifenführung des Recyclingsystems. Einem logistisch aufwendigen Grosssystem für unspezifizierte Kunststofffraktionen ist der Aufbau von Redistributionssystemen entlang des Lebenszyklus vorzuziehen, um so zusätzliche Umweltbelastungen zu vermeiden. (3) Schaffen einer Nachfrage für Rezyklate. Nur wenn sich Abnehmer für die Rezyklate finden, werden sich nennenswerte Erfolge in der Wiederverwertung erzielen lassen. Dafür bedarf es einer aktiven Marktsuche und -erprobung seitens der Kunststoffbranche. (4) Thermische Wiederverwertung in der Industrie. Die thermische Wiederverwertung von Kunststoffen in der Industrie gewährleistet eine bessere Ausnutzung des Heizwerts, trägt zur Brennstoffsubstitution bei und entschärft die Probleme in den Kehrichtverbrennungsanlagen. Mittlerweile ist die Kunststoffbranche dazu übergegangen, diese Ansatzpunkte parallel auszutesten. Teilweise konnten dabei erste beachtliche Erfolge erzielt werden. So wurde die Recyclingquote von PET-Getränkeflaschen innerhalb kürzester Zeit von 0% auf über 80% gesteigert. Und Zementhersteller wie Holderbank verwenden u.a. Kunststoffabfälle als Brennstoff in der Produktion und ersetzen damit die ökologisch problematische Kohle. Der zukünftige Erfolg von Kunststoffen wird u.a. davon abhängen, in welchem Masse es der Branche gelingt, Beiträge zur Lösung der selbst verursachten Entsorgungsprobleme zu leisten (Quellen: Dyllick/Sahlberg 1994: 7-10; Steiger 1993: 21).

Wer sichert ab? – Marktabsicherung zwischen Unternehmen und Branche

Ökologisch induzierte Veränderungen im öffentlichen und politischen Umfeld bedrohen selten einzelne Unternehmen allein. Letzteres ist allenfalls gegeben bei standortspezifischen Projekten wie der Errichtung einer Entsorgungsanlage durch ein Unternehmen oder für den seltenen Fall, dass ein Unternehmen der einzige Hersteller eines ökologisch kritisierten Produktes ist.

Wenn höhere Umweltschutzkosten an einem Standort wie der Schweiz drohen, der Einsatz von Technologien erschwert wird oder Produktgruppen Gegenstand der Kritik werden, so ist in der Regel eine ganze Branche, z.T. sind sogar mehrere Branchen davon betroffen. Marktabsicherung wird dadurch zu einer kollektiven Aufgabe – es geht darum, das Marktvolumen von Produktbereichen zu stabilisieren oder die Wettbewerbsfähigkeit der schweizerischen, deutschen oder europäischen Industrie gegenüber den Industrien in anderen Teilen der Welt zu erhalten – sei es durch eine vorteilhafte Kostenposition oder den Erhalt von technologiegestützen Innovationsmöglichkeiten. In besonderem Masse gilt dieser Zwang zum kollektiven Vorgehen für Branchen, die in der Aussenwahrnehmung als Einheit wahrgenommen und kaum nach Einzelunternehmen differenziert werden – wie z.B. die Chemieindustrie: Ein aufsehenerregender Störfall bei einem Chemieunternehmen diskreditiert in der Regel die gesamte Branche – auch diejenigen, deren Umweltengagement schon weit fortgeschritten ist (vgl. Kasten). Marktabsicherung als ökologische Wettbewerbsstrategie fordert einzelne Unternehmen daher heraus, die richtige Mischung aus individuellen und kollektiven Massnahmen zu finden.

Marktabsicherung auf Branchenebene:
Fallbeispiel „Responsible Care"

Weltweit stehen Chemieunternehmen im Mittelpunkt der öffentlichen Kritik. Unfälle und Katastrophen wie Bhopal, Seveso und Schweizerhalle führen zu einem allgemeinen Unbehagen gegenüber der modernen Chemie. Von dem Verlust an Glaubwürdigkeit und Akzeptanz in der Öffentlichkeit, von neuen Umweltschutzgesetzen, verschärften Umweltauflagen und verstärkten Kontrollen durch Umweltbehörden sind jedoch nicht nur die Unternehmen und Konzerne betroffen, welche die Unfälle verursacht haben, sondern die Chemiebranche insgesamt. Dies hat dazu geführt, dass die Marktabsicherung in der Chemiebranche heute verstärkt von nationalen und internationalen Verbänden vorangetrieben wird. Eine wichtige weltweite Initiative der Chemie ist das „Responsible Care"-Programm, welches 1984 vom kanadischen Verband lanciert wurde. „Responsible Care" kann mit verantwortungsvoller Sorgfalt, aber auch mit Für- und Vorsorge übersetzt werden. In dem Programm werden allgemeine Branchenrichtlinien zu Sicherheit, Gesundheits- und Umweltschutz vorgeschlagen. Damit soll die Eigenverantwortung der Chemieunternehmen nach innen und aussen gegenüber Öffentlichkeit und Politik dokumentiert werden. Mittlerweile haben auch der amerikanische und der europäische Chemieverband das „Responsible Care"-Programm übernommen. Bei der Umsetzung des Programms gibt es länderspezifische Schwerpunkte.

Die Schweizerische Gesellschaft für chemische Industrie (SGCI) verfolgt den Responsible Care-Ansatz seit dem Jahr 1992. In der Zwischenzeit haben fast alle Mitglieder des Verbandes die Responsible Care-Grundsätze unterzeichnet, in denen u.a. Prinzipien zum Schutz des Menschen und der natürlichen Umwelt, zur ökologischen Produktion und Produktentwicklung, zur Produktverantwortung über den Lebenszyklus sowie zum offenen Umgang mit Behörden und der Öffentlichkeit festgehalten sind. Zur Umsetzung der Grundsätze hat die SGCI einen umfassenden Leitfaden mit 20 Schritten entwickelt. Anhand des Leitfadens können die Mitgliedsunternehmen eine kritische Selbstbewertung vornehmen, die Auskunft über den augenblicklichen Stand des Sicherheits- und Umweltmanagements in der eigenen Unternehmung gibt. Darüber hinaus hat die SGCI ein Kennzahlensystem zu Sicherheit, Gesundheits- und Umweltschutz entwickelt, das den Vergleich mit anderen Unternehmen im Sinne eines „ökologischen Benchmarking" erlaubt. Durch den Erfahrungsaustausch im Rahmen der SGCI soll das Responsible Care-Programm möglichst schnell und effektiv bei allen Unterzeichneten umgesetzt werden. Dabei werden insbesondere auch kleinere und mittlere Chemieunternehmen einbezogen (Quelle: Schweizerische Gesellschaft für Chemische Industrie 1994).

Bei einer branchenbezogenen Marktabsicherung, wie es das Responsible Care-Programm der Chemie darstellt, darf die Free-Rider-Problematik nicht übersehen werden: Alle Unternehmen der Branche profitieren von einem verbesserten ökologischen Branchenimage – ob sie sich selber aktiv daran beteiligen oder nicht. Die Industrieverbände besitzen keine formale Sanktionsmacht, um alle Unternehmen der Branche zur Umsetzung vorgegebener ökologischer Standards zu zwingen. Innerhalb des Verbandes bestehen gewisse Sanktionsmechanismen. So erwarten viele nationale Chemieverbände, dass die Responsible Care-Grundsätze von ihren Mitgliedern eingehalten werden. Doch selbst in gut organisierten Branchen erreichen die Industrieverbände häufig nur Organisationsgrade von ca. 90%. Ein Branchenoutsider kann jedoch häufig durch eine ökologische Katastrophe das jahrelange Engagement auf Verbandsebene in der öffentlichen Wahrnehmung zunichte machen. Die Weiterentwicklung geeigneter Sanktionsmechanismen ist daher ein Erfolgsfaktor für die verbandsbezogene Marktabsicherung der Zukunft.

Wem gegenüber wird abgesichert? – Anspruchsgruppen auf regionaler, nationaler und internationaler Ebene

In der Logik des ökologischen Transformationsprozesses wurde allgemein von den Lenkungssystemen Politik und Öffentlichkeit gesprochen. Hinter diesen beiden Kategorien verbirgt sich eine grosse Anzahl unterschiedlicher Anspruchsgruppen auf regionaler, nationaler und internationaler Ebene (vgl. Abb. 31). Ökologische Marktabsicherungsstrategien unterscheiden sich daher nicht nur nach den Inhalten und den Akteuren, sondern auch nach den adressierten Zielgruppen.

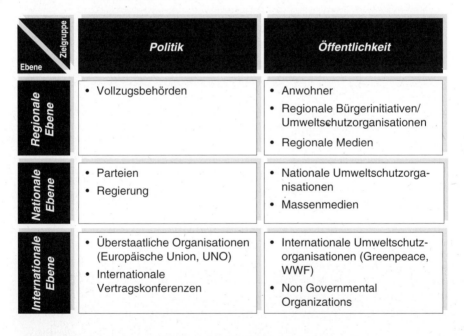

Ebene \ Zielgruppe	Politik	Öffentlichkeit
Regionale Ebene	• Vollzugsbehörden	• Anwohner • Regionale Bürgerinitiativen/ Umweltschutzorganisationen • Regionale Medien
Nationale Ebene	• Parteien • Regierung	• Nationale Umweltschutzorganisationen • Massenmedien
Internationale Ebene	• Überstaatliche Organisationen (Europäische Union, UNO) • Internationale Vertragskonferenzen	• Internationale Umweltschutzorganisationen (Greenpeace, WWF) • Non Governmental Organizations

Abb. 31: Zielgruppen und Ebenen der Marktabsicherung

Auf *regionaler* Ebene sind die Adressaten ökologischer Marktsicherungsstrategien vor allem Anwohner, regionale Bürgerinitiativen, regionale Umweltschutzorganisationen, lokale Medien und Vollzugsbehörden. Das Beispiel der Lonza zeigt, dass mit einer auf die lokale Öffentlichkeit und Politik ausgerichtete Strategien wichtige Beiträge zu einer Standortsicherung geleistet werden können (vgl. Kasten).

**Lonza im Wallis – standortorientierte Marktabsicherung
in der Region im Lichte eines erweiterten
Wettbewerbsfähigkeitsverständnisses**

Die Lonza ist am Standort Visp als größter industrieller Arbeitgeber im Oberwallis (ca. 2700 Mitarbeiter) auf mehreren Ebenen mit dem regionalen Umfeld eng vernetzt: (1) Neben der gemeinsamen Nutzung der Abwasserreinigungsanlage betreibt sie u.a. ein Fernwärmenetz mit der Gemeinde Visp, durch das Visper Wohnungen mit der Abwärme der Produktionsprozesse geheizt werden können. (2) Zusammen mit den Oberwalliser Gemeinden hat Lonza einen Maßnahmenplan zur Reduktion der NOx-Belastungen und Bekämpfung des Wintersmogs erarbeitet. (3) Durch ein umfassendes Transportmanagement und die Unterstützung der regionalen Verkehrsbetriebe ermöglicht Lonza ihren ca. 800 Schichtmitarbeitern, in den umliegenden Bergtälern wohnen zu bleiben und dort eine Nebenerwerbslandwirtschaft zu betreiben. Hierdurch verhindert die Lonza eine Entvölkerung der umliegenden Berggemeinden und eine Bevölkerungsballung im Visper Talkessel. Schließlich unterstützt Lonza den Lokal-Radiosender „Radio Rottu" finanziell, der gleichzeitig ein wichtiges Glied in der Ereignisorganisation der Lonza darstellt: Bei Störfällen im Werk Visp besteht die Möglichkeit, Ankündigungsbänder unmittelbar vom Leitstand der Lonza über den Sender auszustrahlen. Die enge Vernetzung der Lonza mit dem Umfeld hat auch positive Wettbewerbseffekte. Hierzu ist die grosse Zustimmung zur Errichtung einer Reststoffdeponie zu zählen oder die Tatsache, dass die Lonza im Schweizer Vergleich geringere Löhne am Standort Visp zahlen kann ohne Einschränkung des Lebensstandards ihrer Mitarbeiter – aufgrund der weiter betriebenen Nebenerwerbslandwirtschaften (Quelle: Schneidewind 1995: 262).

Auf *nationaler* Ebene stehen die politischen Parteien, der Gesetzgeber und die Regierung im Mittelpunkt politischer Marktabsicherungsstrategien. Auf dieser Ebene werden die gesetzlichen Rahmenbedingungen definiert, die in letzter Konsequenz auch den Spielraum für regionale Marktabsicherungen bestimmen. Das Beispiel der schweizerischen Getränkeverpackungsverordnung zeigt, nach welchem Muster solche Strategien ablaufen. Nationale Marktabsicherung wird in sehr viel stärkerem Masse durch die Tätigkeit von Verbänden und Grossunternehmen geprägt als die Marktabsicherung auf der regionalen Ebene. Die politischen Entscheidungen auf nationaler Ebene werden dabei durch den Verlauf der öffentlichen Diskussion bestimmt. Auf die Öffentlichkeit ausgerichtete Marktabsicherung adressiert die Massenmedien, je nach Diskussion auch Fachmedien mit hoher Multiplikationswirkung und Anspruchsgruppen mit hoher nationaler Präsenz wie z.B. den BUND in Deutschland oder die SGU in der Schweiz.

Die nationale Ebene verliert heute zunehmend an Bedeutung für die Regulierung ökologischer Rahmenbedingungen – dies gilt in besonderem Masse für die Mitgliedsstaaten der Europäischen Union. Aber auch Länder wie die Schweiz sind durch die Teilnahme an internationalen Umweltabkommen (z.B. Montrealer Protokoll zum Schutz der Ozonschicht, Basler Abkommen zur Regulierung von Sonderabfall, Konferenz der Rheinanliegerstaaten, Alpenkonvention) und durch die Verpflichtungen im Rahmen des Welthandelsabkommens mittlerweile in der Autonomie ihrer nationalen Umweltschutzgesetzgebung beschränkt. Die Marktabsicherungsstrategien von Unternehmen und Branchen setzen daher heute schon häufig auf *internationaler* Ebene ein. In der Politik geht es hier um die Einflussnahme auf die Entscheidungen in den entsprechenden internationalen Gremien. Diese Strategien werden in der Regel von multinationalen Konzernen und supranationalen Dachverbänden getragen – ein Umstand, der zur besonderen Betonung der Interessen dieser Gruppen führt. Eine „internationale Öffentlichkeit" entsteht heute erst in Anfängen und wird vor allem durch weltweit agierende Umweltschutzorganisationen wie Greenpeace und WWF repräsentiert. Entsprechende Organisationen sind daher auch häufig der Adressat internationaler Marktabsicherungsstrategien. Es ist abzusehen, dass zukünftig moderne Informations- und Kommunikationstechnologien erheblichen Einfluss auf die Bildung einer internationalen Öffentlichkeit haben werden. Schon heute werden Informationen in Sekundenschnelle weltweit über das Internet ausgetauscht. Lokale und nationale Umweltinitiativen vernetzen sich und schliessen sich zu international agierenden Einheiten zusammen. Damit werden sie dem Umstand gerecht, dass die Umweltprobleme nicht an den Landesgrenzen halt machen, sondern globaler Natur sind.

Die vorangegangenen Abschnitte haben verdeutlicht, welches vielschichtige Bild ökologische Marktabsicherungsstrategien heute bieten: Sie können sich auf Standorte, Technologien, Produkte oder das gesamte Unternehmen beziehen. Sie werden von Einzelunternehmen, Verbänden oder branchenübergreifenden Initiativen getragen und finden sowohl im regionalen, nationalen als auch im internationalen Kontext statt. Diese Differenziertheit ist Ausdruck der Komplexität gesellschaftlicher Realität. Sie macht gleichzeitig deutlich, dass auf Öffentlichkeit und Politik zielende Marktabsicherungsstrategien fester Bestandteil der ökologischen Wettbewerbsstrategien von vielen Unternehmen und Branchen sind. Abschliessend wird versucht, Marktabsicherungsstrategien aus wettbewerbsstrategischer und ökologischer Perspektive zu bewerten.

Bewertung ökologischer Marktabsicherungsstrategien

Wettbewerbsstrategische Bewertung

Welchen Beitrag liefern ökologische Marktabsicherungsstrategien zur Wettbewerbsfähigkeit von Unternehmen? Bei der Betrachtung ökologischer Marktabsicherungsstrategien entsteht zunächst der Eindruck, dass ihr Beitrag zur Sicherung der Wettbewerbsfähigkeit sehr hoch ist: Ökologisch induzierte Veränderungen des Marktgeschehens werden heute durch unternehmerische Intervention im öffentlichen und politischen Prozess häufig sehr lange aufgehalten, ohne dadurch jedoch höhere Akzeptanz für das Unternehmenshandeln zu schaffen. Vielfach gelingt es Unternehmen und Wirtschaftsverbänden, ökologisch induzierte Veränderungen vom Marktgeschehen fernzuhalten. Kurzfristig können vorhandene Besitzstände in Form von Marktanteilen bewahrt werden. Doch wie sind ökologischer Marktabsicherungsstrategien langfristig zu beurteilen? Sicherlich kann man den ökologischen Transformationsprozess zeitweilig verzögern, aber lässt er sich gänzlich aufhalten, solange das zugrundeliegende Problem ungelöst ist? Öffentliche Akzeptanz und politische Legitimität von Unternehmen sind ohne Zweifel grösser, wenn sie sich der ökologischen Herausforderung offensiv stellen und konstruktive Lösungen entwickeln und mittragen. In manchen Fällen kann durch ökologische Marktabsicherungsstrategien zumindest Zeit gewonnen werden, um ökologisch sinnvolle und ökonomisch effiziente Lösungen zu entwickeln (Beispiel: neue Fasertechnologien zur Substitution von Asbest).

Etablieren sich ökologische Branchenstandards oder werden die Spielregeln des Wettbewerbs durch die Ökologie neu bestimmt, dann besteht für defensiv ausgerichtete Unternehmen die Gefahr von Umsatz- und Marktanteilsverlusten. So hat sich bspw. der Anteil von Tetra Pak im Schweizer Markt für Milchverpackungen innerhalb weniger Monate quasi halbiert; die Verdrängung der Tetra Brik-Verpackung durch den umweltfreundlicheren Milchschlauchbeutel erfolgte dabei so stark und schnell, dass keine Zeit für effektive Gegenmassnahmen blieb. Eine weitere Gefahr von Marktabsicherungsstrategien besteht in der vorschnellen Aufgabe von ökologischen Innovationspotentialen. So können durch Ökologie nicht nur Kosten im Produktions- und Produktbereich gesenkt, sondern auch neue Differenzierungspotentiale erschlossen werden. Während also ökologische Marktabsicherungsstrategien kurzfristig durchaus einen Beitrag zur Wettbewerbsfähigkeit von Unternehmen liefern, sind sie aus langfristiger Perspektive eher kontraproduktiv.

Ökologische Bewertung

Aus ökologischer Perspektive sind Marktabsicherungsstrategien sehr skeptisch zu beurteilen. Der ökologische Wandel sowohl der eigenen Unternehmung als auch der Märkte wird durch derart defensiv ausgerichtete Strategien verzögert bzw. einstweilig verhindert. Allerdings muss die Marktabsicherung in der Regel mit ökologischen Zugeständnissen erkauft werden: Das rein kommunikative Abwehren von öffentlichen und politischen Ansprüchen gelingt in den seltensten Fällen. Um das grundsätzliche Wollen von Unternehmen und Branchen glaubwürdig zu unterstreichen, sind ökologische Massnahmen in Teilgebieten zu ergreifen: So sind in der Vergangenheit Produktverbote durch die Zusicherung einer umfassenderen Risikoabschätzung und Produktverantwortung (z.B. Chemieindustrie) oder Rücknahmeverpflichtungen durch den Aufbau von Entsorgungssystemen (z.B. Duales System Deutschland) vermieden worden. Auch Zugeständnisse auf „ökologischen Nebenschauplätzen" können ein Weg sein, Marktabsicherung durch eine höhere öffentliche Akzeptanz zu schaffen (z.B. umweltgerechte Entsorgung von Verpackungen bei Flugzeugen, Einsatz von Recyclingpapier bei Banken). Es kann nicht bestritten werden, dass solche Massnahmen von ökologischem Nutzen sind, doch richten sie sich nicht an den ökologischen Schlüsselproblemen der jeweiligen Unternehmen und Branchen aus. Die zugrunde liegenden Probleme werden nicht gelöst, sondern nur aus der Wahrnehmung verdrängt. Die Wahrscheinlichkeit ist gross, dass sie früher oder später wieder in den Vordergrund treten

Trotz ihres defensiven Charakters und damit sowohl unter wettbewerbsstrategischen als auch unter ökologischen Gesichtspunkten beschränkten Wertes darf aber nicht verkannt werden, dass Marktabsicherungsstrategien in der Regel ein erster Schritt für Unternehmen sind, sich überhaupt mit ökologischen Herausforderungen auseinanderzusetzen. Oftmals leiten ökologische Marktabsicherungsstrategien Lern- und Entwicklungsprozesse bei Unternehmen ein, die über ökologische Kostenstrategien zu ökologischen Differenzierungs- und Marktentwicklungsstrategien führen. Darauf wird in den folgenden Kapiteln des Buches näher eingegangen.

5 Ökologische Kostenstrategien

Umweltschutz wird von Unternehmen hauptsächlich als Kostenfaktor wahrgenommen. Empirische Studien bestätigen dies eindrucksvoll. So behaupteten 77% der Unternehmen, die aufgrund gesetzlicher Anforderungen Umweltschutzmaßnahmen ergriffen haben, in einer im Auftrag der Europäischen Kommission erstellten Umfrage aus dem Jahr 1995, dass die von ihnen durchgeführten, gesetzlich induzierten Umweltschutzmassnahmen eine kostensteigernde Wirkung hatten (vgl. EuroStrategy Consultants 1995: 81). Und auch die offiziellen Statistiken scheinen diese Wahrnehmung zu belegen: So bewegt sich der Anteil der Umweltschutzinvestitionen an den Gesamtinvestitionen in ökologisch besonders betroffen Branchen bei 15%-30%. Die laufenden Umweltschutzaufwendungen dieser Branchen betragen bis zu 5% des Umsatzes (vgl. bspw. Bundesamt für Statistik 1996: 17).

Vor dem Hintergrund solcher Zahlen wird deutlich, warum viele Unternehmen und Branchen sich zu den im vorangegangenen Kapitel dargestellten defensiven Marktabsicherungsstrategien entschließen. Durch rechtzeitiges Einwirken auf den ökologischen Transformationsprozeß möchten sie entsprechende Kostenbelastungen möglichst verhindern oder mindestens erheblich reduzieren. In diesem Kapitel stehen jedoch ökologische Kostenstrategien im Vordergrund. Sie sind nicht gegen den ökologischen Transformationsprozess gerichtet, sondern nehmen ihn als gegeben hin, versuchen aber den dadurch entstehenden ökonomischen Herausforderungen durch *effiziente* Antworten zu begegnen: Die ökologischen Anforderungen sollen möglichst kostengünstig erfüllt werden. Dabei zeigt sich, daß in vielen Fällen sogar Lösungen entwickelt werden, die nicht nur kostengünstig sind, sondern den Unternehmen helfen, Kosten einzusparen (vgl. den Kasten auf S. 104).

In diesem Kapitel soll gezeigt werden, dass die besondere Herausforderung bei Kostenstrategien in der richtigen Betrachtungsperspektive liegt. Wenn 1989 in Deutschland noch 82% der Umweltschutzinvestitionen auf sogenannte „End of Pipe"-Maßnahmen entfielen (vgl. Blazejczak u.a. 1992: 48-76), so ist es kein Wunder, daß Umweltschutz von Unternehmen als Kostenfaktor empfunden wird: Additive und rein produktionsbezogene Antworten auf Umweltschutzanforderungen werden wohl immer nur Kosten- und nicht Produktivitätsfaktor sein. Im folgenden Kapitel soll deutlich werden, wie es durch eine Erweiterung der Betrachtungsperspektive und durch Rückgriff auf moderne Controllinginstrumente möglich wird, *ökologisches Kostenmanagement als Produktivitätsmanagement* zu betreiben. Die Betrachtung geht dabei über die Kosteneinsparungspotentiale produktionsintegrierter Strategien hinaus und bezieht sich insbesondere auf die Wettbewerbspotentiale, die sich durch eine systematische Betrachtung des gesamten ökologischen Produktlebenszyklus sowie das rechtzeitige Reagieren auf Signale des ökologischen Transformationsprozesses ergeben können.

Kosteneinsparung durch Umweltschutz – einige eindrucksvolle Beispiele

Die Bürox AG in Büren ist ein Schweizer Unternehmen der Metallbranche. Bei der Oberflächenveredelung von Aluminium mussten bisher jährlich 300 Tonnen Aluminiumhydroxid als Sonderabfall entsorgt werden. Durch die Umstellung auf ein neues Beizverfahren ist es gelungen, den Abfall in Form von sauberem Aluminiumhydroxid (140 Tonnen) herzustellen. Dieses wird extern verwertet. Dadurch konnten die Entsorgungskosten auf ein Zehntel von über 140.000 SFr. auf 14.000 SFr. pro Jahr reduziert werden. Die Rohstoffkosten sind auf ein Fünftel von 90.000 SFr. auf 17.000 SFr. gesunken (vgl. BUWAL 1991: 21).

Seit 1987 hat der Schweizer Softdrinkhersteller Rivella den Wasserverbrauch für Reinigung und Abfüllung von 12 Liter auf weniger als 5 Liter pro Liter Fertiggetränk reduziert. Dadurch werden jährlich Abwasserkosten von mehr als einer halben Million SFr. eingespart. Im Jahr 1993 hat die Rivella AG für Abwasser lediglich 340.000 SFr. statt 900.000 SFr. bezahlt. Die erhöhte Wassereffizienz führt zu Kostensenkungen (vgl. Belz 1995: 158).

Bei der Herstellung eines Pharma-Zwischenproduktes fielen bei der Lonza AG grosse Mengen an unerwünschten Nebenprodukten an, die abgetrennt und verbrannt werden mussten. Durch eine Verfahrensoptimierung konnten der Rohstoffverbrauch sowie die Nebenprodukte um 20% vermindert werden. Jährlich werden dadurch Rohstoffeinsparungen in Höhe von 900.000 SFr. erzielt (BUWAL 1991: 39).

Die Betrachtung teilt sich in fünf Abschnitte:

- Im ersten Abschnitt soll das Verhältnis von umweltschutzinduzierten Kostenbelastungen und unternehmerischer Wettbewerbsfähigkeit grundsätzlich geklärt werden.
- Der zweite Abschnitt widmet sich der ersten wichtigen Wahrnehmungsbarriere eines ökologischen Kostenmanagements – nämlich der

Tatsache, daß „Umweltschutzkosten" in der Produktion heute oft noch viel zu eng abgegrenzt werden. Eine umfassendere Sicht auf diese Kostenart öffnet den Blick für viele, bisher nicht realisierte Einsparmöglichkeiten.

- Der dritte Abschnitt zeigt, wie sich eine derart erweiterte Perspektive auf die Bewertung von End-of-Pipe und von produktionsintegrierten Umweltschutzmaßnahmen (PIUS) auswirkt.

- Der vierte Abschnitt geht über die produktionsbezogenen Kostenbelastungen hinaus und wendet sich dem gesamten ökologischen Produktlebenszyklus zu – die zweite wichtige Perspektivenerweiterung eines ökologisch orientierten Kostenmanagements. Es wird gezeigt, wie die Instrumente des ökologischen Transformationsprozesses zur Grundlage für ein ökologisches „Life-Cycle-Costing" werden können.

- Der fünfte Abschnitt gibt einen Ausblick auf mögliche zukünftige Entwicklungen eines ökologischen Kosten-Managements.

Vorbemerkungen zum Verhältnis von Umweltschutzkosten und unternehmerischer Wettbewerbsfähigkeit

Hohe Kostenbelastungen durch Umweltschutzmaßnahmen werden häufig mit einer Verschlechterung der Wettbewerbsposition von Unternehmen gleichgesetzt. Diese Gleichsetzung gilt aber nur sehr eingeschränkt. Bevor daher auf konkrete Ansätze eingegangen wird, mit Umweltschutzmaßnahmen die Kostensituation von Unternehmen zu beeinflussen, soll das Verhältnis von Umweltschutzkosten und Wettbewerbsposition betrachtet werden.

In welchem Ausmaß Umweltschutzkosten *Auswirkungen auf die Wettbewerbsfähigkeit* von Unternehmen haben, hängt von mehreren Faktoren ab:

- Dem Anteil der Umweltschutzkosten an den Gesamtkosten des Produktes: Je geringer dieser Anteil und je größer damit die Bedeutung anderer Kostenfaktoren ist, desto eher werden Wettbewerbsverzerrungen durch andere Einflußfaktoren ausgelöst. So spielen die Lohnkosten in vielen Branchen eine sehr viel bedeutendere Rolle als die Umweltschutzkosten. Lohnkosten fallen nicht nur für den relativ wenig personalintensiven Anlagenbetrieb an, sondern wirken sich insbesondere in der personalintensiven Forschung und Entwicklung und auch in der Anlagenerstellung und -anpassung aus.

• Dem relativen Unterschied der Umweltschutzkosten: Die Wettbewerbswirkung der hohen Umweltschutzkosten ergibt sich nicht aufgrund ihrer absoluten Höhe, sondern aufgrund der relativen Unterschiede zu den relevanten Wettbewerbern. So befinden sich die dominanten Wettbewerber in Branchen wie der Chemie, der pharmazeutischen Industrie oder der Computerindustrie in Staaten der Triade USA, Japan und Europa. Die produktionsbezogenen Umweltschutzanforderungen sind hier in der Regel auf einem vergleichbaren Niveau.

• Der Bedeutung des Preises im Vergleich zu anderen Kaufkriterien der Kunden: Je geringer die Preiselastizität der Kundennachfrage für die betrachteten Produkte ist, desto leichter lassen sich auch signifikant höhere Umweltschutzkosten in höhere Preise umsetzen. So haben z.B. in der Chemieindustrie einzelne Pharmazeutika, Pflanzenschutzmittel, aber auch hochwertige Pigmente aufgrund ihrer Produkteigenschaften eine so dominierende Marktstellung, daß vergleichbare Konkurrenzprodukte nicht existieren und dem Hersteller einen erheblichen Preisgestaltungsfreiraum lassen. In anderen Branchen wie der Spezial-Feinchemie oder dem Maschinenbau sind es nicht die Produkteigenschaften, sondern häufig die Folgen des besonderen Kunden-Lieferanten-Vertrauensverhältnisses, die solche Freiräume eröffnen. Die Höhe des Preissetzungsfreiraums variiert dabei von Produkt zu Produkt und läßt sich immer nur für das einzelne Produkt in seiner konkreten Marktkonstellation bestimmen.

Die Überlegungen zeigen, daß erhöhte Umweltschutzkosten nicht mit einer Verschlechterung der Wettbewerbsfähigkeit einhergehen müssen. Obwohl Großunternehmen von gewissen Kostenbelastungen aufgrund verschärfter gesetzlicher Umweltschutzbestimmungen ausgehen, sehen sie darin keinen Wettbewerbsnachteil. Nach Aussage von Unternehmensvertretern sind die Lohn- und Rohmaterialkosten von wesentlich grösserer Bedeutung als die Umweltschutzkosten (vgl. EuroStrategy Consultants 1995: 84).

Von den Entsorgungskosten zu den „ökologischen Totalkosten" – eine erweiterte Perspektive ökologischer Kosteneinsparungen in der Produktion

Die Erkenntnis, daß Umweltschutz nicht unbedingt ein Kostenfaktor sein muß, sondern häufig sogar zu Kosteneinsparungen beiträgt, setzt sich in der Praxis und Theorie des Umweltmanagements immer mehr durch (vgl. hierzu auch die eingangs erwähnten Beispiele). Hierzu haben einmal Publikationen beigetragen, die zahlreiche solcher Beispiele systematisch dokumentieren (vgl. z.B. BUWAL 1991, Dechema 1990 oder Faber u.a. 1994). Zudem machen viele Unternehmen im Rahmen der Zertifizierung von Umweltmanagementsystemen nach ISO 14001 oder nach der EMAS-Verordnung die Erfahrung, daß die durch die Einführung und Zertifizierung des Umweltmanagementsystems entstehenden Kosten häufig durch die Kosteneinsparungen mehr als überkompensiert werden. Systematischer Umweltschutz ist in diesen Fällen ein Produktivitäts- und kein Kostenfaktor.

Die Gründe dafür sind plausibel: Ein systematisches Umweltmanagement öffnet Unternehmen einen neuen Blick auf ihre Geschäftstätigkeit. Diese veränderte Perspektive trägt dazu bei, bisherige Wahrnehmungsbarrieren zu durchbrechen und damit auch Kosteneinsparungsmöglichkeiten zu entdecken, die bei der bisherigen Betrachtung übersehen wurden. Zudem mobilisiert die Optimierung unter Umweltschutzaspekten auch Mitarbeiter stärker zur Ausschöpfung von Rationalisierungspotentialen als dies bei Optimierungen unter reinen Wirtschaftlichkeitsgesichtspunkten der Fall ist.

Wie vorteilhaft eine ökologische Massnahme unter Kostengesichtspunkten bewertet wird, hängt natürlich davon ab, welche Kosteneinsparungen der Umweltschutzmassnahme zugerechnet werden. Häufig werden nur die eingesparten Entsorgungskosten bei der Kalkulation berücksichtigt (vgl. Burschel u.a. 1995). Sie beinhalten alle Kosten, die für die Behandlung, Aufbereitung, Verbrennung und Deponierung von Reststoffen (Luftemissionen, Abwasser, Abfall) anfallen. Die Entsorgungskosten stellen aber nur einen Teil der Kosten dar, die für die unerwünschten Outputs anfallen. Selbst bei einer Entsorgung „zum Nulltarif" verursachen die Reststoffe Kosten: Beim Einkauf müssen sie zunächst wie alle eingesetzten Stoffe bezahlt werden. In der Produktion belegen sie die Kapazität der Anlagen und manchmal müssen sie sogar in einem separaten Arbeitsgang vom Produkt getrennt werden.

Unternehmen bezahlen also gleich mehrfach für ihre Reststoffe: In der Beschaffung für die Roh-, Hilfs- und Betriebsstoffe, in der Produktion für Maschinenstunden, gebundenes Kapital und Miete im Lager, Fertigungslöhne, Energie etc. und letztlich in der Entsorgung für die Behandlung, Aufbereitung, Verbrennung und Deponierung (vgl. Fischer 1995: 439-441; Burschel u.a. 1995: 62-63, Winter 1995: 8 ff., vgl. zu den Methoden eines „Total Cost Accounting" auch EPA 1992 und 1995). In diesem Zusammenhang soll von Totalkosten (in Anlehnung an den bei der EPA verwendeten Begriff der „total cost" und in Abgrenzung des in der Kostenrechnungslehre belegten Begriffes der „Vollkosten") die Rede sein. Das herkömmliche Rechnungswesen weist ausschliesslich die Entsorgungskosten als Umweltkosten und damit nur die „Spitze des Eisbergs" aus. Die Umweltkosten, die mit dem Anfall von Reststoffen verbunden sind, werden jedoch nicht erfasst (vgl. Abb. 32).

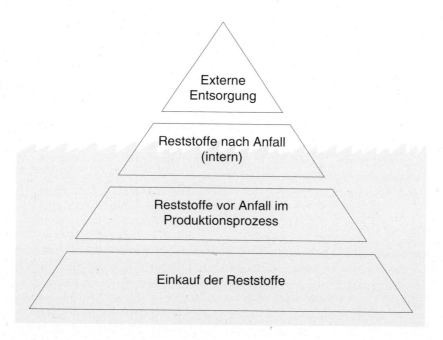

Abb. 32: *Entsorgungskosten sind lediglich die Spitze des Eisbergs (Quelle: Fischer/Strobel 1996: 162)*

Wie stark diese ökologischen „Totalkosten" der Produktion von den herkömmlich betrachteten Entsorgungskosten abweichen, belegt ein in Amerika durch die EPA (Environmental Protection Agency) erhobenes Beispiel eindrucksvoll. So erhöhte sich die interne Kapitalrendite in einem untersuchten Projekt der Papierindustrie durch Anwendung eines „Total Cost Accounting" von 6% auf 36% und konnte die Paybackperiode von 11 auf 2 Jahre reduziert werden (vgl. EPA 1992: 2, 38ff.).

Eine solche erweiterte Kostenbetrachtung ist mithin ein Weg, gegenüber Wettbewerbern ökologisch und ökonomisch effizienter zu werden. Denn eine verkürzte Kostenrechnung verbaut den Blick auf die ökonomisch vorteilhaften Alternativen eines produktionsbezogenen Umweltschutzes. Bei der Zurechnung der entsprechenden Kostenbestandteile auf einzelne Produkte und Produktionsprozesse kann dabei auf moderne Kostenrechnungsverfahren wie die Prozeßkostenrechnung zurückgegriffen werden. Denn gerade umwelt- und sicherheitsrelevante Einsatz- und Reststoffe erzeugen auch erhebliche Zusatzbelastungen in den „indirekten", d.h. nicht direkt mit der Produktion betrauten, Bereichen. Durch die Beachtung von Sicherheitsvorschriften müssen zusätzliche Unterlagen sowie Dateien geführt und damit zusätzlicher Verwaltungsaufwand getrieben werden. Die Eliminierung entsprechender Stoffe reduziert mithin auch diese Kosten (vgl. als Überblick zu solchen „hidden costs" EPA 1995: 9). Ein Beispiel für die erfolgreiche Umsetzung einer erweiterten Kostenbetrachtung ist die Kunert AG.

Kunert AG – Beispiel für eine erfolgreiche erweiterte Kostenbetrachtung

Im Werk Mindelheim des deutschen Textilherstellers Kunert betragen die Reststoffkosten und die reststoffverwandten Kosten knapp 7 Mio. DM; dies entspricht 10% der Gesamtkosten. Dabei fällt auf, dass die Entsorgungskosten nur einen Bruchteil der Reststoffkosten ausmachen. Wesentlich höher sind die Kosten der Beschaffung und der Produktion, die für die unerwünschten und nicht-produktiven Outputs aufgewendet werden. Diese Überlegungen haben weitreichende Konsequenzen für ökologische Kostenstrategien: Berechnet man alle Kosten und nicht nur die Entsorgungskosten für die Reststoffe ein, dann ist das Vermeiden wesentlich rentabler als ursprünglich angenommen. Das vorsorgende Vermeiden von unerwünschten Outputs ist somit vielfach kostengünstiger als das nachsorgende Trennen und Aufbereiten. Inputorientierte Kostenstrategien erwiesen sich als erheblich vorteilhafter als outputorientierte Kostenstrategien. Dahingehend waren auch End-of-Pipe-Technologien und produktionsintegrierter Umweltschutz neu zu bewerten (Quelle: Burschel et al. 1995).

Zur Neubewertung von End-of-Pipe (EOP) und produktionsintegriertem Umwelschutz (PIUS) im Lichte der erweiterten Kostenbetrachtung

Einleitend wurde erwähnt, daß heute der Großteil der von Unternehmen getätigten Umweltschutzaufwendungen in End-of-Pipe-Technologien (EOP) fließt. Bei *End-of-Pipe-Technologien* handelt es sich um Umweltschutzlösungen, die Emissionen und Abfälle aus Produktionsprozessen nach deren Entstehen behandeln und ihre ökologisch schädlichen Wirkungen abschwächen. Beispiele hierfür sind Luftfilter und Abwasserreinigungsanlagen. Die entsprechenden Anlagen stellen in der Regel unproduktiv gebundenes Kapital dar und verursachen laufende Kosten (u.a. für Personal, Energie und Materialeinsatz). Sie tragen nicht zur Wertschöpfung des Unternehmens bei. Die Kostensenkungenspotentiale durch End-of-Pipe-Umweltschutzmassnahmen sind dadurch sehr begrenzt (vgl. als Ausnahme hierzu das Fallbeispiel zu Landis & Gyr Communications).

Landis & Gyr Communications – Beispiel für Kosteneinsparungen durch verwertungsorientierten EOP-Umweltschutz

Eine Möglichkeit, durch EOP-Umweltschutzmaßnahmen Kosten einzusparen, besteht darin, die Reststoffe getrennt zu erfassen und durch betriebsinternes oder -externes Recycling weiter zu verarbeiten. Ein Beispiel hierfür ist die Landis & Gyr Communications (Schweiz) AG: Bei der Produktion von Telephonkarten fallen in diversen Fertigungsschritten wie Stanzen, Schneiden und Drucken ca. 30 Tonnen PVC-Abfälle jährlich an. Seit 1990 werden die Abfälle zur Regranulation abgegeben und zu Rohren für Elektroinstallationen verarbeitet. Dadurch entfallen nicht nur die Kosten für die Entsorgung der PVC-Abfälle, sondern es wird sogar ein Nettoerlös durch den Verkauf der sortenreinen Reststoffe erzielt (BUWAL 1991: 27).

Eine Alternative zum EOP-Umweltschutz ist der *produktionsintegrierte Umweltschutz* (PIUS). Er zielt darauf ab, Umweltbelastungen von vornherein nicht oder nur in erheblich geringerem Ausmass als beim bisher angewendeten Herstellungsverfahren entstehen zu lassen. Dies kann dadurch erreicht werden, dass das bisherige Produktionsverfahren umgestellt, verändert oder völlig ersetzt wird. Produktionsintegrierte Umweltschutzmassnahmen sind End-of-Pipe-Lösungen in der Regel ökologisch überlegen, da sie die Entstehung ökologischer Belastungen schon im Ansatz verhindern und sowohl den Ressourceneinsatz als auch den ökologisch bedenklichen Output des Produktionsprozesses reduzieren. Hierdurch verursachen produktionsintegrierte Maßnahmen nach ihrer Umsetzung auch weniger laufende Kosten als EOP-Lösungen (geringerer Rohstoffeinsatz, geringere Entsorgungskosten, kein laufender Aufwand zum Betrieb der EOP-Einrichtungen). Jedoch erfordern PIUS-Maßnahmen häufig erhebliche Investitionen: Neue Technologien müssen entwickelt werden, Produktionsprozesse z.T. völlig umgestellt werden und der Erfolg dieser Bemühungen ist in der Regel unsicher. Aus diesen Gründen resultiert die immer noch bestehende Dominanz von EOP-Lösungen. Diese sichern feste Umweltschutzniveaus zu einem klar berechenbaren Kostenaufwand und bei geringeren Risiken.

Für die Abwägung zwischen EOP- und PIUS-Umweltschutz ist daher entscheidend, wie hoch die erwarteten Kosteneinsparungen durch den PIUS-Umweltschutz eingeschätzt werden. In vielen Fällen amortisieren sich die für PIUS-Maßnahmen notwendigen Investitionen durchaus in einem überschaubaren Zeitrahmen. So haben z.B. Faber et al. über 30 produktionsintegrierte Maßnahmen in der Chemieindustrie untersucht und konnten zeigen, dass mit den meisten eine Kosteneinsparung einherging (vgl. Faber et.al. 1994). In dieser Studie zeigte sich aber auch, daß die Unternehmen bei weitem nicht alle ökologisch induzierten Kosteneinsparungen verwirklichen. Da in vielen Branchen die für interne Investitionsentscheidungen angelegten Amortisationsdauern sehr kurz sind, unterbleiben viele produktionsintegrierte Umweltschutzinvestitionen, obwohl sie bei einer normalen Abzinsung durchaus wirtschaftlich wären, aber durch noch gewinnversprechendere Investitionsalternativen verdrängt werden. Für die Durchführung sind prozessbezogene Umweltschutzinvestitionen daher darauf angewiesen, entsprechend hohe Kosteneinsparungen zu ermöglichen.

Es ist mithin wichtig, alle durch produktionsintegrierte Massnahmen ausgelösten Entlastungen bei den laufenden Kosten zu ermitteln. Das ökologische Total-Cost Accounting ist ein Weg, um zu einer solchen umfassenden Kostenbetrachtung in der Produktion zu gelangen.

Schließlich stellt sich bei der Abwägung von EOP- und PIUS-Massnahmen eine weitere Herausforderung. Sie besteht darin, dass die ökologisch induzierten Kosten einer produktionsintegrierten Maßnahme weit weniger exakt zu bestimmen sind als diejenigen einer End-of-Pipe-Massnahme (vgl. Abb. 33). Produktionsintegrierte Massnahmen haben in der Regel einen doppelten Effekt: Sie reduzieren nicht nur die ökologischen Belastungen, sondern tragen auch zu einer höheren Ausbeute, weniger Verschleiß oder niedrigeren Lohnkosten (z.B. durch einen Rationalisierungseffekt) bei. Wie hoch die Investitionen für die eigentliche „ökologische Entlastung" im Vergleich zur End-of-Pipe-Maßnahme waren, ist daher nicht eindeutig zu bestimmen. Dies hängt davon ab, in welchem Umfang die anderen Kosteneffekte der Massnahme zugerechnet werden. Auch hier liegt ein Ansatzpunkt für eine Perspektivenerweiterung im ökologischen Kostenmanagement: Je nachdem welcher Anteil einer Investitionssumme sowie der laufenden Kosten der ökologischen Entlastung und welcher der eingetretenen Rationalisierung zugerechnet wird, erscheint die ökologische orientierte Massnahme einmal in einem finanziell günstigeren, das andere Mal in einem weniger günstigen Licht.

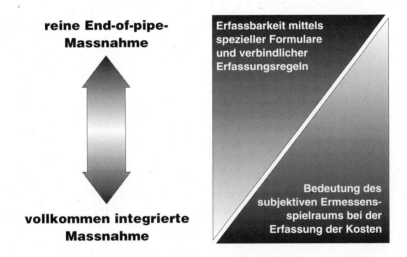

Abb. 33: Erfassbarkeit der Kostenwirkungen von integrierten Umwelt-schutzmassnahmen (Quelle: Gressly 1996: 340)

Ökologische Lebenszykluskosten – eine Erweiterung der Kostenbetrachtung auf den gesamten ökologischen Produktlebenszyklus

Die bisherigen Betrachtungen konzentrierten sich auf Umweltschutzkosten in der Produktion. Umweltrelevante Kosten spielen aber nicht nur in der Produktion von Produkten eine Rolle, sondern entlang des gesamten ökologischen Produktlebenszyklus. Dazu gehören die Umweltschutzaufwendungen für die Gewinnung bzw. Herstellung von Vorprodukten, den Transport und die Lagerung von (Zwischen-) Produkten, insbesondere aber die Umweltkosten während des Gebrauches und der Entsorgung von Produkten. So ist die Entsorgung von Baumaterial, aber auch der Einsatz von fossilen Brennstoffen für die Raumheizung – aufgrund zahlreicher Umweltauflagen – heute ein wichtiger Kostenfaktor für Bauherren bzw. Mieter geworden. Die Summe aller umweltschutzrelevanten Kosten entlang des ökologischen Produktlebenszyklus kann als *Lebenszykluskosten* bezeichnet werden. Lange Zeit haben Unternehmen unter Umweltschutzkostenmanagement nur die Minimierung der ökologisch induzierten Kosten bei ihrer eigenen Fertigung verstanden. Dies hing damit zusammen, daß diese Kosten einerseits von ihrer Höhe her besonders relevant waren, zum anderen die Kosten auf den anderen Produktlebenszyklusstufen von den Produktanwendern bzw. den Vorlieferanten zu tragen waren, aus Sicht des Unternehmens daher externalisiert werden konnten.

Diese Situation ändert sich seit einiger Zeit erheblich, denn zahlreiche ökologisch bedingte Kosten in der Nutzungs- und Entsorgungsphase von Produkten sind in den letzten Jahren erheblich gestiegen (z.B. durch Rücknahmeverpflichtungen, strengere Entsorgungsvorschriften oder Nutzungsbeschränkungen) und werden dadurch zu einem relevanten Kostenfaktor für die Betroffenen. Für Unternehmen wird daher die Erfassung der gesamten ökologischen Lebenszykluskosten zu einem strategischen Erfolgsfaktor. Kunden werden nämlich immer stärker dazu übergehen, den eigenen ökologischen Kostendruck an ihre Lieferanten weiterzugeben und von ihnen Produkte zu fordern, die die ökologischen Nutzungs- und Entsorgungskosten reduzieren. Hier eröffnen sich für Unternehmen interessante Differenzierungschancen im Markt, indem die Minimierung von Lebenszykluskosten als Wettbewerbsargument eingesetzt wird. Mit dem Aufgreifen der Lebenszyklusidee folgt das ökologische Management ähnlichen Wegen wie auch das klassische Controlling, wo sich das Konzept des „life-cycle-costing" durchzusetzen beginnt.

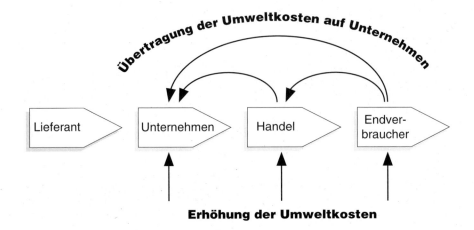

Abb. 34: Umweltkosten und ökologische Dominoketten

Um relevante Lebenszykluskosten frühzeitig zu identifizieren und in der Produktpolitik zu berücksichtigen, eignen sich die Instrumente der ökologischen Belastungsmatrix und der ökologischen Dominokette. Dabei sind drei Stufen der Analyse zu unterscheiden:

1. Die Bestimmung der gesamten ökologischen Lebenszykluskosten (inklusive externer Kosten).

2. Die Bestimmung des Grades der Internalisierung externer Kosten.

3. Die Analyse der Dominokettendynamik.

(1) Die ökologische Belastungsmatrix gibt die zentralen ökologischen Probleme eines Unternehmens oder einer Branche entlang des gesamten Produktlebenszyklus wieder (vgl. Kapitel 1). Bewertet man die ökologischen Kernprobleme einer Branche mit den kompletten externen Kosten, dann werden die grundsätzlichen Ansatzpunkte für erfolgsverprechende ökologische Kostenstrategien ersichtlich. Denn je höher die absoluten Kosten auf einer Produktlebenszyklusstufe sind, desto größer ist auch die Chance zur Erzielung von Wettbewerbsvorteilen durch eine geeignete ökologische Kostenstrategie. Dabei gilt bei diesem ersten Analyseschritt, daß die Produktlebenszyklusstufen mit den größten ökologischen Belastungen auch diejenigen mit den höchsten potentiellen ökologischen Kosten darstellen.

Als Beispiel nehme man die Baubranche: Hier liegen die ökologischen Kernprobleme neben dem eigentlichen Bauprozess auf den Stufen Rohstoff-/Vorprodukteherstellung, Nutzung/Betrieb und der Wiederverwertung/Entsorgung. Von diesen ökologischen Belastungen kann man auf die Lebenszykluskosten schliessen (vgl. Abb. 35).

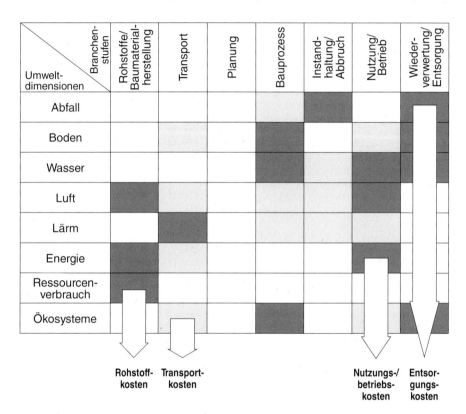

Abb. 35: Von ökologischen Belastungen zu Lebenszykluskosten (Beispiel Baubranche)

(2) Die externen Kosten vieler ökologischer Probleme sind heute jedoch noch nicht internalisiert. Dies hängt damit zusammen, dass der ökologische Transformationsprozeß, d.h. die Umformung ökologischer Herausforderungen in konkrete Forderungen, in vielen Branchen noch nicht umfassend vollzogen wurde. Um eine ökologische Kostenstrategie festzulegen, müssen daher Unternehmen nicht nur die gesamten, alle externen Effekte umfassenden Kosten betrachten, sondern ebenfalls die heute schon internalisierten Kosten.

Bei dieser Betrachtung können sich ganz andere ökologische Kostenschwerpunkte ergeben (vgl. Abb. 36).

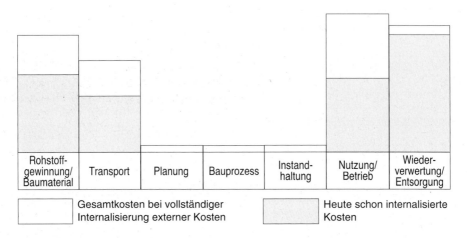

| Rohstoffgewinnung/ Baumaterial | Transport | Planung | Bauprozess | Instandhaltung | Nutzung/ Betrieb | Wiederverwertung/ Entsorgung |

☐   Gesamtkosten bei vollständiger Internalisierung externer Kosten

☐   Heute schon internalisierte Kosten

Abb. 36: Externe und internalisierte ökologische Kosten (Beispiel Baubranche)

In der schematischen Abbildung für die Baubranche erweisen sich z.B. die ökologischen Nutzungs- und Betriebskosten zwar als der grösste ökologische Kostenblock. Da auf dieser Stufe die Internalisierung externer Kosten (z.B. bisher keine angemessenen Energie-/CO_2-Steuern) aber bisher kaum gewährleistet ist, scheint für mittelfristige Kostenstrategien die Phase Wiederverwertung/Entsorgung bedeutender zu sein, da der Internalisierungsgrad höher ist. Damit sind auch die Chancen grösser, Kostenreduktionen zu erzielen und wettbewerblich geltend zu machen.

(3) Doch auch das Wissen um die ökologischen Gesamtkosten sowie die internalisierten Lebenszykluskosten ist noch nicht ausreichend für die Festlegung einer ökologischen Kostenstrategie. Unternehmen benötigen zusätzlich Informationen darüber, ob wichtige (internalisierte) Kostenblöcke entlang des ökologischen Produktlebenszyklus auch wirklich zu einem durch Kostenstrategien zu nutzenden Wettbewerbsfeld für sie werden können. Schlüssel für die Antwort auf diese Frage ist das Konzept der ökologischen Dominokette, wie es bereits in Kapitel 2 ausführlich dargestellt wurde: Gibt es Mechanismen, die ökologische Kostenwirkungen in einer weit vor- oder nachgelagerten Stufe des Produktlebenszyklus zu einem Wettbewerbsfaktor auf der Stufe werden lassen, auf der sich das eigene Unternehmen befindet? Wie schon im 2. Kapitel gezeigt, können solche Dominoketten sehr ver-

schlungen sein. Das Beispiel der Holderbank Cement und Beton (HCB) ist ein Beispiel aus der Baubranche, welches dies eindrucksvoll illustriert (vgl. Kasten): Aufgrund der knappen Deponie- und Verbrennungskapazitäten sind die Kosten für die Entsorgung der Restbaustoffe kontinuierlich angestiegen. Verschärfte Haftpflichtbestimmungen führen dazu, dass die Deponiebesitzer ökologische Annahmeforderungen an die Restbaustoffe stellen (hoher Internalisierungsgrad der externen Kosten). Zudem sind in vielen Kantonen Auflagen zur Trennung und Sortierung von Bauschutt auf der Baustelle in Kraft gesetzt worden. Durch den Einsatz von Abfallstoffen als alternativen Brennstoffen können die Herstellungskosten für Zement reduziert werden. Hier hat sich HCB durch eine innovative Strategie hervorgetan und nutzt als Baustoffhersteller die Entsorgungsengpässe am Ende des Produktlebenszyklus für eine erfolgreiche ökologische Kostenstrategie.

Wie Holderbank Cement und Beton (HCB) durch Altholzverwertung die Energie- und Entsorgungskosten senkt

Mit über 2000 Mitarbeitern und einem Umsatz von knapp 800 Mio SFr. im Jahr 1995 ist HCB die grösste Schweizer Unternehmung der Baustoffindustrie. HCB gehört zum international tätigen Holderbank-Konzern, der den Schutz der Umwelt als Bestandteil der Unternehmungspolitik betrachtet und sich zu den Prinzipien der Business Charter for Sustainable Development der International Chamber of Commerce bekennt.

Generell verbrauchen Zementwerke grosse Mengen an Energie. 1993 lag der Anteil der Zementwerke am schweizerischen Gesamtverbrauch fossiler Brennstoffe bei rund 2,6%. Da als Brennstoff vor allem CO_2-intensive Kohle verwendet wird, liegt der Anteil der Zementindustrie an den brennstoffbedingten CO_2-Emissionen mit über 3% noch höher. Im Hinblick auf das inländische CO_2-Aufkommen der Industrie beträgt der Anteil nicht weniger als 30%. Aufgrund des öffentlichen und politischen Drucks hat die Zementindustrie Anfang 1995 bekanntgegeben, bis zum Jahr 2000 75% ihres Energiebedarfs durch alternative Brennstoffe abzudecken. Um dieses Ziel zu erreichen, hat HCB als grösstes Unternehmen der Zementindustrie eine besondere Verantwortung. Dieser kommt HCB u.a. durch Pilotanlagen für die Verbrennung von Altholz und Trockenklärschlamm mit einem gesamten Investitionsvolumen in Höhe von 60 Mio SFr. nach. Die Altholz- und Klärschlammverbrennung ermöglicht die Substitution von Kohle. Nichtregenerierbare Energiequellen werden durch regenerierbare ersetzt. Allein im Kanton Aargau fallen jährlich 25.000 t Altholz an (= 8% der gesamten Bauabfälle), die in Kehrichtverbrennungsanlagen entsorgt werden müssten. Derzeit werden 35.000 t Altholz von HCB Rekingen aufbereitet und thermisch genutzt. Im Endausbau beträgt die Jahreskapazität der Anlage 70.000 t Altholz, d.h. 50% der benötigten Prozesswärme kann durch Altholz gewonnen und 40.000 t Kohle können ersetzt werden. Da es sich bei Holz um einen Brennstoff mit einer CO_2-neutralen Bilanz handelt, werden die CO_2-Emissionen durch den Ersatz der Kohle um 120.000 t reduziert. Doch nicht nur ökologisch, sondern auch ökonomisch rechnet sich die Anlage. Sowohl aus betriebs- als auch aus volkswirtschaftlicher Perspektive ist die Anlage als vorteilhaft zu beurteilen. Einerseits erzielt HCB Rekingen Einnahmen durch die Verwertung von Altholz, andererseits sparen die Entsorgungszweckverbände Kosten für den Aufbau von eigenen Entsorgungskapazitäten.

Ein zentrales Element der Planungs- und Realisierungsphase war die Abstimmung des Vorgehens mit den zuständigen staatlichen Stellen und verschiedenen Umweltschutzorganisationen (BUWAL, kantonale Umweltbehörde, Schweizerische Gesellschaft für Umweltschutz, WWF etc.). Durch eine offene Informationspolitik konnte Akzeptanz geschaffen und Vertrauen aufgebaut werden. Insofern hat das innovative Projekt auch zur Marktentwicklung beigetragen (Quelle: HCB 1995 und Tellenbach 1995: 30-32).

Ökologische Kostenstrategien entlang des Produktlebenszyklus können dabei sowohl *defensiv* als auch *proaktiv* erfolgen, je nachdem zu welchen Zeitpunkt sie ergriffen werden. Sie sind umso proaktiver, je stärker sie noch nicht internalisierte Kostenbestandteile berücksichtigen und auf Dominoketten bauen, die sich bisher erst in Ansätzen andeuten oder von den betroffenen Unternehmen überhaupt selbst erst geschaffen und angestossen werden. Defensive ökologische Kostenstrategien reagieren dagegen ausschließlich auf schon internalisierte Kosten und fest etablierte Dominoketten. Ein Beispiel sind die zahlreichen Recyclingstrategien von Unternehmen und Branchen als Antwort auf Rücknahmeverordnungen in der Schweiz (z.B. Getränkeverpackungsverordnung) und in Deutschland (Verpackungsverordnung bzw. Kreislaufwirtschaftsgesetz). Der Aufbau von Rücknahme- und Verwertungssystemen sowie eine recyclinggerechte Konstruktion (z.B. bei Computern) soll sicherstellen, daß die nun auch für Hersteller relevanten Entsorgungskosten minimiert werden. Durch ein spätes und defensives Reagieren auf entsprechende – hier gesetzlich angestossene – Dominoketten ist kaum die Erlangung kostengestützter Wettbewerbsvorteile möglich.

Proaktive Strategien setzen dagegen auf heute noch nicht internalisierte Kostengrößen und stoßen z.T. selbst neue Wirkungen von Dominoketten an. Ein Beispiel hierfür – ebenfalls aus der Baubranche, diesmal in der Betriebs- und Nutzungsphase – ist die Strategie der Landis & Gyr. Durch ein effektives und effizientes Energie- und Wassermanagement, das die ökologischen Nutzungskosten beim Kunden senkt, und neue Finanzierungslösungen, die den Einsparungseffekt unmittelbar für die Landis & Gyr als Geschäftschance nutzbar machen, profiliert sich das Unternehmen heute schon im Wettbewerb (vgl. Kap. 6). Die dabei aufgebauten kostenorientierten Differenzierungspotentiale werden sich noch weiter ausbauen lassen, je weiter die Internalisierung der externen Effekte des Energieverbrauchs fortschreitet. Die dreistufige Analyse der Lebenszykluskosten ist daher ein geeignetes Mittel, um durch ökologisches Kostenmanagement mögliche Wettbewerbspotentiale frühzeitig zu identifizieren und zum Aufbau von Wettbewerbsvorteilen zu nutzen.

Die letzten drei Abschnitte haben zwei Perspektivenerweiterungen eines ökologischen Kostenmanagements skizziert: (1) Diejenige von der Betrachtung der reinen Entsorgungs- und Behandlungskosten hin zur Erfassung der ökologischen Totalkosten vom Einkauf bis zur Entsorgung sowie (2) die Ausweitung von den ökologischen Totalkosten zu den ökologischen Lebenszykluskosten. Bei beiden Ausweitungen handelt es sich um Kosten, die heute schon anfallen, jedoch deswegen von Unternehmen nicht berücksichtigt werden, weil sie aufgrund einer verkürzten ökologischen Kostenrechnung nicht wahrgenommen werden bzw. weil sie nicht im Unternehmen selber, sondern auf vor- und nachgelagerten Stufen des Produktlebenszyklus anfallen oder weil sie bisher durch den ökologischen Transformationsprozeß noch nicht internalisiert wurden.

Sowohl die Berücksichtigung externer Kosten als auch diejenige von schon bestehenden Lebenszykluskosten, die aber noch nicht zu faktischen Kundenforderungen geführt haben, stellt Unternehmen vor ein Dilemma: Einerseits ergibt sich durch die frühzeitige Berücksichtigung solcher Kosten für Unternehmen die Möglichkeit, ihr Handeln auf zukünftig bedeutende Kostentreiber auszurichten und damit strategische Kostenvorteile gegenüber Wettbewerbern aufzubauen. Da entsprechende Anpassungsprozesse erhebliche Ressourcen und Zeit benötigen (z.B. durch die Umstellung von Verfahren und Prozessen, Logistikstrukturen oder durch völlig neue Produktvarianten), ist es Unternehmen möglich, bei einem richtigen Timing wichtige „First-Mover"-Vorteile durch entsprechende Kostenstrategien zu realisieren. Denn Wettbewerber, die auf die Herausforderung erst bei Vorliegen unaufschiebbarer Forderungen reagieren, sind dann zu schnellen und dadurch in der Regel kostspieligen Anpassungen gezwungen. Andererseits birgt die zu frühe Ausrichtung der Unternehmenstätigkeit auf heute noch nicht am Markt virulente Kostenfaktoren die Gefahr in sich, aktuelle Kostennachteile gegenüber Wettbewerbern zu riskieren, die – wenn sie zu lange andauern – auch durch den angesprochenen First-Mover-Vorteil nicht wieder kompensiert werden können. Dieses Dilemma kann als eine *„ökologi-*

sche Zeitfalle" bezeichnet werden. Zwei Faktoren sind daher für den Erfolg einer proaktiven und weit verstandenen ökologischen Kostenstrategie von Bedeutung: der erwartete *Zeitpunkt* der ökologischen Kosteninternalisierung und die *Wahrscheinlichkeit,* mit der es zu einer solchen Internalisierung kommen wird.

Bewertung ökologischer Kostenstrategien

„Umweltschutz ist ein Kostenfaktor". Diese Wahrnehmung ist immer noch dominierend in Unternehmen und führt zu einem defensiven Umgang mit investitions- und kostenintensiven Umweltschutzmaßnahmen im Unternehmen. Das Kapitel hat gezeigt, dass mit einer erweiterten Perspektive und unter Rückgriff auf die Instrumente des ökologischen Transformationsprozesses ein proaktives ökologisches Kostenmanagement möglich ist. Der letzte Abschnitt bewertet ökologische Kostenstrategien in wettbewerbsstrategischer und ökologischer Hinsicht.

Wettbewerbsstrategische Bewertung

Kostenstrategien können eine wichtige Quelle zur Erlangung von Wettbewerbsvorteilen sein. Dies gilt insbesondere für Unternehmen, die die Kostenposition als dominante wettbewerbsstrategische Ausrichtung wählen und mit Wettbewerbern konkurrieren, die ähnlichen umweltpolitischen Rahmenbedingungen ausgesetzt sind. Ökologische Kostenstrategien bieten sich auch als Antwort auf ökologische Wettbewerbsfelder an, die sich als Branchenstandard durchgesetzt haben und bei denen es für Unternehmen im wesentlichen darum geht, die Standards möglichst effizient zu befriedigen. Je höher die potentiellen ökologischen Kosten in der Branche sind, desto grösser sind natürlich auch die entsprechenden Positionierungsmöglichkeiten.

Durch die steigende Internalisierung von Umweltschutzkosten in den meisten Industrie- und Schwellenländern und immer stärker zu beobachtende „Dominoeffekte" entlang des ökologischen Lebenszyklus erhöhen sich die Chancen für Unternehmen, mit einem ökologischen Kostenmanagement die Wettbewerbsposition zu verbessern. Eine proaktive und damit weite Kostenbetrachtung hilft dabei nicht nur zusätzliche Kosteneinsparungspotentiale in der Produktion zu entdecken, sondern eröffnet auch Differenzierungspotentiale durch die Lösung von kosteninduzierten Problemen bei den Kunden. Ökologische Kostenstrategien und ökologische Differenzierungsstrategien, wie sie im nächsten Kapitel behandelt werden, gehen hier fliessend ineinander über.

Ökologische Bewertung

Bei einem engen Verständnis beziehen sich ökologische Kostenstrategien immer nur auf ein gegebenes Produkt. Es geht darum, durch Veränderung der Produktion des Produktes sowohl Kosteneinsparungen als auch ökologische Entlastungen zu erzielen. Damit ist auch das ökologische Potential der Kostenstrategien begrenzt, da alle ökologischen Probleme, die mit dem Produkt an sich zusammenhängen, nicht gelöst werden können. Das vorangegangene Kapitel zeigte, dass proaktive Kostenstrategien weiterreichen. Sie beziehen sich nicht nur auf die Produktion, sondern umfassen vielmehr den gesamten ökologischen Produktlebenszyklus. Die Optimierung des gesamten Lebenszyklus unter Kostenaspekten eröffnet jedoch erhebliche ökologische Optimierungspotentiale, die mit zunehmender Internalisierung ökologischer Kosten weiter steigen werden.

6 Ökologische Differenzierungsstrategien

Ökologische Differenzierungsstrategien entspringen einer offensiven Auseinandersetzung mit der ökologischen Herausforderung. Sie beziehen sich primär auf den Markt und sekundär auf die Gesellschaft. Im Mittelpunkt stehen Kunden und Produkte. Gerade in gesättigten Märkten, in denen sich die Produkte hinsichtlich Preis und Qualität zunehmend angleichen und aus der Sicht des Kunden austauschbar werden, erweist sich Ökologie als ein wichtiges Differenzierungsmerkmal. Fragen, die im Mittelpunkt des folgenden Kapitels stehen, sind: Welche Besonderheiten weisen ökologische Differenzierungsstrategien gegenüber herkömmlichen Differenzierungsstrategien auf? Wie sehen erfolgreiche ökologische Differenzierungsstrategien aus? Wie ist der richtige Zeitpunkt für ökologische Differenzierungsstrategien zu bestimmen? Welche Chancen und Risiken sind dabei zu berücksichtigen? Und wie sind ökologische Differenzierungsstrategien aus wettbewerbsstrategischer und ökologischer Perspektive zu beurteilen?

Folgt man der Logik der ökologischen Transformation, dann werden ökologische Belastungen von verschiedenen Anspruchsgruppen aufgegriffen und in ökologische Wettbewerbsfelder überführt. Ökologische Wettbewerbsfelder kennzeichnen die ökologischen Probleme einer Branche, deren Lösung die Erlangung von Wettbewerbsvorteilen ermöglicht. Dabei spielen sowohl Differenzierungs- als auch Kostenaspekte eine Rolle. Während in dem letzten Kapitel die Kostenaspekte behandelt worden sind, geht es in diesem Kapitel um die Differenzierungsmöglichkeiten, die sich aufgrund des ökologischen Wandels ergeben. Bei ökologischen Wettbewerbsfeldern kann man nach Massgabe des Entwicklungsstadiums zwischen aktuellen, latenten und potentiellen unterscheiden. Für ökologische Differenzierungsstrategien sind insbesondere erstere von Bedeutung.

Aktuelle ökologische Wettbewerbsfelder liegen vor, wenn

- ökologische Qualität ein wichtiges Kaufkriterium für die Mehrheit der Kunden darstellt;
- ökologische Produktalternativen bedeutende Marktanteile bestreiten und herkömmliche Produktvarianten zunehmend verdrängen;

- ökologische Werbung und Kommunikation eine wichtige Rolle im Wettbewerb spielen.

Latente ökologische Wettbewerbsfelder bestehen, wenn

- ökologische Qualität ein wichtiges Kaufkriterium für eine Minderheit der Kunden darstellt;
- ökologische Produktalternativen einen kleinen Marktanteil auf sich vereinen und lediglich von einzelnen Pionierunternehmen lanciert werden;
- ökologische Werbung und Kommunikation eine untergeordnete Rolle spielen.

Potentielle ökologische Wettbewerbsfelder befinden sich in einem noch früheren Entwicklungsstadium und spielen bei ökologischen Differenzierungsstrategien lediglich eine untergeordnete Rolle. Sie sind ein Ansatzpunkt für ökologische Marktentwicklungsstrategien, die im nächsten Kapitel behandelt werden. Wie eingangs erwähnt, bieten ökologische Produkte gerade in gesättigten Märkten die Möglichkeit, sich gegenüber der Konkurrenz zu profilieren. In der Literatur zum marktorientierten Umweltmanagement findet man dafür eine Reihe von Beispielen (vgl. bspw. Meffert/Kirchgeorg 1993 und Arthur D. Little 1993). In den folgenden Ausführungen soll diese Perspektive in zweifacher Sicht erweitert werden: im Hinblick auf die zu betrachtenden Märkte und im Hinblick auf die Produkte (vgl. Abb. 37).

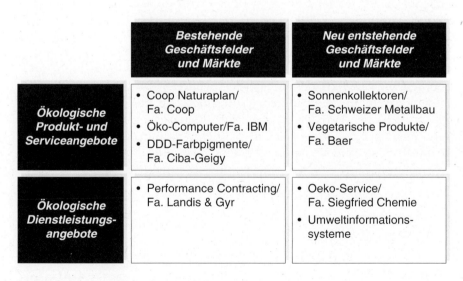

Abb. 37: Beispiele für ökologische Differenzierungsstrategien

Ökologische Differenzierungsstrategien beschränken sich nicht auf bereits bestehende Geschäftsfelder und Märkte, sondern beziehen sich auch auf neu entstehende Geschäftsfelder und Märkte. Ausgangspunkt ökologischer Differenzierungsstrategien können zunächst ökologische Produkte, darüber hinaus aber auch ökologische Dienstleistungen sein, die sich am Nutzen orientieren und losgelöst von Sachleistungen sind. Derartige Angebote gehen weit über das herkömmliche Produktverständnis hinaus und weisen einen Weg in eine weniger materialintensive, ökologisch verträglichere Zukunft.

Die weitere Betrachtung unterteilt sich in fünf Abschnitte:

- Zunächst werden die Spezifika ökologischer Differenzierungsstrategien gegenüber herkömmlichen Differenzierungsstrategien herausgearbeitet. Diese Betrachtung ist grundlegend für die weiteren Ausführungen.

- Im zweiten Abschnitt wird die Ökologie als Differenzierungsmerkmal in bestehenden Geschäftsfeldern und Märkten hervorgehoben und anhand von praktischen Fallbeispielen illustriert. Dabei kann man zwischen ökologischen Produkt- und Dienstleistungsangeboten unterscheiden.

- Im dritten Abschnitt geht es um die Differenzierung in neu entstehenden ökologischen Geschäftsfeldern und Märkten. Hier werden einige Überlegungen zur Entstehungslogik von ökologischen Geschäftsfeldern und Märkten angestellt.

- Im vierten Abschnitt wird näher auf das richtige Timing von ökologischen Differenzierungsstrategien eingegangen. Dieses spielt sowohl in bestehenden als auch in neu entstehenden ökologischen Geschäftsfeldern und Märkten eine grosse Rolle.

- Abschliessend erfolgt eine allgemeine Beurteilung der ökologischen Differenzierungsstrategien aus wettbewerbsstrategischer und ökologischer Perspektive.

Spezifika ökologischer Differenzierungsstrategien

Im Vergleich zu herkömmlichen Differenzierungsstrategien weisen ökologische Differenzierungsstrategien einige Besonderheiten auf. Im einzelnen handelt es sich dabei um (vgl. Belz/Dyllick 1996: 171-173):

- ökologische Produkteigenschaften als Ausgangspunkt ökologischer Differenzierungsstrategien;
- ökologische Produkteigenschaften als Vertrauenseigenschaften;
- Individual- und Sozialnutzen ökologischer Produkteigenschaften;
- Zielgruppen ökologischer Differenzierungsstrategien.

Diese Spezifika erweisen sich zugleich auch als kritische Erfolgsfaktoren ökologischer Differenzierungsstrategien.

Ökologische Produkteigenschaften als Ausgangspunkt ökologischer Differenzierungsstrategien

Ausgangspunkt ökologischer Differenzierungsstrategien sind zunächst die ökologischen Produkteigenschaften, d.h. die Eigenschaften eines Produktes, die zu einer Vermeidung oder Verminderung der Umweltbelastungen über den gesamten ökologischen Produktlebenszyklus hinweg führen. Wie kann man derartige ökologische Produkteigenschaften identifizieren? Welche ökologischen Produkteigenschaften sind aus stofflich-energetischer Sicht als relevant zu erachten? Zur Beantwortung dieser Fragen kann man wiederum das Instrument der ökologischen Belastungsmatrix heranziehen (vgl. Kap. 2). Ausgehend von den ökologischen Belastungen sind die idealtypischen Eigenschaften eines ökologischen Produktes abzuleiten.

Im Fall des „Öko-Computers" handelt es sich dabei bspw. um (vgl. Abb. 38):

- umweltschonende Herstellung (Vermeidung von Sonderabfällen, Reduktion der Gesundheitsrisiken),
- umweltschonende Distribution (Schiff statt Flugzeug, Bahn statt LKW zur Reduktion des Energieverbrauchs und der CO_2-Emissionen),
- umweltschonender Betrieb (Energiespar-Computer, papierlose Informationsverarbeitung),
- umweltschonende Verwertung/Entsorgung (Wiederverwendung, Demontage- und Recyclingfähigkeit des Computers).

Insofern kann man die ökologische Belastungsmatrix als Ausgangspunkt und Suchfeld für ökologische Differenzierungsstrategien verstehen. Mit der Umweltverträglichkeit eines Produktes wird noch nichts über die Konkurrenzfähigkeit der Produkte ausgesagt. Ein ökologischer Zusatznutzen, den der Kunde nicht wahrnimmt oder nicht als relevant erachtet, trägt nicht zur Differenzierung im Wettbewerb bei. Lediglich Produkt- und Serviceangebote, die zu Umweltentlastungen beitragen *und* einen Zusatznutzen für den Kunden stiften, führen zum gewünschten Erfolg. Umwelt- und Wettbewerbsaspekten ist gleichermassen Rechnung zu tragen. Insofern wird mit ökologischen Differenzierungsstrategien eine *doppelte Zielsetzung* verfolgt: Reduktion von Umweltbelastungen einerseits und Differenzierung gegenüber den Konkurrenten bzw. Profilierung gegenüber dem Kunden andererseits. Dies macht eine zweifache Beurteilung aus wettbewerbsstrategischer und ökologischer Perspektive notwendig.

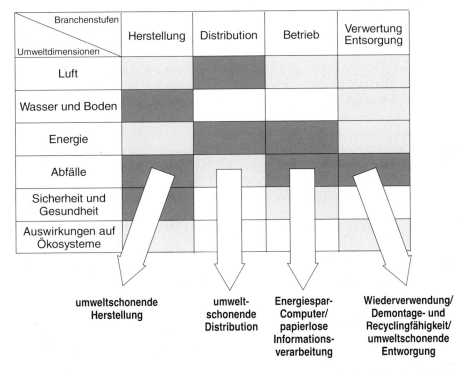

Abb. 38: Ökologische Produkteigenschaften als Ausgangspunkt für ökologische Differenzierungsstrategien (Beispiel Öko-Computer)

Ökologische Produkteigenschaften als Vertrauenseigenschaften

Die Auswirkungen von Produkten auf die natürliche Umwelt sind vielschichtig, indirekt und komplex. Die Umweltforschung ist weit davon entfernt, die vielfältigen Umweltwirkungen von Produkten zu erfassen, geschweige denn ein einheitliches Bewertungsschema dafür zu entwickeln (vgl. Kaas 1992: 478). So wird bspw. die Umweltverträglichkeit verschiedener Verpackungen von Experten kontrovers beurteilt, je nachdem, welche Grundannahmen getroffen und welche Kriterien zur Beurteilung herangezogen werden. Dieser Expertenstreit führt zu einer allgemeinen Verunsicherung der Verbraucher. Doch selbst wenn verlässliche Urteile über die Umweltverträglichkeit der Produkte existieren, besteht ein erhöhtes subjektiv wahrgenommenes Kaufrisiko. Ökologische Produkteigenschaften wie bspw. die biologische Anbauweise von Lebensmitteln oder die FCKW-freie Produktion eines Computers sind für den Kunden nicht unmittelbar erfahrbar. Der Kunde kann diese Eigenschaften nur mit einem unverhältnismässig hohen Aufwand überprüfen oder er muss den Angaben des Herstellers Glauben schenken. In der Informationsökonomie werden Produkteigenschaften nach dem Kriterium der Überprüfbarkeit unterteilt in Such-, Erfahrungs- und Vertrauenseigenschaften (vgl. Hüser/Mühlenkamp 1992: 150). Sucheigenschaften kann der Kunde noch vor dem Kauf in Erfahrung bringen, wie bspw. die Farbe, den Stoff und den Schnitt eines Kleidungsstückes. Erfahrungseigenschaften wie die Qualität und Haltbarkeit eines Kleidungsstückes lassen sich erst im Zuge der Nutzung prüfen. Vertrauenseigenschaften, wie etwa die ökologische Herstellweise eines Kleidungsstückes, kann der Kunde weder vor noch nach dem Kauf beurteilen. Er muss den Angaben der Hersteller oder Dritter vertrauen. Für ökologische Produkteigenschaften gilt, dass sie vielfach Vertrauenseigenschaften sind. Daher ist die Glaubwürdigkeit ein kritischer Erfolgsfaktor für ökologische Differenzierungsstrategien.

Individual- und Sozialnutzen ökologischer Produkteigenschaften

Kauft der Kunde ein Produkt, dann befriedigt er damit ein bestimmtes Bedürfnis. Das Produkt stiftet einen individuellen Nutzen für den Kunden. Beim Kauf eines Öko-Produktes hingegen ist die individuelle Nutzenstiftung nur teilweise oder gar nicht gegeben. Ein konstitutives Merkmal ökologischer Produkte ist, dass sie einen Sozialnutzen, nicht unbedingt aber einen Individualnutzen stiften. Kaas geht näher auf diese Problematik ein, indem er vier typische Marketingsituationen für ökologische Produkte nach Massgabe des Nutzens (Individual-/Sozialnutzen) und der Kosten (gleiche/höhere Kosten) unterscheidet:

Kosten \ Nutzen	Individualnutzen	Sozialnutzen
Gleich oder geringer	I	III
Höher	II	IV

Abb. 39: Vier typische Marketingsituationen für ökologische Produkte (Quelle: Kaas 1992: 475)

Ist der Preis für ökologische Produkte gleich oder geringer als bei herkömmlichen Produkten, dann erhält der Endverbraucher „Umweltschutz zum Nulltarif" (Kaas 1992: 475-476). Solche Öko-Produkte haben insbesondere dann einen Wettbewerbsvorteil gegenüber herkömmlichen Produktalternativen, wenn sie auch einen Individualnutzen stiften (Beispiel: energie- und wassersparende Waschmaschine). In der Regel jedoch sind Öko-Produkte teurer als andere vergleichbare Produkte. In diesem Fall haben es die Öko-Produkte schwer, sich am Markt durchzusetzen, insbesondere dann, wenn sie aussschliesslich einen Sozialnutzen stiften (Beispiel: Baumwoll-Textilien aus ökologischem Anbau). Anders verhält es sich bei Öko-Produkten, die zwar teurer sind, aber mit einem individuellen Nutzen für den Konsumenten verbunden sind (Beispiel: Bioprodukte, die besser schmecken und gesünder sind). Während die Felder I-III Ansatzpunkte für ökologische Differenzierungsstrategien darstellen und in diesem Kapitel näher beschrieben werden, erfordert das Feld IV ökologische Marktentwicklungsstrategien, auf die im nächsten Kapitel eingegangen wird.

Zielgruppen ökologischer Differenzierungsstrategien

Ökologische Differenzierungsstrategien beziehen sich vor allem auf den Markt und damit auf den Kunden und die Konkurrenz. Darüber hinaus darf aber die zentrale Bedeutung von Öffentlichkeit und Politik für den Markt nicht vernachlässigt werden. Daher sind bei der Planung von ökologischen Differenzierungsstrategien gesellschaftliche Anspruchsgruppen immer mitzuberücksichtigen. Gerade in einem sensiblen Bereich, wie ihndie Ökologie darstellt, können sie über den Erfolg oder Misserfolg von Produkten entscheiden. Einerseits kann eine kritische Berichterstattung in den Medien oder ein schlechtes Abschneiden bei vergleichenden Warentests, in denen die Umweltverträglichkeit des Produktes angezweifelt wird, verheerend für den Umsatz und das Image einer Unternehmung sein. Andererseits können gesellschaftliche Anspruchsgruppen ökologischen Produkten aber auch zum Durchbruch im Markt verhelfen, wie bspw. bei Foron und dem Öko-Kühlschrank „Greenfreeze". In diesem Fall hat die Umweltschutzorganisation Greenpeace das sächsische Unternehmen zeitweilig vor dem Konkurs bewahrt und entscheidend dazu beigetragen, dass der FCKW-freie und energiesparende Kühlschrank letztlich von allen Wettbewerbern am Markt eingeführt wurde. Das hohe Mass an ökologischer Glaubwürdigkeit, über das Umweltschutzorganisationen wie Greenpeace verfügen, wirkt sich positiv auf die Akzeptanz im Markt aus.

Ökologie als Differenzierungsmerkmal in bestehenden Geschäftsfeldern und Märkten

Betrachtet man die Ökologie als Differenzierungsmerkmal in bestehenden Geschäftsfeldern und Märkten, dann kann man zwischen ökologischen Produkt- und Serviceangeboten sowie ökologischen Dienstleistungsangeboten unterscheiden. Ökologische Produktangebote gehen von einem herkömmlichen Produktverständnis aus. Ökologische Dienstleistungsangebote gehen darüber hinaus und orientieren sich am Nutzen oder den Bedürfnissen, die durch Produkte zu befriedigen sind.

Ökologische Produktangebote

Werden ökologische Produkte zur Profilierung gegenüber dem Kunden und zur Differenzierung gegenüber der Konkurrenz im Markt eingeführt, dann stellt sich die Frage, in welchem Masse die Umweltverträglichkeit als Profilierungsdimension herausgestrichen werden soll. Gemäss Meffert/Kirchgeorg (1993) bestehen grundsätzlich drei Möglichkeiten zur Positionierung von ökologischen Produkten:

- Die Umweltverträglichkeit wird als Bestandteil der Produktqualität betrachtet und flankierend hinzugezogen.

- Die Umweltverträglichkeit des Produktes ist eine eigenständige gleichberechtigte Profilierungsdimension neben Preis und Qualität.

- Die Umweltverträglichkeit des Produktes wird als dominante Profilierungsdimension eingesetzt.

Wie die ökologische Positionierungsentscheidung im konkreten Fall zu treffen ist, hängt von internen und externen Faktoren ab. Wird die Umweltverträglichkeit des Produktes als gleichberechtigte oder als dominante Profilierungsdimension verstanden, dann muss vorausgesetzt werden, dass der Ökologiegedanke bereits in allen Bereichen der Unternehmung weitgehend integriert ist. Ansonsten besteht die Gefahr, dass die Werbeaktivitäten als oberflächliches Pseudo-Öko-Marketing oder als verkürztes Öko-Marketing entlarvt werden und die Unternehmung in die „ökologische Glaubwürdigkeitsfalle" gerät (vgl. Dyllick/Belz 1994: 64-67).

Neben dem Integrationsgrad der Ökologie in die Unternehmung und der verfolgten ökologischen Wettbewerbsstrategie haben folgende externe Faktoren Einfluss auf die ökologische Positionierungsentscheidung (vgl. Meffert/Kirchgeorg 1993: 205-209):

- Kundenbezogene Faktoren (Höhe des Umweltbewusstseins, Wahrnehmbarkeit der ökologischen Produkteigenschaften als persönliche Nutzenkomponente, Bedeutung der ökologischen Produkteigenschaften neben anderen „klassischen" Produkteigenschaften wie Preis und Qualität für die Kaufentscheidung);

- konkurrenzbezogene Faktoren (Umfang ökologischer Produktangebote, Umfang der Wettbewerbsprofilierung durch Hervorhebung der ökologischen Produkteigenschaften);

- produkt- und programmpolitische Faktoren (Dauerhaftigkeit und Einzigartigkeit des Umweltnutzens, Art der Beziehungen zwischen Umweltqualität und anderen Qualitätseigenschaften, Nutzung einer bestehenden oder Schaffung einer neuen Marke, Diskriminierungsgefahr bestehender Produkte und Marken im Programm oder im Sortiment).

Bei der Einführung ökologischer Produkte spielen auch die Auswirkungen auf das restliche Produkt- oder Sortimentsprogramm eine wichtige Rolle. Welche negativen und positiven Einflüsse sind dahingehend zu erwarten? In der Literatur wird immer wieder die Gefahr der Diskrimierung herkömmlicher Produkte durch ökologische Produkte hervorgehoben, die allerdings anhand der untersuchten Fallstudien nicht bestätigt werden kann. Ganz im Gegenteil: In vielen Fällen ergibt sich sogar ein Imagegewinn, der sich positiv auf das gesamte Produktprogramm bzw. Sortiment auswirkt. Ein Beispiel hierfür ist die Baer AG, die Anfang der 90er Jahre ein ökologisches Käsesortiment eingeführt hat. Davon hat das gesamte Produktprogramm und das Unternehmen als solches profitiert. Eine weitere Gefahr aus programm- oder sortimentspolitischer Sicht ist die Kanibalisierung, d.h. der Ersatz von herkömmlichen Produktvarianten durch ökologische Produktvarianten. Dass eine solche Substitution durchaus gewollt sein kann, zeigt der Fall der phosphatfreien Waschmittels. Im Jahr 1986 hat Henkel das neue „Persil phosphatfrei" neben das alte phosphathaltige „Persil" gestellt. Diese Doppelstrategie wurde notwendig, um in der Einführungsphase keine Kunden zu verlieren. Zwischen 1986 und 1989 sind die Marktanteile der phosphatfreien Waschmittel derart angestiegen, dass sich Henkel Anfang 1989 endgültig entschlossen hat, das phosphathaltige Persil vom Markt zu nehmen. Durch die frühe Umstellung auf phosphatfreie Waschmittel erzielte Henkel einen beträchtlichen Vorsprung gegenüber der Konkurrenz und baute seine Marktführerposition weiter aus.

Dass es nicht notwendigerweise zu einer Substitution kommen muss, zeigt der Fall der Coop Schweiz AG (vgl. Kasten). Durch die Lancierung eines Bio-Sortiments „Coop Naturaplan" ist es dem Handelsunternehmen gelungen, bisherige Kunden näher an sich zu binden und neue ökologisch sensibilisierte Kundenkreise zu erschliessen. Das Umsatzwachstum, das Coop in der rezessiven Phase von 1993 bis 1995 erzielt hat, ist vor allem auf die erfolgreiche Einführung des Coop Naturaplan zurückzuführen. Die Coop Naturaplan-Produkte haben zu einer Bereicherung und Belebung des gesamten Lebensmittelsortiments beigetragen und den Ruf von Coop als ökologischer Pionier begründet. Das positive Image und das erlangte Know-how nutzt Coop, indem sie das Erfolgspotential „Ökologie" konsequent in anderen Geschäftsbereichen multiplizieren. Im Herbst 1995 hat Coop die ökologische Textilkollektion „Coop Naturaline" eingeführt. Und seit Sommer 1996 läuft die breite Einführung des Coop Naturaplan in den Coop Restaurants auf Hochtouren.

Differenzierung durch Bioprodukte:
Fallbeispiel Coop Naturaplan

Mit 45.000 Beschäftigten und einem Umsatz von über 10 Mrd. SFr im Jahr 1995 ist Coop das zweitgrösste Handelsunternehmen in der Schweiz (Umsatz Food: 7 Mrd. SFr, Nonfood: 3 Mrd. SFr). Bereits Anfang der 70er Jahre hat Coop Umweltanliegen in die Unternehmensgrundsätze aufgenommen. Seither sind eine Vielzahl von ökologischen Massnahmen im technischen Bereich und im Produktbereich verwirklicht worden. Ein entscheidender Schritt zur Ökologisierung des Sortiments ist die Lancierung des Coop Naturaplan im Frühjahr 1993. Der Coop Naturaplan besteht aus Lebensmitteln, die besonders natur- und/oder tiergerecht sind. Dazu gehören:

- Bioprodukte, die den strengen und klar definierten Richtlinien der Vereinigung schweizerischer biologischer Landbau-Organisationen (VSBLO) entsprechen und die mit der „Knospe" ausgezeichnet sind, und

- Fleisch aus kontrollierter Freilandhaltung, welches das Label „+Natura Beef+" der Schweizerischen Vereinigung der Ammen- und Mutterkuhhalter (SVAMH) trägt und wesentlich über die geltenden Tierschutzgesetze hinausgeht.

Neben der biologischen Anbauweise und der kontrollierten Freilandhaltung sind eine möglichst umweltschonende Verpackung, umweltschonende Verarbeitung und kurze Transportwege weitere wichtige Kriterien für die Aufnahme in das Coop Naturaplan-Sortiment. Aufgrund der Transportproblematik haben Schweizer Produkte Vorrang vor ausländischen Produkten; Flugware findet grundsätzlich keine Aufnahme im Coop Naturaplan. Damit wird von Coop ein ganzheitlicher Ansatz entlang des gesamten Produktlebenszyklus verfolgt mit einem deutlichen Schwerpunkt auf der landwirtschaftlichen Stufe. Sowohl Bioprodukte als auch Fleisch aus kontrollierter Freilandhaltung verursachen nachweislich weniger Umweltbelastungen als vergleichbare Produkte aus konventioneller Landwirtschaft respektive Massentierhaltung. Der bisherige Verlauf der Umsatzzahlen belegt nicht nur den ökologischen, sondern auch den ökonomischen Erfolg: Wurden im Startjahr 1993 noch 35 Mio SFr erzielt, so waren es 1996 bereits über 150 Mio SFr. Über die Umsatz- und Marktanteilssteigerungen hinaus hat der Coop Naturaplan auch einen grossen Imageeffekt, der sich positiv auf die anderen Sortimentsbereiche im Food- und Non-Food-Bereich auswirkt (Quelle: Belz/Dyllick 1996: 174-175).

Im Fall von Coop handelt es sich um eine gutes Beispiel für eine erfolgreiche ökologische Differenzierungsstrategie. Primärer Ansatzpunkt sind die ökologischen Belastungen auf der landwirtschaftlichen Stufe. Die Bioprodukte des Coop Naturaplan tragen nachweislich zu Umweltentlastungen auf dieser Stufe bei. Doch wie steht es um die Wahrnehmbarkeit der ökologischen Produkteigenschaften? Und: Werden die ökologischen Produkteigenschaften vom Kunden als relevant erachtet? Stiften sie einen individuellen Nutzen für den Konsumenten? Sowohl bei der biologischen Anbauweise von Lebensmitteln als auch bei der kontrollierten Freilandhaltung von Tieren handelt es sich um Vertrauenseigenschaften. Durch die Verwendung anerkannter Umweltlabels in Gestalt der „Knospe" der Vereinigung schweizerischer biologischer Landbau-Organisationen (VSBLO) und „+Natura Beef+" der Schweizerischen Vereinigung der Ammen- und Mutterkuhhalter (SVAMH) ist es Coop gelungen, das Vertrauen der Konsumenten zu gewinnen. Die Tatsache, dass die Kontrollen bei den Biobauern von einem unabhängigen Forschungsinstitut der VSBLO durchgeführt werden, verleiht dem Coop Naturaplan ein hohes Mass an Glaubwürdigkeit. Mittlerweile ist der Coop Naturaplan das bekannteste Umweltlabel in der Schweiz. Gemäss einer repräsentativen Umfrage im Frühjahr 1996 kennen über 75% der Konsumenten den Coop Naturaplan. So konnte das Coop-Umweltlabel mit dem Regenbogen als „ökologische Kompetenzmarke" aufgebaut werden, womit das empfundene Kaufrisiko reduziert und der Wiedererkennungswert beim Kunden gesteigert wird.

Der Erfolg des Coop Naturaplan ist aber auch das Resultat der engen Kontakte, die Coop mit den Marktpartnern pflegt. Speziell für den Coop Naturaplan wurde eine Konsumentenjury eingerichtet, mit der man im regelmässigen Dialog steht. Dadurch können einerseits Marktinformationen aus erster Hand gewonnen werden, andererseits aber auch Vertrauen und Glaubwürdigkeit aufgebaut werden. Die Hauptgründe für den Kauf der Coop Naturaplan-Produkte sind Gesundheit und Geschmack. Dies trifft in besonderem Masse beim Fleisch zu. Ethische und ökologische Überlegungen spielen auch eine Rolle, sind jedoch von nachgelagerter Bedeutung. Die Bioprodukte werden also nicht aus altruistischen Motiven gekauft, sondern weil sie einen Mehrwert für den Kunden stiften. Daher ist der Kunde auch bereit, einen gewissen Mehrpreis zu akzeptieren.

Weniger Erfolg als Coop war IBM mit der Einführung eines Öko-Computers im Jahr 1992 beschieden. Durch das Angebot eines energiesparenden und recyclingfähigen Computers hat IBM versucht, sich durch Ökologie im Wettbewerb zu profilieren, was nur teilweise gelungen ist (vgl. Kasten).

Differenzierung durch Öko-Computer? – Fallbeispiel IBM

IBM gehört seit Jahrzehnten weltweit zu den führenden Computerherstellern. Bereits im Jahr 1971 hat IBM Umweltschutz in den Unternehmensgrundsätzen verankert. Seit 1981 erstellt IBM für alle Produkte und dazugehörigen Prozesse eine Umweltverträglichkeitsprüfung und seit Anfang der 90er Jahre beschäftigt sich IBM mit der Entwicklung und Herstellung eines „Öko-Computers". Ziel ist die Entwicklung eines Öko-Designs für alle Rechnerklassen, d.h. vom Grossrechner bis zum Notebook. Zentrale Kriterien eines ökologieverträglichen Designs sind: Verwendung von Recyclingmaterial und gebrauchten Komponenten, Herstellung ohne toxischen Abfall, verringerter Energieverbrauch in der Nutzungsphase, Demontagefähigkeit und Wiederverwendbarkeit nach der Nutzungsdauer des Computers. Der Öko-Computer PS/2-e, der 1992 in Europa und 1993 in Japan eingeführt wurde, erfüllt als einer der ersten Herstellergeräte die sog. „EPA"-Norm; diese Norm stammt von der amerikanischen Umweltbehörde und schreibt einen bestimmten maximalen Energieverbrauch für Computer während der Nutzungsphase vor. Des weiteren ist der Öko-Computer ohne FKCW und ozonschichtschädigende Stoffe hergestellt. Alle eingesetzten Materialien und Kunststoffteile sind sortenrein und speziell gekennzeichnet. Dadurch wird eine einfache Trennung der Wertstoffe und deren optimale Rückführung in den Stoffkreislauf gewährleistet. Ausserdem wird ein bestimmter Prozentsatz an rezykliertem Kunststoff in der Herstellung eingesetzt. Damit verfolgt IBM einen ganzheitlichen Ansatz entlang des gesamten ökologischen Computerlebenszyklus „von der Wiege bis zur Wiege". Trotzdem hat sich IBM mit dem Öko-Computer nicht am Markt differenzieren können. 1995 wurde die „Energieworkstation" PS/2-e in Deutschland über den Handels-/Discounter-Kanal abverkauft. Selbst ökologisch sensibilisierte Kunden waren nicht bereit, einen höheren Preis für den Öko-Computer zu bezahlen. Fazit: Einerseits gingen durch den Öko-Computer hohe Forschungs- und Entwicklungskosten verloren, andererseits hat IBM ökologische Lern- und Entwicklungsprozesse durchgemacht, die sich insbesondere vor dem Hintergrund des deutschen Kreislaufwirtschaftgesetzes als wertvoll erweisen, das seit dem Oktober 1996 gültig ist und von dem auch Elektronikgeräte betroffen sind. Aus der Sicht von IBM geht es in Zukunft vor allem darum, durch lebenszyklusübergreifende „design-to-cost"- und „design-to-ecology"-Strategien absolute Kostenvorteile zu erzielen. Durch die Verwendung weniger Stoffe und Materialien können die Herstell- und die Entsorgungskosten spürbar gesenkt werden (Quelle: Paulus 1996: 251-270).

Der Öko-Computer von IBM sorgt aufgrund seines niedrigen Energieverbrauchs und der Recyclingfähigkeit für Umweltentlastungen während und nach der Nutzungsphase. Bei der Energiesparsamkeit und der Recyclingfähigkeit des Computers handelt es sich um ökologische Produkteigenschaften, die sich erst nach dem Kauf in Erfahrung bringen lassen. Zur Zeit der Einführung des PS/2-e von IBM im Jahr 1992 existierte kein anerkanntes Öko-Label, das verlässlich Auskunft über die Energiesparsamkeit und Recyclingfähigkeit des Computers gab. Mittlerweile hat sich die EPA-Norm, die sich auf den Energieverbrauch während der Betriebsphase bezieht, durchgesetzt und auch über die USA hinaus Verbreitung gefunden. Ein vergleichbares Label für die Recyclingfähigkeit des Computers gibt es noch nicht. Insofern muss der Kunde den Angaben des Herstellers oder des Händlers vertrauen. Wie steht es um den Individualnutzen und die Kaufrelevanz der ökologischen Produkteigenschaften? Zwar stiftet der geringere Energieverbrauch während der Nutzungsphase durchaus auch Nutzen in Form von Kosteneinsparungen, doch diese werden angesichts der niedrigen Energiepreise von den Heimanwendern nicht als kaufrelevantes Kriterium erachtet. Ähnliches gilt für die Recyclingfähigkeit, solange der Computer mit dem häuslichen Siedlungsabfall entsorgt werden kann. Anders verhält es sich bei professionellen Anwendern wie bspw. den Schweizer Banken, die mittlerweile eine hohe Sensibilität für den Energieverbrauch und die Entsorgungsproblematik entwickelt haben.

Es wird deutlich, dass die Bedeutung der Ökologie als Kaufkriterium und damit auch die Zahlungsbereitschaft von einer zur anderen Zielgruppe sehr unterschiedlich sein kann. Daher ist die Grösse und das Nachfragepotential der ökologischen Kundensegmente möglichst genau zu erfassen. Eine weitere wichtige Voraussetzung für erfolgreiche ökologische Differenzierungsstrategien ist die Dauerhaftigkeit und Einzigartigkeit des Umweltnutzens. Sind die ökologischen Produkteigenschaften nicht langfristig abgesichert, dann besteht die Gefahr, dass sie von den Wettbewerbern kopiert werden und damit zur Selbstverständlichkeit werden. Dies ist IBM bei der Einführung ihres Öko-Computers zum Verhängnis geworden. Innerhalb weniger Monate hat die Konkurrenz mit energiesparenden und recyclingfähigen Computern nachgezogen, so dass der vermeintliche Vorteil im Öko-Wettbewerb innerhalb kürzester Zeit zunichte gemacht worden ist. In dieser kurzen Zeit ist es IBM nicht gelungen, sich als ökologischer Pionier zu positionieren und First-mover-Vorteile zu erzielen. Die Dauerhaftigkeit und Einzigartigkeit eines ökologischen Produktnutzens kann u.a. durch Patente gesichert werden. Wie das Beispiel von Ciba-Geigy und den DPP-Farbpigmenten zeigt, spielt diese Möglichkeit in der Chemiebranche eine besondere Rolle (vgl. Kasten). Die DPP-Farbpigmente von Ciba-Geigy enthalten keine Schwermetalle und bis auf ein einziges Pigment auch keine Halogene. In diesem Fall sind die ökologischen Belastungen auf der Stufe der Farbpigmentherstellung, der Anwendung und der Entsorgung Ausgangspunkt für die ökologische Differenzierungsstrategie.

Differenzierung durch ökologische Farbpigmente:
Fallbeispiel Ciba-Geigy

Mit einem Umsatz von über 21 Mrd. SFr und einem Gewinn von rund 2 Mrd. SFr. im Jahr 1995 ist Ciba-Geigy das grösste der Schweizer Chemieunternehmen (1996 wurde bekannt, dass sich Ciba mit Sandoz zur Novartis zusammenschliessen wird). Zum Konzernumsatz steuert die Division „Pigmente" rund 1 Mrd SFr bei. Im Bereich der hochwertigen Farbpigmente ist Ciba-Geigy mit 550 Mio SFr. uneingeschränkter Marktführer. Der hohe Umsatz in diesem Bereich ist u.a. auf ein DPP-Pigment (Diketo-diarylo-pyrollo-pyrrol-Pigment) zurückzuführen, das Ciba-Geigy 1981 entdeckt und 1986 in den Markt eingeführt hat. Dieses Pigment zeichnet sich neben hohen Qualitätseigenschaften wie Farb-, Anwendungs- und Gebrauchseigenschaften vor allem auch durch eine hohe Umweltverträglichkeit aus. Aufgrund der einfachen Molekülstruktur sind vergleichsweise wenige Syntheseschritte notwendig, wodurch die Reststoffmengen reduziert werden. Die hohen Echtheitswerte der DPP-Pigmente sichern einen längeren Schutz bei den gefärbten Anwendungsprodukten und tragen zur Materialschonung bei. Schliesslich enthalten die DPP-Pigmente keine Schwermetalle und bis auf ein einziges Pigment auch keine Halogene. Die potentiellen Risiken der normalerweise umweltoffenen dissipativen Entsorgung der Pigmente sind daher gering. Somit leisten die DPP-Pigmente einen Beitrag zu den wichtigsten ökologischen Problemfeldern der Farbenchemie. Die DPP-Pigmente haben eine sehr gute Aufnahme im Markt gefunden. Seit ihrer Einführung im Jahr 1986 hat sich das DPP-Rotpigment insbesondere bei Automobillacken und bei Kunststoffapplikationen durchsetzen können und macht heute einen bedeutenden Anteil am Gesamtumsatz der Geschäftseinheit aus. In Zukunft rechnet man mit einer weiteren Marktdurchdringung bei Automobillacken und der Erschliessung neuer Anwendungsfelder. Durch ein Patent auf das DPP-Farbpigment ist der ökologische Wettbewerbsvorteil auf mehrere Jahre gesichert. Fazit: Die DPP-Pigmente der Ciba-Geigy sind sowohl für ökologische Kosten- als auch Differenzierungsstrategien ein gutes Beispiel. Durch die vereinfachte Synthese werden Produktionskosten und durch die verringerte Reststoffmenge Entsorgungskosten eingespart. Aufgrund ihrer hohen Produktqualität und dem ökologischen Zusatznutzen haben sich die DPP-Pigmente in ökologisch sensibilisierten Anwendungsgebieten wie den Automobillacken recht schnell und mit grossem Erfolg durchsetzen können (Quelle: Schneidewind 1995: 198-254).

Ökologische Dienstleistungsangebote

Im Hinblick auf ökologische Dienstleistungen kann man zwischen produkt-, nutzen- und bedürfnisorientierten Angeboten unterscheiden (vgl. Hockerts 1995). Erstere gehen von einem herkömmlichen Produktverständnis aus. Über den Verkauf von Produkten hinaus werden ökologische Dienstleistungen angeboten. Zweitere gehen von einem neuen Produktverständnis aus. Nicht mehr das Produkt steht im Mittelpunkt der Betrachtung, sondern der Nutzen oder die Funktion, die ein Produkt stiftet. Dementsprechend werden also keine Produkte verkauft, sondern Dienstleistungen, die einen bestimmten Nutzen für den Käufer erfüllen und z.T. losgelöst von Sachleistungen sind. Bei letzteren steht das Bedürfnis im Vordergrund. Hier geht es nicht um den Nutzen, den ein Produkt stiftet, sondern um die Erfüllung von Bedürfnissen, unabhängig von bestimmten Produkten.

Produktorientierte ökologische Dienstleistungen bietet die deutsche Herberts GmbH an, ein spezialisierter Anbieter von Fahrzeuglacken, der sich seit einiger Zeit mit dem Problem der Farbanwendung, dem sog. „Overspray", beschäftigt. Neben den Farbkomponenten offerieren sie den Kunden auch anwendungsbezogene Schulungen. Diese ökologische Serviceleistung soll dazu beitragen, durch Rückführungs- und Optimierungsstrategien den Lackverlust bei der Anwendung zu vermeiden bzw. zu senken, was sowohl ökologisch als auch ökomomisch sinnvoll ist (vgl. Hockerts 1995: 31). Die Herberts GmbH ist ein Beispiel dafür, wie durch Beratung und Schulung der umweltgerechte Gebrauch des Produktes sichergestellt werden kann. Die fränkische Grammer AG gibt für ihre Büromöbel eine grundsätzliche Rücknahmegarantie. Die Kosten für die Rücknahme und das Recycling sind bereits im Verkaufspreis mit eingerechnet. Dadurch soll das Recycling und die umweltgerechte Entsorgung der Materialien sichergestellt werden (vgl. Hockerts 1995: 32). Noch einen Schritt weiter geht der niedersächsische Möbelhersteller Wilkening + Hahne, der dem Kunden eine Reihe von Serviceleistungen wie bspw. den Neubezug von Stoffen und den Austausch von einzelnen Teilen anbietet, um die Lebensdauer des Produktes zu verlängern. Ähnliche Ansätze werden mittlerweile auch im Computerbereich verfolgt. Durch die modulartige Bauweise der Geräte können einzelne Teile leicht ausgetauscht und dem neuesten Stand der Technik angepasst werden. Aus ökologischer Sicht ist die Verlängerung der Produktlebensdauer positiv zu bewerten. Gerade bei Gebrauchsgütern geht die Langlebigkeit vor die Recyclingfähigkeit. Aus ökonomischer Sicht ist die Verlängerung der Produktlebensdauer ambivalent zu beurteilen. Einerseits kann durch die Langlebigkeit der Produkte und das Angebot von Serviceleistungen die Kundenzufriedenheit gesteigert werden, andererseits entfallen oder verschieben sich dadurch Ersatzkäufe, was zu Umsatzeinbussen führt.

Beispiele für *nutzenorientierte ökologische Dienstleistungen* sind Kopiergeräte, die nicht mehr verkauft, sondern im Rahmen eines Leasing-Vertrages dem Kunden zur Verfügung gestellt werden. Da der Hersteller nach wie vor im Besitz der Produkte bleibt, hat er schon aus ökonomischen Gründen ein hohes Interesse an der Langlebigkeit, Wartungsfreundlichkeit und Reparierbarkeit der Produkte. Grundsätzlich lässt sich die Idee des Öko-Leasing bzw. des Öko-Rent auf alle Produkte übertragen. So werden bspw. beim Büromöbelhersteller Grammer Überlegungen zu nutzenorientierten Dienstleistungen im Sinne eines „Rent-A-Chair" angestellt. Eine andere Variante wäre die gemeinsame Nutzung von Produkten, wie dies bspw. beim Car-Sharing der Fall ist. Während beim Leasing in der Regel lediglich ein Abnehmer das Produkt nutzt, sind es beim Pooling bzw. Sharing mehrere Abnehmer, die sich ein Produkt teilen. Durch die Mehrfachnutzung werden insgesamt weniger Produkte benötigt. Dadurch können die Stoff- und Energieflüsse, die für die Herstellung der Produkte verantwortlich sind, gesenkt werden. Ökonomisch betrachtet werden durch die Mehrfachnutzung die Fixkosten gesenkt; gleichzeitig jedoch steigen die Transaktionskosten. Dies ist ein

Grund, warum sich Pooling- bzw. Sharing-Konzepte in der Vergangenheit nicht auf breiter Ebene durchgesetzt haben. Ein weiterer Grund ist darin zu sehen, dass der Besitz von bestimmten Produkten in unserer Gesellschaft ein Wert an sich darstellt. So ist bspw. das Auto gerade in Deutschland nicht bloss ein Fortbewegungsmittel, sondern vor allem auch ein Statussymbol. Sollen sich nutzenorientierte Dienstleistungskonzepte durchsetzen, dann müssen sich Unternehmen auch mit der psychologischen Dimension des Konsums befassen. Soll der Weg von Produkten zu Dienstleistungen beschritten werden, dann bedarf es hierzu eines grundlegenden Wertewandels in der Gesellschaft, den auch Unternehmen mitinitiieren und fördern können (vgl. näher Kap. 7).

*Bedürfnisorientierte ökologische Dienstleistunge*n sind noch weiter von Produkten losgelöst. Nicht Produkte oder die Nutzung von Produkten stehen im Vordergrund, sondern das Ergebnis im Sinne einer Bedürfnisbefriedigung. Die Verfügungsrechte über die Produkte bleiben i.d.R. vollständig beim Anbieter. Eine Form bedürfnisorientierter ökologischer Dienstleistungen stellt das sog. „Energie-Contracting" oder auch „Performance-Contracting" dar. Eigentümer von Immobilien, die lieber das Bedürfnis nach Wärme befriedigen wollen anstatt Energie einzukaufen, können mit einem spezialisierten Unternehmen einen Contracting-Vertrag abschliessen. Im festgesetzten Wärmepreis ist vom Anlagenbau bis zur Garantie einer zuverlässigen Energieversorgung alles enthalten. In den letzten Jahren gewinnt das Contracting zunehmend an Popularität. Zukünftig wird das Marktvolumen in diesem Bereich für Deutschland auf 10 Mrd. DM und EU-weit auf 140 Mrd. DM jährlich geschätzt. Ein grosser finanzieller Vorteil des Contracting besteht darin, dass der Eigentümer grössere Investitionen für den Anlagenbau vermeidet und das ungebundene Kapital anderweitig einsetzen kann. Wie sich Unternehmen durch Performance Contracting erfolgreich gegenüber Wettbewerbern differenzieren können, zeigt das nächste Fallbeispiel:

Differenzierung durch Performance-Contracting: Fallbeispiel Landis & Gyr

Landis & Gyr ist ein weltweit tätiges schweizerisches Unternehmen, das Lösungen für die Messung und Verteilung sowie den effizienten Einsatz von Energie anbietet. 1996 hat sich Landis & Gyr mit Elektrowatt zusammengeschlossen. Ende 1995 beschäftigte Landis & Gyr weltweit ca. 16.000 Mitarbeiter und erzielte einen Umsatz von knapp 3 Mrd SFr. Der Konzern gliedert sich in die drei Geschäftsbereiche Building Control, Energy Management und Communications. Der Geschäftsbereich Building Control bietet Problemlösungen für den Betrieb, die Überwachung und die Steuerung von Industrie-,

Geschäfts- und Wohnbauten an. Ausgehend von einzelnen Produkten in diesem Feld (wie Messgeräten oder Steuerungstechnik) konzentrierte sich Landis & Gyr in den letzten Jahren zunehmend auf das gesamte Heizungs- und
Belüftungsmanagement von Gebäuden. Dies soll am Beispiel des Elemen-
tarschuldistrikts Oak Grove in Kalifornien dargestellt werden: Oak Grove in San
Jose ist einer von über tausend Schuldistrikten in Kalifornien. Die Mehrzahl
der insgesamt 22 Schulen von Oak Grove istinzwischen 20-30 Jahre alt. Die
entsprechend veraltete Infrastruktur hatte über Jahre steigende Energie-,
Unterhalts- und Reparaturkosten zur Folge. 1994 schlug Landis & Gyr der
Schulleitung vor, einen sog. „Performance Contract" abzuschliessen, um die
mechanischen und elektrischen Systeme der Schulgebäude zu erneuern. Bei
einem Performance Contract werden die getätigten Investitionen durch die
Kostenersparnis finanziert, welche durch die garantierte Reduktion des Energieverbrauchs und der Betriebskosten gewonnen wird. Die Gesamtlösung für
den Schuldistrikt Oak Grove beschränkte sich nicht nur auf den Ersatz ener-
gieverschleissender Geräte, die Verwendung energiesparender Beleuchtung
oder die Eliminierung FCKW-haltiger Kühlmittel. In das Projekt wurden auch
der Abfall- und Wasserbereich mit einbezogen. Vor der Umsetzung des Programms verbrauchte Oak Grove jährlich rund 36 Terajoules (TJ) Elektrizität,
davon alleine 16 TJ für die Beleuchtung. Die Gesamtenergiekosten im Schul-
jahr 1993/94 betrugen 1,24 Mio US$. Die Massnahmen, die Landis & Gyr
vorgeschlagen hat, reduzierten den Elektrizitätsverbrauch für Licht um 7 TJ
(= 45%) pro Jahr. Die jährlichen Gesamtkosten für Energie sanken um US$
240.000 auf 1 Mio US$. Das verbesserte Wassermanagement sparte 880 m³
Wasser oder 43000 US$ im Jahr. Das Lernprogramm „Think Earth", das
Schüler, Lehrer und Schulpersonal für Umweltanliegen sensibilisiert, rundet
die Gesamtlösung ab. Fazit: Die Kosten, die in den ersten Jahren dadurch eingespart werden können, fliessen Landis & Gyr zu. Durch die bedürfnisorientierte ökologische Dienstleistung konnte sich Landis & Gyr erfolgreich im Wettbewerb profilieren. In Zukunft sollen die Möglichkeiten solcher Angebote systematisch analysiert und konsequent genutzt werden (Quelle: Landis & Gyr
1996: 8-9).

Zwischenfazit: Insbesondere in gesättigten Märkten erweist sich die Ökologie als ein wichtiges Differenzierungsmerkmal. Wie die konzeptionellen
Überlegungen und die Praxisbeispiele zeigen, muss man jedoch den Besonderheiten ökologischer Differenzierungsstrategien Rechnung tragen, wenn
man im Markt erfolgreich sein will. Neue Tätigkeitsfelder in bestehenden
Märkten eröffnen sich für Unternehmen, wenn man sich vom herkömmlichen
Produktverständnis löst und ökologische Dienstleistungen anbietet. Dabei
kann man zwischen produkt-, nutzen- und bedürfnisorientierten Dienstleistungen unterscheiden. Gerade in diesem Bereich besteht eine Reihe von

unausgeschöpften Möglichkeiten, die sowohl ökologischen als auch ökonomischen Anforderungen gerecht werden.

Differenzierung in neu entstehenden ökologischen Geschäftsfeldern und Märkten

Die Impulse für die Entstehung von neuen ökologischen Märkten können in ihrer Art und Ausprägung sehr unterschiedlich sein. Ein wichtiger Impuls für neu entstehende ökologische Märkte istdie Änderung der politischen Rahmenbedingungen. Ein Beispiel hierfür sind die gesetzlichen Grenzwerte für Luft und Wasser und der daraus entstandene weltweite Markt für Umwelttechnologien. Ein anderes Beispiel ist die EMAS-Verordnung der Europäischen Union oder die ähnlich ausgestaltete ISO-Norm 14001 „Umweltmanagementsysteme", die zu einem grossen Bedarf an Informationen, Schulungen und Beratungen im Bereich der Umweltmanagementsysteme geführt hat. Ein zweiter Impuls für neu entstehende ökologische Märkte sind technologische Veränderungen („technology push"). Gerade die Entwicklungen im Bereich der Informations- und Kommunikationstechnologie spielen eine wichtige Rolle für die Ökologie. Dies gilt für Umweltinformationssysteme, die heute in unterschiedlichsten Anwendungsfeldern eingesetzt werden (z.B. Öko-Bilanz- und Öko-Audit-Software). Ein dritter Impuls für neu entstehende ökologische Märkte geht unmittelbar von einer veränderten Nachfrage aus („demand pull"). In den folgenden Ausführungen werden einige illustrative Beispiele angeführt, die den Blick für die Chancen, aber auch für die Risiken neu entstehender ökologischer Geschäftsfelder und Märkte schärfen sollen. Dabei wird wiederum zwischen ökologischen Produkt- und Dienstleistungsangeboten unterschieden.

Ökologische Produktangebote

Aufgrund der diversen Lebensmittelskandale (Beispiel: Rinderwahnsinn), aber auch aufgrund eines gestiegenen Gesundheits- und Umweltbewusstseins nimmt der durchschnittliche Fleischkonsum der Schweizer Bevölkerung seit dem Jahr 1987 stetig ab. Gleichzeitig nimmt die Nachfrage nach vegetarischen Produkten stetig zu. Nicht nur aus ernährungsphysiologischer, sondern auch aus ökologischer Perspektive ist diese Entwicklung positiv zu bewerten, da pflanzliche Eiweisse eine höhere Energieeffizienz aufweisen als tierische Eiweisse. Der Grund dafür ist relativ einfach: Das Tier braucht einen wesentlichen Teil des Futters, um den eigenen Organismus aufrechtzuerhalten und nur ein Bruchteil des Futters kann in Fleisch umgesetzt werden. Bei Rindern beträgt das Umwandlungsverhältnis 10:1, d.h. 9 von 10 Kalorien gehen verloren, wenn das Getreide nicht direkt an den Menschen, sondern an die Rinder verfüttert wird (vgl. Mühleisen 1988: 99). Diese Überlegungen haben bei der Baer AG, die in der Schweiz vor allem für ihren Weichkäse bekannt ist, eine Rolle gespielt, sich stärker im Bereich vegetarischer Frischprodukte zu engagieren. Gleichzeitig sprechen aber auch ökomomische Gründe dafür, handelt es sich bei dem Weichkäsemarkt doch um einen stagnierenden und hart umkämpften Markt, während der vegetarische Markt noch in Entstehung ist und neues Wachstum verspricht. Damit wird deutlich, wie die Ökologie zum Ausgangspunkt für neue strategische Geschäftsfelder gemacht werden kann.

Differenzierung durch Vegetarische Frischprodukte: Fallbeispiel Baer

Die Baer AG ist einer der ökologischen Pioniere im Schweizer Lebensmittelmarkt. Das mittelständische Unternehmen produziert neben Weichkäse auch Frisch- und Schmelzkäse sowie das Soja-Frischprodukt Yasoya. Seit Anfang 1996 bietet die Baer AG auch Vegetal-Burger an. Im schweizerischen Weichkäsemarkt besitzt Baer einen Marktanteil von 25% und ist damit das führende schweizerische Unternehmen in diesem Bereich. Anfang der 90er Jahre hat Baer ein ökologisches Käsesortiment, bestehend aus einem Oeko-Tomme, einem Oeko-Chäs und einem Oeko-Hüttenkäse, mit beachtlichem Erfolg lanciert. Die Rohstoffe dieser Produkte stammen alle aus dem biologischen Landbau und sind mit dem Umweltlabel der „Knospe" gekennzeichnet. Aus ökonomischen und ökologischen Gründen hat Baer im Jahr 1988 das Produkt „Yasoya", ein Soja-Frischprodukt mit Milcheiweiss, im Markt eingeführt. Mittlerweile wird Yasoya in fünf verschiedenen Varianten flächendeckend in der Schweiz angeboten und macht einen wichtigen Anteil am Gesamtumsatz der Unternehmung aus. Yasoya ist dank hochwertigem Eiweiss, wichtigen Mineralstoffen, minimalen Natrium- und Cholesteringehalt und wenig Kalorien ein ernährungsphysiologisch wertvolles Produkt. Als Grundnahrungsmittel stellt es eine Alternative zu Fleisch und Fisch dar. Soweit möglich, besteht Yasoya aus Rohstoffen des biologischen Landbaus; es wird in umweltschonender Art und Weise hergestellt und in einer umweltverträglichen „Wurstfolie" ohne PVC verpackt. Im Herbst 1993 wurde der Yasoya-Fonds gegründet, welcher Projekte für Ernährung, Umwelt und Entwicklung unterstützt. Der Yasoya-Fonds ist eine Initiative von Baer in Zusammenarbeit mit UNICEF; pro verkaufte Packung zahlt Baer 10 Rappen für die Kinder der Welt. Auf diese Weise konnten vom September 1993 bis Februar 1994 über 50.000 SFr an UNICEF für das Projekt „Gemeinschaftsküchen in Mexiko" überwiesen werden. Mit dem

Yasoya-Fonds geht Baer über ökologische Aspekte hinaus und zielt in Richtung nachhaltige Entwicklung. Der Erfolg der Yasoya-Produktlinie zeigt, dass sich ökonomische, ökologische und soziale Aspekte durchaus miteinander vereinbaren lassen. Mit der Einführung einer neuen Produktlinie „Vegetal-Burger" Anfang 1996 und dem Aufbau einer neuen Strategischen Geschäftseinheit für vegetarische Frischprodukte verfolgt Baer diesen Weg konsequent weiter (Quelle: Belz 1995: 116-117).

Im Fall der Baer AG und der vegetarischen Frischprodukte handelt es sich um ein neues Geschäftsfeld bzw. einen Markt, der im wesentlichen durch eine veränderte Nachfrage ausgelöst wurde („ökologischer demand pull"). Im Fall der Ernst Schweizer AG und der Sonnenkollektoren geht es um ein neues Geschäftsfeld bzw. einen Markt, der u.a. aufgrund neuerer technologischer Entwicklungen ermöglicht wurde („ökologischer technology push"). Die Sonnenkollektoren sind mittlerweile technisch soweit ausgereift, dass man sie sinnvoll auf den Dächern für die Stromerzeugung und Warmwasseraufbereitung einsetzen kann. Trotzdem ist die Nachfrage nach den Sonnenkollektoren aufgrund des geringen Energiepreises, der hohen Anfangsinvestitionen und von Informationsdefiziten noch sehr begrenzt. Für die Anbieter sind sowohl die F&E-Aufwendungen als auch die Kosten für die Markterprobung und Markterschliessung sehr hoch und mit grossen finanziellen Risiken verbunden. Es gibt einige Pilot- und Demonstrationsanlagen, die vom Staat initiiert und finanziert werden. Des weiteren versucht der Staat mit Subventionsbeiträgen finanzielle Anreize für den Kauf von Sonnenkollektoren zu schaffen. Insofern handelt es sich um einen politikinduzierten ökologischen Markt. Unternehmen wie bspw. die Schweizerische Bankgesellschaft, die aufgrund ihrer öffentlichen Exponiertheit im Umweltbereich sehr engagiert sind, nehmen diese Anreize wahr und lassen sich Sonnenkollektoren in Versuchsanlagen einbauen. Die Ernst Schweizer AG versucht, First-mover-Vorteile zu erzielen, indem sie sich frühzeitig als ökologischer Pionier in dem neu entstehenden Markt für Sonnenenergienutzung positioniert (vgl. Kasten). Zwar hat man sich mittlerweile in der Öko-Nische fest etablieren können, doch ein Durchbruch zum ökologischen Massenmarkt ist noch nicht gelungen. Hierzu bedarf es vor allem auch ökologischer Marktentwicklungsstrategien (vgl. Kap. 7).

Differenzierung durch passive und aktive Sonnenenergienutzung: Fallbeispiel Ernst Schweizer AG Metallbau

Die Ernst Schweizer AG ist mit 430 Mitarbeitern und einem Umsatz von 80 Mio SFr eines der grössten Metallbauunternehmen der Schweiz. Die Firma bietet umfassende Metallbaulösungen für Neubau, Renovation und Unterhalt an. Das Sortiment reicht von Fenstern und Türen bis zu kompletten Metallfassaden. Eines der ökologischen Kernprobleme in der Baubranche ist die Nutzung des Gebäudes. Dies sei anhand von Zahlen veranschaulicht: Bei konventionellen Gebäuden beträgt die „graue Energie" in etwa 10-15% des gesamten Energieaufwandes, der während der gesamten Lebensdauer des Gebäudes entsteht. Mit anderen Worten: Für den Betrieb eines konventionellen Gebäudes wird rund zehnmal soviel Energie eingesetzt wie für dessen Erstellung! Daraus folgt, dass bei geeignetem Einsatz von Bau- und Isolationsmaterialien einerseits und aktiver sowie passiver Sonnenenergienutzung andererseits erhebliche Mengen an Betriebsenergie eingespart werden können. Unternehmen wie Ernst Schweizer haben diesen Bereich als Profilierung im zukünftigen Wettbewerb erkannt und nutzen ihn aktiv zur Entwicklung neuer ökologischer Produkte wie bspw. Wintergärten, verglaster Balkone und Sonnenkollektoren zur Warmwassererzeugung. Noch ist der Spielraum für diese ökologischen Produkte sehr eng, da aufgrund der niedrigen Energiepreise wenig Anreize zum Sparen bestehen. Wenn es gelingt, den ökologischen Nutzen mit einem monetären Nutzen zu koppeln (Beispiel: reduzierte Heiz- und Wasserkosten) oder erlebbar zu machen (Beispiele: Wintergärten oder Sonnenkollektoren auf dem Dach), dann bestehen auch heute schon gute Erfolgsaussichten. Um den Spielraum für ökologische Produkte zu vergrössern, bedarf es aber auch Veränderungen der Rahmenbedingungen (Quelle: Koller 1995: 222-296).

Ökologische Dienstleistungsangebote

Ein wichtiger Bereich für Dienstleistungsangebote in neu entstehenden ökologischen Geschäftsfeldern und Märkten ist die Umweltberatung im allgemeinen und die Umweltmanagementberatung im besonderen. Gerade im Zuge der sich durchsetzenden Umweltmanagementsysteme ISO 14001 und EMAS besteht ein grosser Bedarf an Informationen, Schulungen und Beratungen. Mit dem Umweltauditor und Umweltgutachter ist ein ganz neues Berufsbild im ökologischen Dienstleistungssektor entstanden. Da es sich bei EMAS um eine Verordnung der Europäischen Union handelt, kann man auch hier von politikinduzierten ökologischen Märkten sprechen. Ein gutes Beispiel für Umweltberatung im allgemeinen ist die Siegfried Chemie (vgl.

Kasten). Sie hat es verstanden, ihr ökologisches Know-how als Ausgangspunkt für eine neue Geschäftseinheit zu machen.

Differenzierung durch Chemiewehrschule und Oeko-Service: Fallbeispiel Siegfried Chemie

Die Siegfried Chemie hat im Jahr 1995 einen Umsatz von 147 Mio SFr. erzielt. Das Unternehmen befasst sich mit der Entwicklung, Herstellung und dem weltweiten Verkauf von Feinchemikalien, insbesondere für die pharmazeutische Industrie. Die drei zentralen Geschäftsbereiche sind: Exklusivfabrikation von Zwischenstoffen oder ganzen Wirkstoffen für multinationale Pharmaunternehmen, die Herstellung generischer Wirkstoffe für mittelgrosse und lokal tätige Generikahersteller und Zwischenprodukte. Der hohe Umweltschutzstandard im Produktionsbereich erweist sich als ein wichtiges Differenzierungskriterium für die Exklusivkunden in der Pharmachemie. Gleichzeitig ist das ökologische Know-how der Siegfried Chemie Ausgangspunkt für ein neues ertragreiches Geschäftsfeld gewesen. Die Betriebsfeuerwehr der Siegfried Chemie unterstützt die kantonale Feuerwehr bei Chemieunfällen, d.h. bei Brand- oder Unfällen, bei denen Chemikalien beteiligt sind. Für solche Einsätze bedarf es spezifischer Geräte und speziellen Fachwissens über den Umgang mit Chemikalien. Seit 1991 bietet die Siegfried Chemie in grossem Massstab Kurse für Orts-, Stütz- und Betriebsfeuerwehren sowie für andere Chemieunternehmen in der gesamten Deutschschweiz an. Diese Kurse zeichnen sich durch grosse Praxisnähe aus. 1995 veranstaltete die Chemiewehrschule der Siegfried Chemie insgesamt 17 Kurse mit 350 Teilnehmern. Neben dem ökonomischen Gewinn schlägt sich dieses Engagement auch in einem positiven Echo von Öffentlichkeit und Medien nieder. Der Oeko-Service der Siegfried Chemie bietet Wasser-, Luft- und Bodenuntersuchungen sowie die Ermittlung von Sicherheitskenndaten für andere Unternehmen oder öffentliche Stellen an. Er nutzt damit die ohnehin für die entsprechenden werksinternen Messungen benötigten Geräte und das zugehörige Personal. Der Oeko-Service ist eine vom Kanton anerkannte Messstelle und zählt hauptsächlich Unternehmen aus der näheren Umgebung zu seinen Kunden. Im Jahr 1995 erzielten diese beiden Bereiche der Siegfried Chemie einen Umsatz von über 250.000 SFr. bei gutem Ertrag, weil die Dienstleistungen im wesentlichen auf ohnehin vorhandene Ressourcen zurückgreifen können. Die Siegfried Chemie plant, das kleine, aber lukrative Standbein „Dienstleistungen im Chemie-Sicherheitswesen" weiter auszubauen und peilt mittelfristig einen Umsatz von 0,5 Mio SFr. in diesem Segment an. (Quelle: Schneidewind 1995: 339-340)

Ein weiterer wichtiger Bereich für Dienstleistungsangebote in neu entstehenden Geschäftsfeldern und Märkten sind Umweltinformationssysteme. Paulus (1996) spricht in diesem Zusammenhang von der „Computisierung der Ökologie" und führt vier Möglichkeiten an, wie die neuen Informationstechnologien im Ökologiebereich eingesetzt werden können:

- als Planungs-, Entscheidungs- und Informationssysteme;
- als Überwachungs-, Steuerungs- und Regelungssysteme von Umweltschutztechniken und Umweltschutzprozessen;
- zur Gewinnung und Verbreitung neuer Erkenntnisse über ökologische Systeme und Zusammenhänge (z.B. interaktive Lern- und Lehrprogramme in der Umwelterziehung wie „Think Earth");
- als Labor zur risikofreien Modellbildung, Simulation und Auswertung von nachhaltigen Entwicklungspfaden (z.B. Simulationssysteme in der Müllverbrennung).

In diesen Bereichen eröffnen sich insbesondere für Computerunternehmen und Softwarefirmen interessante neue Betätigungsfelder. Allerdings darf der Beitrag der Informations- und Kommunikationstechnologie aus ökologischer Perspektive nicht überbewertet werden. Rolf (1995) hebt hervor, dass die neuen Technologien eine wichtige Voraussetzung für die Globalisierung der Märkte oder für die Beschleunigung von unternehmerischen Wertschöpfungsprozessen sind. Durch solche umweltbelastenden Entwicklungen werden die positiven Umwelteffekte der Mikroelektronik und der Telekommunikation konterkariert. Die Vorstellung einer sauberen Dienstleistungs- und Informationsgesellschaft erweist sich als „ökologischer Wunschpunsch".

Zum richtigen Timing ökologischer Differenzierungsstrategien

Für den Erfolg ökologischer Differenzierungsstrategien spielt das richtige Timing eine wichtige Rolle. Dies lässt sich exemplarisch am Beispiel der phosphatfreien Waschmittel illustrieren. Bereits in den 70er Jahren und Anfang der 80er Jahre wurden eine Reihe von phosphatreduzierten und -freien Waschmitteln eingeführt. Aufgrund des fehlenden Umweltbewusstseins und der mangelnden Bereitschaft, Konzessionen bei klassischen Produkteigenschaften wie Waschkraft und Ergiebigkeit zu machen, konnten sich diese nicht im Markt durchsetzen. Erst als das Umweltbewusstsein Mitte der

80er Jahre weiter anstieg und Henkel mit dem Persil phosphatfrei ein Waschmittel anbot, das den herkömmlichen Produktvarianten in jederlei Hinsicht zumindest ebenbürtig war, liess sich die Mehrheit der Verwender überzeugen. Offenbar hat Henkel den richtigen Eintrittszeitpunkt gewählt und die richtige Produktqualität angeboten. Zu einem früheren Zeitpunkt stand ein Grossteil der Konsumenten der Umweltproblematik gleichgültig oder gar ablehnend gegenüber. Gleichzeitig war das neue phosphatfreie Waschmittel noch nicht so ausgereift, dass es auch höchsten Qualitätsansprüchen gerecht wurde. Im Fall eines späteren Eintritts bestand die Gefahr, dass einer der Hauptkonkurrenten mit einem phosphatfreien Waschmittel auf den Markt tritt und sich nachhaltig als ökologischer Pionier profiliert. Die Möglichkeit eines zu frühen oder zu späten Eintrittszeitpunkts soll als „ökologische Zeitfalle" bezeichnet werden. Bei der richtigen Wahl des Eintrittszeitpunkts spielen sowohl interne als auch externe Faktoren eine Rolle.

Eine wichtige interne Voraussetzung für die erfolgreiche Einführung von ökologischen Produkten und Dienstleistungen ist die glaubwürdige Integration der Ökologie in die gesamte Unternehmung. Geht eine Unternehmung frühzeitig mit ökologischen Produkt- oder Dienstleistungsangeboten auf den Markt und hebt die Umweltverträglichkeit hervor, dann wandelt die Unternehmung auf dem schmalen Grad der Glaubwürdigkeit. Wird das Angebot von der kritischen Öffentlichkeit als Pseudo-Öko-Marketing oder als verkürztes Öko-Marketing entlarvt, so besteht die Gefahr von Umsatz- und Imageverlusten („ökologische Glaubwürdigkeitsfalle"). Erst wenn der Ökologiegedanke umfassend auf allen Ebenen und Funktionsbereichen in der Unternehmung verankert ist, ist die Zeit reif, um ökologische Produkt- und Dienstleistungeangebote im Markt einzuführen. Dies hängt mit ökologischen Lern- und Entwicklungsprozessen zusammen, die sich nicht ohne weiteres überspringen oder umgehen lassen.

Die externen Faktoren beziehen sich vor allem auf die Marktwiderstände, mit denen Unternehmen rechnen müssen, wenn sie ökologische Produkte oder Dienstleistungen einführen. Dabei kann man zwischen „primären" und „sekundären" Marktwiderständen unterscheiden, die sich im Laufe der Zeit ändern und die diametral entgegengesetzt sind. Mit primären Marktwiderständen sind die anfänglichen Widerstände der Konsumenten zur Akzeptanz und Übernahme neuer Produkte, mit sekundären Marktwiderständen die Markteintritts- und Mobilitätsbarrieren gemeint. Unter Markteintritts- und Mobilitätsbarrieren kann man diejenigen Faktoren zusammenfassen, die es Unternehmen erschweren oder unmöglich machen, sich erfolgreich am Markt zu etablieren und als ökologisch kompetenter Anbieter zu profilieren. Dazu zählt bspw. das Image von ökologischen Pionierunternehmen, das strategische Wettbewerbsvorteile beim Handel und den Konsumenten sichern kann. Da Markteintritts- und Mobilitätsbarrieren im Laufe der Zeit zunehmen, Kundenwiderstände jedoch abnehmen, ergibt sich ein strategisches Dilemma im Hinblick auf das richtige Timing von ökologischen Differenzierungsstrategien: „Je später ein Unternehmen umweltgerechte Produktinnovationen am Markt einführt, desto weniger Kaufwiderstände wird es zu überwinden haben. Nutzen jedoch Wettbewerber die Möglichkeit zu einem frühen Markteintritt, dann sieht sich das Unternehmen mit zunehmender Reaktionszeit wachsenden Markteintritts- und Mobilitätsbarrieren gegenüber." (Meffert/Kirchgeorg 1992: 153). Damit stellt sich die Frage, ob die Unternehmung eine ökologische Pionierstrategie oder Folgerstrategie verfolgen soll, d.h. ob sie vor oder nach der Konkurrenz mit ökologischen Produkten auf den Markt gelangen soll. In den folgenden Ausführungen wird näher auf die Vor- und Nachteile ökologischer Pionierstrategien eingegangen (vgl. Abb. 40).

Vorteile	**Nachteile**
• Ausnutzung von Skaleneffekten • Marktwissen über das wirkliche Kaufverhalten • Zeitweise Alleinstellung • Positives Unternehmensimage • Frühzeitige Bindung von Lieferanten und Absatzmittlern • Etablierung eines ökologischen Branchenstandards • Grosser Spielraum bei der ökologischen Positionierung • Ausnutzung von Kosteneinsparungspotentialen	• Unsicherheiten über die Marktentwicklung • Hohe Aufwendungen für F&E • Such- und Erprobungskosten • Kosten der Markterschliessung • Technologische Diskontinuitäten • Wettbewerbsnachteile durch falsche ökologische Positionierung

Abb. 40: Vor- und Nachteile ökologischer Pionierstrategien (Quelle: in Anlehnung an Böttger 1996: 83-87)

Ein Vorteil, der ebenso wie bei herkömmlichen auch bei ökologischen Produkten eine wichtige Rolle spielt, ist die Ausnutzung von Skaleneffekten, die langfristig über sinkende Stückkosten zu Kostenvorteilen und Gewinnen führen. Vor dem Hintergrund dieser Überlegungen hat sich Coop entschlossen, ihre ökologische Textilkollektion „Coop Naturaline" ohne Aufpreis anzubieten. Durch die Umstellung eines Grossteils des Unterwäschesortiments hofft man, zukünftig Grösseneffekte in der Beschaffung und dem Vertrieb zu erzielen und dadurch die derzeitigen Mehrkosten auf ein akzeptables Mass zu reduzieren. In der Anfangsphase wird das Projekt von Coop noch quersubventioniert. Angesichts der Marktanteile, die Coop in diesem Sortimentsbereich aufgrund der ökologischen Textilien hinzugewinnt, und des Imagegewinns, den Coop für die gesamte Unternehmung erzielt, dürfte es sich dabei um eine gute Investition handeln. Ein weiterer Vorteil für ökologische Pioniere besteht in dem Marktwissen, das sie sich in Bezug auf das tatsächliche Kaufverhalten aneignen. Wie zahlreiche empirische Studien belegen, existieren erhebliche Diskrepanzen zwischen Umweltbewusstsein und Umweltverhalten sowie zwischen artikuliertem und tatsächlichem Kaufverhalten. Vor diesem Problem stand Henkel, als das Unternehmen 1985 „Persil phosphatfrei" im deutschen Waschmittelmarkt einführen wollte. Zwar äusserte sich der Konsument besorgt über die Umweltprobleme, doch würde er ein phosphatfreies Waschmittel auch tatsächlich kaufen? Um diese Frage zuverlässig zu beantworten, führte man bereits 1983 ein phosphatfreies Universal-Waschmittel namens DIXAN ein. Dadurch konnten Erfahrungen im Hinblick auf das tatsächliche Umweltverhalten gesammelt werden. In den Tests und den Umfragen zeigte sich zum einen, dass das neue phosphatfreie Waschmittel auch den hohen Ansprüchen der Verwender gerecht wurde. Zum anderen wurde deutlich, dass der Kunde nicht bereit war, für den Umweltschutz Eingeständnisse bei der Waschkraft zu machen. Daher wurde in der Einführungsphase von Persil phosphatfrei neben der Umweltverträglichkeit vor allem auch die hohe Waschkraft hervorgehoben. Dies brachte Henkel zeitweise eine Alleinstellung im Markt und beträchtliche Imagevorteile. Für eine ökologische Pionierstrategie spricht auch die frühzeitige Bindung von Lieferanten und Absatzmittlern. Dadurch können erhebliche Markteintrittsbarrieren für andere Unternehmen geschaffen werden. So hat bspw. Coop im Rahmen des Coop Naturaplans einen Grossteil der Schweizer Biobauern an sich gebunden und ein partnerschaftliches Abkommen mit der VSBLO getroffen, den Biomarkt gemeinsam zu entwickeln. Da in der Schweiz derzeit die Nachfrage nach Bioprodukten grösser ist als das Angebot, sehen sich die Konkurrenten vor Beschaffungsproblemen. Durch einen frühen Eintrittszeitpunkt ist es dem Milchverband Winterthur gelungen, die Absatzmittler an sich zu binden und in kooperativer Zusammenarbeit ein gut funktionierendes Recyclingsystem für das Toni-Joghurt im Zirkulationsglas aufzubauen. Auch dadurch konnten erhebliche Markteintrittsbarrieren für die Konkurrenten geschaffen werden. Zum heutigen Zeitpunkt wäre es seitens des Handels undenkbar, ein zweites oder drittes derartiges Recyclingsystem einzurichten. Ein letzter nicht zu vernachlässigender Vorteil von ökologischen Pionierstrategien ist die konsequente Ausnutzung von Kosteneinsparungspotentialen, die sich aufgrund ökologischer Aktivitäten ergeben (vgl. Kap. 5).

Neben den Vorteilen gehen aber auch eine Reihe von Nachteilen mit ökologischen Pionierstrategien einher, die bei der Markteintrittsentscheidung zu berücksichtigen sind. Ein Nachteil ökologischer Pionierstrategien ist die Unsicherheit über die zukünftige Marktentwicklung. Heute ist bspw. schwer abzusehen, wie sich der Markt für Sonnenkollektoren in den nächsten zehn Jahren entwickeln wird. Dabei spielen u.a auch politische Entscheidungen wie die Einführung einer CO_2-/Energie-Steuer eine grosse Rolle, die mit grossen Unabwägbarkeiten verbunden sind. Bei der Lancierung von neuen ökologischen Produkten sind neben den F&E-Aufwendungen auch die hohen Kosten für die Markterschliessung zu berücksichtigen. So sind die Kunden mit dem richtigen Gebrauch von neuen ökologischen Produkten vertraut zu machen. Ein Beispiel dafür ist die „Öko-Brause" der Hansgrohe AG, einem mittelständischen Unternehmen aus der Sanitärbranche (vgl. Siegel 1993: 277-278). Mit verschiedenen Öko-Funktionen bietet diese Brause dem Käufer die Möglichkeit, den Wasserverbrauch individuell selbst zu bestimmen. Dadurch sind Wassereinsparungen von 50% ohne wesentlichen Komfortverlust möglich (bis zu acht Liter pro Minute!). Die verschiedenen Funktionen sind allerdings in besonderem Masse erklärungsbedürftig und machen Verhaltensveränderungen beim Konsumenten notwendig, die sich nicht ohne weiteres durchsetzen lassen. Gerade bei einschneidenden Veränderungen des Verhaltens wie bspw. bei der Umstellung der Ernährung sind die Widerstände erwartungsgemäss besonders gross. Ein weiterer möglicher Nachteil ökologischer Pionierstrategien kann aus einer Falschpositionierung erwachsen. Wird die Umweltverträglichkeit eines Produktes als zentrale Nutzenkomponente bei der Markteinführung herausgestellt und eine dominante ökologische Positionierungsstrategie verfolgt, dann besteht die Gefahr der Segmentverengung („ökologische Nischenfalle"). Hierbei ist die kurzfristige Profilierung in kleineren ökologischen Marktnischen gegenüber einer langfristigen Marktdurchdringung abzuwägen. Daher sind die klassischen Nutzenkomponenten mit dem Umweltnutzen zu verbinden, wie dies bspw. bei Persil phosphatfrei gut gelungen ist. Wenn die Umweltverträglichkeit dann allmählich zur Selbstverständlichkeit wird (Beispiel: Waschmittel), kann sich das Produkt nach wie vor behaupten und fällt nicht hinter die anderen Produkte zurück.

Ebenso wie ökologische Pionierstrategien sind auch ökologische Folger-strategien mit Vor- und Nachteilen verbunden. Generell lässt sich sagen, dass die primären nachfragebezogenen Marktwiderstände für die ökologi-schen Folger abnehmen, während die sekundären konkurrenzbezogenen Marktwiderstände zunehmen. Aus der Sicht der Diffussionstheorie geht es für die ökologische Folgerunternehmen nicht darum, die Innovatoren zu erreichen („Umweltaktive"), sondern die frühe und späte Mehrheit („Um-weltaufgeschlossene"). Ist es den ökologischen Pionieren bis zu diesem Zeit-punkt nicht gelungen, Markteintrittsbarrieren aufzubauen (Beispiel: Recyc-lingsystem für das Toni-Joghurt), dann kann sich eine solche Vorgehens-weise ökonomisch als günstig erweisen. Ungeachtet dieser Überlegungen zeigt sich jedoch anhand der Praxisbeispiele, dass sich ökologische Pionier-strategien gegenüber Folgerstrategien in der Regel als überlegen erweisen. Dies insbesondere dann, wenn den Besonderheiten ökologischer Differen-zierungsstrategien Rechnung getragen und der richtige Eintrittszeitpunkt gewählt wird.

Bewertung ökologischer Differenzierungsstrategien

Abschliessend sollen die ökologischen Differenzierungsstrategien aus zwei-erlei Perspektive beurteilt werden. Zum einen ist zu fragen, welchen Bei-trag ökologische Differenzierungsstrategien zur Wettbewerbsfähigkeit einer Unternehmung leisten, zum anderen, wie die Strategien aus ökologischer Per-spektive zu beurteilen sind.

Wettbewerbsstrategische Bewertung

Aus wettbewerbsstrategischer Perspektive ist der Erfolg ökologischer Dif-ferenzierungsstrategien nicht generell zu beurteilen. In Abhängigkeit von der ökologischen Differenzierungsstrategie, die ergriffen wird, und den Erfolgskriterien, die herangezogen werden, fällt die Bewertung sehr unter-schiedlich aus. Trotzdem soll der Versuch einer solchen Bewertung vorge-nommen werden. Wie die angeführten Beispiele zeigen, kann Ökologie ein wichtiges Differenzierungsmerkmal in gesättigten Märkten sein. Wenn die Umweltverträglichkeit einen wirklichen Zusatznutzen für den Käufer dar-stellt und der Umweltnutzen mit den klassischen Nutzenkomponenten ver-bunden wird, dann liefern ökologische Differenzierungsstrategien einen positiven Beitrag zur Wettbewerbsfähigkeit der Unternehmung. Stellen es die ökologischen Pioniere geschickt an oder ist die Marktmacht gross genug, dann können sogar die Spielregeln des Wettbewerbs vollkommen neu bestimmt werden. Als Beispiele liessen sich hier Henkel und phosphatfreie Waschmittel sowie Coop und die Bioprodukte anführen. Durch ihren ökologischen Pioniergeist haben die Unternehmen nicht nur Image und Bekanntheitsgrad, sondern auch ihre Umsätze, Marktanteile und Gewinne steigern können. Nicht zu unterschätzen sind aber auch die Risiken und Gefahren von ökologischen Differenzierungsstrategien. An dieser Stelle sei stellvertretend auf die ökologische Glaubwürdigkeits-, Nischen- und Zeitfalle hingewiesen.

Die zweifache Erweiterung der ökologischen Differenzierungsstrategien im Hinblick auf die ökologischen Dienstleistungsangebote und neu entstehende ökologische Geschäftsfelder sowie Märkte soll dazu beitragen, den Blick für sich eröffnende Chancen zu schärfen. Die Einzelbeispiele vermögen lediglich anzudeuten, welche unausgeschöpften Möglichkeiten bereits heute aufgrund der Ökologieproblematik und der sich ändernden Rahmenbedingungen bestehen. Diese konsequent zu nutzen, ist eine zentrale Herausforderung für dynamische und wandlungsfähige Unternehmen.

Ökologische Bewertung

Auch aus ökologischer Perspektive ist eine differenzierte Bewertung der ökologischen Differenzierungsstrategien notwendig. Ökologische Produkte, die mit tatsächlichen Umweltentlastungen auf der stofflich-energetischen Ebene einhergehen und sich nicht auf ein blosses Pseudo-Öko-Marketing reduzieren, sind zunächst positiv zu bewerten. Dabei darf jedoch nicht übersehen werden, dass die relativen Umweltentlastungen teilweise durch Wachstumseffekte oder durch Verhaltensveränderungen wieder zunichte gemacht werden. Wenn ein Auto zwar nur noch zwei Liter verbraucht, aber als Dritt- oder Viertwagen verwendet wird (→ Wachstumseffekte) oder doppelt soviel damit gefahren wird (→ Verhaltensänderungen), dann steigen die Umweltbelastungen trotz aller guten Absichten weiter an. In diesem Zusammenhang ist interessant festzustellen, dass auch ökologische Dienstleistungsangebote zu Verhaltensänderungen führen – allerdings im positiven Sinne. Wer auf das eigene Auto verzichtet und sich einer Car-Sharing-Gemeinschaft anschliesst, fährt nachweislich weniger Auto als vorher. Generell scheinen Dienstleistungsangebote, die sich am Nutzen orientieren, geeignet, einen wichtigen Beitrag zur Reduktion der Stoff- und Enegieflüsse und damit zu den heutigen Umweltproblemen zu liefern. Die breite Durchsetzung scheitert derzeit noch an gesellschaftlichen und wirtschaftlichen Rahmenbedingungen. Ähnliches gilt für neu entstehende Märkte wie bspw. den Markt für alternative Energien, die zwar ökologisch sinnvoll und technisch machbar, bei gegebenen Rahmenbedinungen aber nicht ökonomisch tragbar sind. Auf diese Problematik wird in den folgenden beiden Kapiteln eingegangen.

7 Ökologische Marktentwicklungsstrategien

Ökologische Wettbewerbsfelder befinden sich in der grossen Mehrzahl der Fälle erst in einem potentiellen oder einem latenten Status. Dies heisst nichts anderes, als dass ökologisch fortschrittliche Problemlösungen am Markt nicht oder noch nicht auf die erforderliche Resonanz stossen, um sie für eine grössere Anzahl von Anbietern interessant zu machen. Damit sind diese Märkte aber auch noch nicht reif für ökologische Differenzierungsstrategien, wie sie im letzten Kapitel entwickelt worden sind. Diese setzen einen bereits bestehenden Markt voraus, der für ökologische Differenzierungen empfänglich und aufnahmebereit ist. Gibt es diesen Markt aber noch nicht oder erweist sich die Marktnische als zu klein, so erhalten Strategien eine Bedeutung, die den Markt an sich zum Gegenstand des strategischen Handelns haben. An die Stelle von Wettbewerbsstrategien im Markt, die sich im Spannungsfeld von Kunden und Konkurrenz zu bewähren haben, treten somit Marktentwicklungsstrategien, die an den Entstehungs- und Entwicklungsbedingungen ökologischer Märkte selber ansetzen. Dies bedingt Massnahmen, die auf die gesellschaftlichen und ordnungspolitischen Rahmenbedingungen ausgerichtet sind.

In Kapitel 4 sind die ökologischen Marktabsicherungsstrategien behandelt worden. Dort wurden die Gemeinsamkeiten mit Marktentwicklungsstrategien betont, die beide bereits in der Frühphase des ökologischen Transformationsprozesses einsetzen und deren Massnahmen auf öffentlicher oder politischer Ebene angesiedelt sind. Im Hinblick auf die verfolgten Zielsetzungen unterscheiden sich beide jedoch deutlich voneinander: Geht es bei den ökologischen Marktabsicherungsstrategien um eine Verlangsamung oder Umleitung des ökologischen Transformationsprozesses, um bestehende Geschäftsfelder oder Märkte gegenüber Störungen und Einschränkungen abzusichern, so geht es bei den ökologischen Marktentwicklungsstrategien gerade um eine Unterstützung und Ausweitung des ökologischen Transformationsprozesses. Bezweckt wird hierdurch die Entstehung und Verbreiterung ökologischer Wettbewerbsfelder, aus denen man sich wirtschaftliche Vorteile verspricht. Liegt den ersteren somit eine defensive, strukturbewahrende Motivation zugrunde, so basieren die letzteren auf einer offensiven, strukturverändernden Motivation.

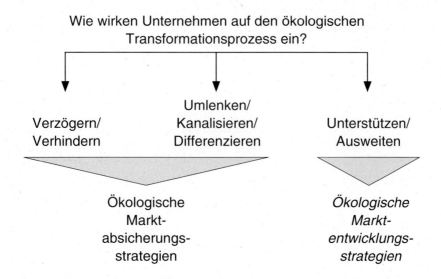

Abb. 41: Ökologische Marktentwicklungsstrategien

Folgt man der Idee des ökologischen Transformationsprozesses, so werden ökologische Probleme nach ihrer Entdeckung in der Wissenschaft zuerst in einer Fachöffentlichkeit, später in einer breiteren Öffentlichkeit diskutiert, danach von der Politik aufgegriffen und erreichen schliesslich den Markt. Die Idee des Lebenszyklus gesellschaftlicher Anliegen gibt diesen Verlauf idealtypisch wieder (vgl. Kapitel 2). Marktentwicklungsstrategien von Unternehmen können in jeder Phase dieses Ablaufes ansetzen: Sie können dazu beitragen, dass ökologische Probleme überhaupt erkannt werden, dass sie ins öffentliche Bewußtsein dringen, dass sie in der politischen Diskussion aufgegriffen werden oder dass sie sich als relevanter ökonomischer Impuls im Markt niederschlagen.

Bei der Darstellung der ökologischen Marktentwicklungsstrategien sollen dementsprechend folgende vier Ansatzpunkte unterschieden werden:

- Problemerforschung,
- Öffentlichkeitsentwicklung,
- Politikentwicklung,
- Marktentwicklung im engeren Sinne.

Im Sinne des ökologischen Transformationsprozesses sind Problemerforschung, Öffentlichkeits- und Politikentwicklung als Marktentwicklung im weiteren Sinne zu verstehen. In den folgenden Ausführungen werden alle vier Ansatzpunkte vorgestellt und verdeutlicht, wie sie ausgestaltet werden können.

Problemerforschung

Ausgangspunkt für die Entstehung eines ökologischen Wettbewerbsfeldes sind die ökologischen Probleme einer Branche auf stofflich-energetischer Ebene sowie deren Auswirkungen auf Natur und Gesellschaft. Hier stehen Unternehmen typischerweise nicht an der Spitze der Entwicklungen. In aller Regel haben sie auch von sich aus kein grosses Interesse daran, die Probleme zu erforschen. Es gilt jedoch, dass aus der Erkenntnis ökologischer Probleme absehbare Veränderungen früher erkannt und im Hinblick auf ihre Auswirkungen besser eingeschätzt werden können. Über diese reine Frühwarnfunktion hinaus können sich aber auch interessante Alternativlösungen ergeben, die aktiv aufgegriffen und umgesetzt werden können. Auch wenn die Initiative typischerweise von wissenschaftlichen oder staatlichen Stellen ausgeht, sind unterschiedliche Formen der Mitwirkung möglich. Wie eine solche Mitwirkung aussehen kann, geht aus dem Mozaic-Beispiel hervor.

Luftfahrtindustrie und das Klimaforschungsprojekt Mozaic

Die Auswirkungen des Luftverkehrs auf die höheren Luftschichten der Stratosphäre werden im Hinblick auf die Klimaentwicklung als besonders bedeutungsvoll angesehen. Bisher liegt darüber jedoch nur sehr wenig gesichertes Wissen vor. Hier setzt die EU mit ihrem Forschungsprojekt „Mozaic" (Measurement of Ozone on Airbus in Service Aircraft) an. Insgesamt fünf Langstreckenflugzeuge vom Typ Airbus A340, davon zwei der Lufthansa, sammeln auf allen ihren Linienflügen Daten, um den Einfluss des Luftverkehrs auf die Ozonbildung und das Klima besser verstehen zu lernen. Sie haben Messinstrumente an Bord, die im Abstand von 4 Sekunden den Wasserdampf und den Ozongehalt der Luft messen. Die Daten werden zusammen mit den Informationen über Datum, Uhrzeit, Position, Temperatur, Flughöhe, Luftdruck und Windrichtung gespeichert und verschiedenen Forscherteams zur Verfügung gestellt. So werden die Wasserdampfmessungen am Institut für die Chemie der belasteten Atmosphäre in Jülich ausgewertet, die Ozonmessungen an der Universität Toulouse. Durch die Mitwirkung an diesem Grundlagenforschungsprojekt sichert sich Lufthansa nicht nur einen frühestmöglichen Zugang zu Forschungsergebnissen in einem Gebiet, das von unmittelbarer und kritischer Bedeutung für die ganze Luftfahrtindustrie ist, sondern sie positioniert sich auch als progressiver Akteur in diesem Bereich, indem sie aktiv an der Problemerforschung mitwirkt.

Lufthansa unterstützt im Fall von Mozaic den Prozess der Problemerforschung insbesondere durch technische und personelle Ressourcen. Angesichts der hohen Anforderungen an die Umweltforschung ist dies ein wichtiger Beitrag, da sich Fortschritte in der Problemerkenntnis ohne das Know How und die Unterstützung der Industrie nur selten erreichen lassen (Quelle: Lufthansa 1995: 26-31).

Die Ausrichtung an einer möglichst frühzeitigen und umfassenden Erforschung ökologischer Probleme kann als *Strategie der Problemlösung* charakterisiert werden. Sie steht im Gegensatz zu einer *Strategie des Problemwiderstandes* (vgl. Dyllick 1990: 261). Der Problemwiderstand äussert sich in einer Verdrängung, unter Umständen sogar einer bewussten Verdunkelung eines hervortretenden, anfangs noch nicht ganz verstandenen ökologischen oder gesundheitlichen Problems. Solche Probleme gibt es in grosser Anzahl: Zu denken wäre hier an die ungeklärten Wirkungen elektromagnetischer Felder auf den Menschen (Elektrosmog), die Risiken einer Freisetzung gentechnisch veränderter Organismen, die Auswirkungen des Klimawandels, die Zunahme von Immunschwächekrankheiten oder der Unfruchtbarkeit bei Männern. Aus der Geschichte industrieller Auseinandersetzungen mit Gesundheits- und Umweltgefährdungen sind Beispiele bekannt, dass einzelne Unternehmen, aber auch ganze Industrien wie die amerikanische Asbestindustrie oder die Tabakhersteller die Aufklärung von Gesundheitsrisiken systematisch behindert und bekämpft haben. Eine Strategie der Problemlösung ist demgegenüber an der frühzeitigen und umfassenden Aufklärung eines Problems ausgerichtet und durch die Bereitschaft gekennzeichnet, sich hieran auch mit eigenen Beiträgen – wie dies die Mitwirkung der Lufthansa am Forschungsprojekt Mozaic deutlich macht – zu beteiligen.

Die Entdeckung ökologischer Schäden ist oft nur ein erster Schritt, um Zusammenhänge zwischen Produkten und Produktionsprozessen von Unternehmen auf der einen Seite und Umweltschäden auf der anderen Seite nachzuweisen. Das ist u.a. deswegen der Fall, weil viele Umweltschäden durch Kumulation mehrerer Ursachen ausgelöst werden und es häufig schwierig ist, das Zusammenspiel aller Faktoren genau zu ermitteln. An dieser Stelle setzen Ansätze der Problemerforschung an, die unterschiedliche Forschungsergebnisse systematisch zusammentragen und aus der Analyse der

Ergebnisse versuchen, Konsequenzen für die Produkte und Produktionsprozesse einzelner Unternehmen und Branchen abzuleiten. Ein Beispiel ist das Frühwarnsystem KOMPASS des Verbandes der Deutschen Chemischen Industrie (VCI).

Ökologische Problemerforschung auf Branchenebene: Das Frühwarnsystem KOMPASS der deutschen Chemieindustrie

Der Umfang toxikologischer und ökologischer Erkenntnisse wächst mit grosser Geschwindigkeit. Die Erkenntnisse sind in der Regel jedoch einzelfallbezogen und unstrukturiert. Eine integrierte und branchenübergreifende Beobachtung und Bewertung der Ergebnisse im Frühstadium von ökologisch relevanten Entwicklungen fehlt in den meisten Fällen. Hier setzt das vom VCI initiierte System KOMPASS ein. Ziel des Systems ist es, möglichst früh Zusammenhänge zwischen chemischen Stoffen oder Verfahren und ökotoxikologischen sowie humanmedizinischen Veränderungen zu erkennen. Grundlage des KOMPASS sind in erster Linie die international verfügbaren wissenschaftlichen Datenbanken auf dem Gebiet der Ökotoxikologie und der Humanmedizin, in denen Forschungsberichte und andere Publikationen zu diesen Themen abgelegt werden. Da Forschungsergebnisse oftmals erst mit Verzögerungen publiziert werden, spielen auch andere Informationsquellen wie Symposiumsbeiträge, Arbeitspapiere u.ä. eine Rolle. Mit Hilfe einer leistungsfähigen elektronischen Datenverarbeitung und einer hochentwickelten Software werden die verschiedenen Einzelergebnisse klassifiziert und in Beziehung gesetzt, um frühzeitig bedenkliche Stoffwirkungen abschätzen zu können. So wird z.B. eine mögliche Korrelation zwischen Reproduktionsstörungen bei einer bestimmten Tierspezies und dem Wirkungsprofil eines bestimmten Stoffes sowie seines Eintrags in die Umwelt überprüft. Eine zweite Art der Auswertung besteht in der Suche nach mehreren Berichten zum gleichen Problemzusammenhang. Mit zunehmender Zahl und Qualität der Befunde zu einer bestimmten Korrelation steigt der Grad der Sicherheit einer Aussage, damit aber auch einer fundierten Früherkennung (Quelle: Hummel 1997: 301f.).

Öffentlichkeitsentwicklung

Selbst einmal erkannte ökologische Probleme werden nur dann gesell-
schaftliche und marktliche Wirkungen entfalten, wenn Sie auf ein entspre-
chendes Umweltbewusstsein in der Öffentlichkeit stoßen. Ein solches
Umweltbewusstsein ist die Grundlage dafür, dass Bürger umweltpolitische
Massnahmen des Staates akzeptieren und mittragen, aber auch dafür, dass
Konsumenten Öko-Produkte verstärkt nachfragen.

Öffentlichkeitsentwicklung wird in der Regel vom Staat, insbesondere von
Ausbildungsinstitutionen wie Schulen und Universitäten, von den Medien
sowie von Umwelt- und Konsumentenorganisationen betrieben. Unternehmen sind normalerweise daran nur am Rande beteiligt. Dies hängt damit
zusammen, dass Unternehmen zwar eine hohe Sach- und Fachkompetenz
zugebilligt wird, sie in der öffentlichen Wahrnehmung aber nicht als ver-
trauenswürdig gelten. Im Hinblick auf die Glaubwürdigkeit ökologischer
Kommunikation schneiden Unternehmen und ihre Verbände regelmässig
sehr schlecht ab. Ihnen wird nicht zugetraut, dass sie an der Sache selber
und am zugrunde liegenden Problem interessiert sein könnten. Der Ver-
dacht der Einseitigkeit und der Wahrung eigennütziger Interessen scheint
unüberwindlich. Demgegenüber schneiden Umweltverbände, die Wissenschaft sowie die Behörden deutlich besser ab. Ihnen wird die notwendige
Unabhängigkeit und das Interesse am Gesamtwohl zugeschrieben. (vgl.
IHA-GfM 1995: 35-36 und Wirth 1996: 47)

Dies ist die Ausgangslage, von der Überlegungen für Strategien der Öffentlichkeitsentwicklung von Unternehmen – gerade wenn sie auf die Beeinflussung politischer Prozesse zielen – ihren Ausgang nehmen müssen. Ein
möglicher Ansatz für Unternehmen besteht darin, bewusst die Kooperation
mit Umweltschutzorganisationen und anderen Institutionen zu suchen, um
mit diesen gemeinsam Öffentlichkeitsentwicklung zu betreiben. Das in Kapitel 4 erwähnte Ausstellungsprojekt „Gentechnik – Pro und Contra" beschreibt
einen solchen Weg. Von der verfolgten Zielsetzung her handelt es sich jedoch
primär um die Marktabsicherung für eine umstrittene Technologie. Gleichzeitig wird mit dem Ausstellungsprojekt aber auch das öffentliche Bewusstsein für ökologische Entlastungspotentiale (z.B. bei biochemischen Prozessen) geschärft, die mit dem Einsatz der Gentechnologie ebenfalls verbunden
sind. Ein ganz anderes Beispiel zum Thema Öffentlichkeitsentwicklung
betrifft die Firma HCB in der Schweiz und die Diskussionen rund um das
Thema Abfallverbrennung in Zementöfen.

Öffentlichkeitsentwicklung als Grundlage des Einsatzes von Abfallbrennstoffen in der Zementherstellung: Das Beispiel HCB

HCB ist die schweizerische Konzerngesellschaft des weltweit tätigen Holderbank-Konzerns. Sie betreibt als grösstes Unternehmen der Baustoffindustrie fünf Zementwerke in der Schweiz, beschäftigt über 2000 Mitarbeiterinnen und Mitarbeiter und erzielte 1995 einen Umsatz von knapp 800 Millionen Franken. Die Zementherstellung ist aufgrund der notwendigen sehr hohen Temperaturen von bis zu 2000 Grad nicht nur äusserst energieintensiv, sondern trägt zugleich auch in hohem Masse zum CO_2-Aufkommen bei. HCB begann deshalb anfangs der neunziger Jahre systematisch verschiedene Abfallstoffe anstelle von Schweröl und Kohle als Brennstoffe einzusetzen. Im Vordergrund stehen Altholz, Altpapier, Kunststoffe, Klärschlamm, Altreifen, aber auch Altöl, Lösungsmittel und Tiermehl. Bis ins Jahr 2000 wollen die schweizerischen Zementwerke insgesamt nicht weniger als 75% ihres Energiebedarfs mit Abfallbrennstoffen abdecken. Dies ist eine ökologisch wie ökonomisch gleichermassen sinnvolle Massnahme, weil sich zusammen mit den CO_2-Emissionen auch die Brennstoffkosten substantiell senken lassen.

Da die Entsorgung jedoch eine öffentliche Aufgabe ist, war von Beginn an klar, dass hierfür ein politisch definierter Rahmen und öffentliche Akzeptanz nötig waren. So wurde mit Erfolg angeregt, dass das BUWAL (Bundesamt für Umwelt, Wald und Landschaft) in einer Arbeitsgruppe, unter Beteiligung aller interessierten Kreise, Kriterien für die Abfallverbrennung in Zementwerken definierte. Für die Errichtung einer grossen Altholzverbrennungsanlage im Zementwerk Rekingen wurde die Kooperation mit Umweltschutzorganisationen und Behörden gesucht, um aufbauend auf einer Umweltverträglichkeitsprüfung die Bedingungen für diese Anlage gemeinsam festzulegen, nachdem ein früherer Versuch bereits einmal an der Ablehnung von Behörden und Bevölkerung gescheitert war. Und aufgrund der bedeutenden Abfallverbrennungskapazitäten, die zusätzlich auf den Markt kommen, wurde es erforderlich, auf eine Anpassung der Planungen für weitere Kehrichtverbrennungsanlagen in der Schweiz hinzuwirken. Ohne ein Umdenken bei und die Unterstützung durch Behörden, Anwohner, Umweltschutzorganisationen und Wissenschaft hätte eine solche Brennstoffsubstitutionsstrategie nicht realisiert werden können (Quellen: HCB 1996 und Tellenbach 1995).

Aus den bisherigen Erfahrungen mit entsprechenden Kooperationsprojekten und aus theoretischen Arbeiten zu diesem Thema (vgl. Sahlberg 1996: 283-302) lässt sich eine Reihe von Schlussfolgerungen ableiten: Es bedarf einer Kooperation mit öffentlichen Anspruchsgruppen, darunter auch den kritischen, um eine hinreichend breite und öffentlich glaubwürdige Handlungsplattform zu schaffen. Dies verlangt eine ausgeprägte Fachkompetenz und Glaubwürdigkeit im Umgang mit öffentlichen Anliegen sowie eine Zusammenarbeit ohne Konsenszwang. Ein klares, erreichbares Ziel muss anfangs festgelegt werden. Es ist oftmals sinnvoll, wenn die Federführung bei einer neutralen Organisation liegt, die als „kooperativer Entrepreneur" und Moderator tätig ist. Gerade wenn es sich um eine heterogene Gruppe handelt, muss die Zahl der Partner beschränkt werden. Und es kommt sehr stark auf die beteiligten Personen und bestehende persönliche Kontakte an, damit gegenseitiges Vertrauen trotz unterschiedlicher Positionen entstehen kann (vgl. hierzu Brockhaus 1996: 213f.).

Ein weiteres Beispiel für Öffentlichkeitsentwicklung ist AEG Hausgeräte mit Sitz in Nürnberg. In Form eines „Centrum für ökologisches Haushalten" und eines Umweltwettbewerbs für Schulen bedient sich AEG neben der klassischen Kommunikation über Funk- und Printmedien noch zusätzlicher Instrumente einer öffentlichen Bewusstseinsbildung.

Bewusstseinsbildung beim Konsumenten von morgen: AEG Hausgeräte

Weltweit hat AEG Hausgeräte 1995 einen Umsatz von knapp 2,7 Mrd. DM mit 9000 Beschäftigten erzielt. In Europa zählt sie mit einem Marktanteil von 6-7% neben Siemens, Miele und Bosch zu den grössten Anbietern im Bereich der Haushaltsgrossgeräte (Waschmaschinen, Wäschetrockner, Kochherde, Kühl- und Gefrierschränke). Die Ökologie wird als gleichberechtigte Profilierungsdimension neben Preis und Qualität herausgestellt. Um diese Positionierung auch in nachhaltige Wettbewerbsvorteile umsetzen zu können, bemüht sich AEG aktiv um Bewusstseinsbildung beim Konsumenten. In der Werbung wird die Aktualität und die Dringlichkeit der Umweltproblematik hervorgehoben, zugleich aber auch die Bedeutung der AEG als führendem Hersteller von umweltverträglichen Haushaltsgeräten betont. Europaweit wird eine Positionierung als innovativer Qualitätshersteller mit ökologischer Ausrichtung angestrebt. Neue Wege geht das Unternehmen mit dem „Centrum für ökologisches Haushalten", das zusammen mit anderen Institutionen gegründet wurde. Dort soll sachlich und herstellerunabhängig über die Umweltbelastungen im Haushalt informiert werden (Beispiel: CD-ROM „Ökobilanz für Haushalte"). Da umweltbewusstes Handeln im Haushalt stark von Kindern beeinflusst wird, hat AEG Hausgeräte auch in Schulen einen Umweltwettbewerb angeregt. Dabei gehen kurzfristige Ziele mit langfristigen einher. Einerseits beeinflussen die Kinder das Kaufverhalten der Eltern, andererseits handelt es sich bei den Kindern um die ökologisch aufgeklärten Kunden von morgen.

Darüber hinaus betreibt AEG Hausgeräte aber auch Politikentwicklung. So plädiert der Vorstandsvorsitzende Carlhanns Damm öffentlich für eine ökologische Steuerreform. Kurz vor der Bundestagswahl im Herbst 1994 hat sich AEG Hausgeräte an einer konzertierten Aktion des Bundes für Umwelt und Naturschutz e.V. beteiligt („Umsteuern in der Krise. Gemeinsame Erklärung von führenden deutschen Unternehmen mit dem Bund für Umwelt und Naturschutz Deutschland für eine ökologische Steuerreform"). Doch nicht nur in Deutschland, sondern auch in Europa ist AEG Hausgeräte aktiv. So hat das Unternehmen zusammen mit Landis & Gyr und Sun 1996 das „European Business Council for a Sustainable Energy Future" gegründet. Diese Organisation setzt sich für die Förderung und Verwendung von regenerativen Energiequellen ein (Quelle: Belz/Dyllick 1996: 178-179).

AEG Hausgeräte ist bestrebt, durch Bewusstseinsbildung beim Konsumenten, aber auch durch Mitgestalten der politischen Rahmenbedingungen auf nationaler und internationaler Ebene die ökologischen Märkte von morgen vorzubereiten. Die Massnahmen dienen einerseits einer Verbreiterung der ökologischen Marktnischen, andererseits aber auch der eigenen strategischen Positionierung, um die entstehenden Märkte als Erster ausnützen zu können.

Politikentwicklung

AEG Hausgeräte setzt mit den Massnahmen zur Öffentlichkeitsentwicklung auf direkte Transformationsprozesse. Das Unternehmen vertraut darauf, dass es durch die Sensibilisierung von Verbrauchern für bestimmte ökologische Probleme (Lebensmitteltransporte, Energieverbrauch) gelingt, dieses erhöhte Bewusstsein unmittelbar im Markt wirksam werden zu lassen. Dies ist jedoch nur dann möglich, wenn die ökologischen Eigenschaften keine hohen Mehrkosten bedingen und/oder einen unmittelbaren Zusatznutzen für den Verbraucher stiften (vgl. hierzu auch die Überlegungen in Kapitel 6). In den meisten Fällen verlaufen ökologische Transformationsprozesse aber über politisch initiierte und gesteuerte Veränderungen der Rahmenbedingungen des Wirschaftens. Erst dadurch, dass sich der Gesetzgeber eines ökologischen Problems annimmt, werden Rahmenbedingungen geschaffen, die ökologisch fortschrittlicheren Produktvarianten zum Durchbruch verhelfen. Strategien der Politikentwicklung zielen auf eine Unterstützung solcher Transformationsprozesse ökologischer Probleme mittels entsprechender politischer Regulierungen ab. Auch dies lässt sich am Beispiel AEG Hausgeräte illustrieren, wenn man an die Befürwortung einer ökologischen Steuerreform durch den Vorstandsvorsitzenden und das Engagement im „European Business Council for a Sustainable Energy Future" denkt.

Strategien der Politikentwicklung sind Unternehmen und ihren Verbänden meist sehr vertraut. Jedoch bringen sie ihren Einfluss in der Regel in einem verlangsamenden oder blockierenden Sinne zur Geltung, während die hier im Vordergrund stehenden Massnahmen zur Unterstützung oder Beschleunigung politischer Prozesse eher selten sind. Das Ziel von ökologischen Politikentwicklungsstrategien besteht in der Unterstützung für und der Beschleunigung von Prozessen einer Internalisierung bisher extern gebliebener Kosten der Umweltbelastung auf politischem Weg. Damit sollen gleiche Spielregeln für alle Wettbewerber, aber auf höherem ökologischen Niveau geschaffen werden. Dies kann auf unterschiedliche Art und Weise erfolgen, wie nachfolgende Beispiele zeigen.

Unterstützende öffentliche Stellungnahme: „Liebe Frau Dreifuss"

Als die gerade frisch in ihr Amt gewählte Bundesrätin Dreifuss im Mai 1994 nach Luzern kam, um als Gastgeberin die Europäische Ost-West-Umweltministerkonferenz zu leiten, wurde sie mit ganzseitigen Zeitungsinseraten folgenden Inhalts begrüsst: „Liebe Frau Bundesrätin Dreifuss. Willkommen in Luzern zum Treffen der Umweltminister. Machen Sie ernst: Die Schweiz und Europa brauchen eine CO_2-Lenkungsabgabe. Sonst wird der Energieverschwendung und der Erwärmung unserer Erdatmosphäre weiterhin freier Lauf gelassen." Unterschrieben war der Aufruf von 13 Unternehmern, die bekannte Firmen wie Baer, bio familia, Calida, Ebnöther, Hug, Landis & Gyr, Lego, Sarnafil, St. Jakobskellerei oder Trisa vertraten, und sich als Mitglieder der Schweizerischen Vereinigung für ökologisch bewusste Unternehmungsführung (ÖBU) auswiesen. Ihr Schluss: „Wir sind Zentralschweizer Unternehmer und wissen, dass wir unsere ökologischen Hausaufgaben selber machen müssen. Dabei dürfen wir aber das Prinzip der Wirtschaftlichkeit nicht verletzen. Wenn die Energie zu billig bleibt, sind tiefgreifende Energiesparmassnahmen nicht wirtschaftlich." Daran schlossen sich eine Reihe von Bedingungen an, um die wirtschaftsverträgliche Ausgestaltung einer CO_2-Abgabe sicherzustellen.

Eine Unterstützung für zentrale umweltpolitische Vorlagen, wie dies die CO_2-Abgabe in der Schweiz war – und immer noch ist –, kann auf dem hier aufgezeigten Weg einer öffentlichen Stellungnahme zugunsten einer umstrittenen Vorlage erfolgen. Schon die Tatsache, dass sich Unternehmer öffentlich exponieren und damit aus dem Strom der schweigsamen und zumeist allein durch die Verbände vertretenen Wirtschaft heraustreten, hat einen Signalcharakter, der politisch bedeutsam ist. Eine weitergehende Möglichkeit der Unterstützung eines politischen Prozesses geht aus dem nächsten Beispiel hervor.

Politische Konsensentwicklung: Forum „Marktwirtschaft und Umwelt"

Die Idee des Forums „Marktwirtschaft und Umwelt" besteht darin, einen vertraulichen Rahmen zu schaffen, in dem Akteure unterschiedlicher gesellschaftlicher Bereiche ein konsensfähiges Konzept für eine ökologische Steuerreform entwickeln können. Auf Initiative des Industriellen Stephan Schmidheiny sowie des von ihm präsidierten Business Council for Sustainable Development wurden im Vorfeld des Umweltgipfels von Rio de Janeiro 1992 zwei wissenschaftliche Studien zur Entwicklung eines praktikablen Konzeptes für eine ökologische Steuerreform in Europa und in der Schweiz in Auftrag gegeben (vgl. Mauch et al. 1992), daneben unter Beizug eines Beratungsbüros auch ein Dialogprozess in die Wege geleitet. Unter Beteiligung unterschiedlicher Gruppierungen sollten die Bedingungen für die Realisierung einer ökologischen Steuerreform geklärt werden. Beteiligt waren zunächst Wirtschaftsvertreter und der WWF, es wurden jedoch auch bald weitere Hauptakteure aus den Bundesämtern für Umwelt (BUWAL) und Konjunkturfragen (BfK) mit einbezogen. Workshops mit internationaler Beteiligung waren ebenfalls Teil des Konsensentwicklungsprozesses.

Das Ergebnis dieses Projektes ist zwiespältig: Es gelang zwar, das Thema „ökologische Steuerreform" von einem rein „grünen" Anliegen zu einem wirtschaftlich bedeutsamen Thema zu machen. Das Bewusstsein wurde auch bei den Unternehmern geweckt, dass eine stetige Verlagerung der Steuerbelastung vom Produktionsfaktor Arbeit auf die Umwelt langfristig für Umwelt und Wirtschaft gleichermassen positiv ist. Auch in bezug auf die konkrete Zielsetzung, den Entwurf einer von unterschiedlichen gesellschaftlichen Gruppierungen akzeptierten Konzeption einer ökologischen Steuerreform, war das Projekt erfolgreich. Dennoch gelang es nicht, die identifizierten Kernfragen rechtzeitig in den etablierten politischen Prozess einzubringen. Im März 1994 wurde eine in zentralen Punkten von diesem Konzept abweichende bundesrätliche Vorlage für eine CO_2-Abgabe vorgelegt, womit der Forumsprozess in den Sog tagespolitischer Auseinandersetzungen geriet. Der Grund für diesen Misserfolg ist u.a. in dem problematischen Verhältnis des vertraulichen Forumsprozesses zur Öffentlichkeit und zu den Medien zu sehen sowie in der Konkurrenz zu den etablierten politischen Interessenvertretungen, die den offiziellen politischen Prozess dominieren (Quelle: Brockhaus 1996: 131f.).

Das Spektrum der Möglichkeiten eines Beitrags zur Weiterentwicklung der ordnungspolitischen Rahmenbedingungen ist vielfältig. Die beiden dargelegten Fälle können nur beispielhaft aufzeigen, wie das Thema Politikentwicklung praktisch angegangen werden kann. Traditionellerweise überlassen Unternehmen die politische Arbeit den Wirtschaftsverbänden. Die Problematik der Verbände besteht in ihrer Aufgabe, den gemeinsamen Nenner für die Anliegen ihrer Mitglieder herauszufinden und zu vertreten. Und wie die Erfahrung zeigt, ist dieser Nenner zumeist nur ausreichend, um Veränderungen des Status Quo zu verhindern. Er ist jedoch praktisch immer zu klein, um etwas Bestehendes auch verändern zu können. Deshalb ist es sinnvoll, dass Unternehmen auch unabhängig von den etablierten Interessenverbänden aktiv werden, um ökologische Transformationsprozesse zu unterstützen. Dabei darf jedoch auch nicht übersehen werden, dass Unternehmen auf der politischen Bühne zwar nicht ohne Einfluss sind, vor allem wenn sie sich für ökologische Innovationen einsetzen, dass sie jedoch keineswegs Hauptakteure sind. Wie das Beispiel des Forumsprozesses „Marktwirtschaft und Umwelt" zeigt, ist hierbei insbesondere die Konkurrenz durch die etablierten politischen Interessenvertretungen zu beachten. Es gilt die politische Situation und den Akteurskontext richtig einzuschätzen, um die eigenen Beiträge gezielt und wirkungsvoll einsetzen zu können.

Marktentwicklung im engeren Sinne

Selbst wenn es gelingt, den ökologischen Transformationsprozess in Öffentlichkeit und Politik zu unterstützen, gewährleistet dies nicht in allen Fällen, daß sich daraus auch relevante Marktimpulse entwickeln, die die Erlangung von Wettbewerbsvorteilen durch ökologische Vorreiter ermöglichen. Auch im Markt selber können Barrieren existieren, die die Durchsetzung ökologisch fortschrittlicher Produkt- und Dienstleistungsangebote behindern. Solche Barrieren bestehen in Form von hohen Transaktionskosten oder Informations- und Glaubwürdigkeitsproblemen, die mit der Herstellung und Vermarktung von ökologischen Produkten verbunden sind. Marktentwicklungsstrategien im engeren Sinne zielen auf die Beseitigung dieser Hindernisse. Mögliche Ansatzpunkte sollen im folgenden exemplarisch aufgezeigt werden.

Die Bedeutung ökologischer Kommunikationsmassnahmen kann am Beispiel der Lancierung regionaler Milchprodukte durch die Aargauer Zentralmolkerei (AZM) und den Einsatz geeigneter „Öko-Ziffern" verdeutlicht werden.

Marktentwicklung durch Öko-Ziffern:
Das Beispiel AZM

Die Aargauer Zentralmolkerei (AZM) liegt im schweizerischen Mittelland mit dem Produktionsstandort in Suhr, Kanton Aargau. Im Geschäftsjahr 1994/95 erzielte die AZM mit rund 250 Beschäftigten einen Umsatz von 180 Mio. SFr. Die wichtigsten Produktgruppen sind Milch, Rahm, Butter, Joghurt und Käse. Ende 1993 lancierte sie eine neue Produktelinie als Eigenmarke: Milch, Rahm und Butter als Regionalprodukte. Diese leuchtend grünen Produkte sind nur im Aargau erhältlich und zeichnen sich durch kurze Transportwege bei der Beschaffung und beim Vertrieb aus. 1995 wurde mit ihnen ein Umsatz von 3-4 Mio. Franken erzielt, was ca. 2% des Gesamtumsatzes entspricht.

Um Kunden und Öffentlichkeit für die Bedeutung einer regionalen (Landwirtschafts-) Produktion zu sensibilisieren, tragen die Aargauer Produkte seit Januar 1996 drei Öko-Ziffern. Aus ihnen lässt sich ablesen, welche ökologischen und regionalen Zusatzleistungen mit den Produkten verbunden sind. Es handelt sich um die *Nahrungseffizienz,* die *Wertschöpfung Aargau* und die *Lebensraumpflege.* Die „Nahrungseffizienz" drückt das Verhältnis von Energieoutput und Energieinput aus (über den gesamten Produktlebenszyklus). Die zweite, eher sozialökologische Kennziffer ist die „Wertschöpfung Aargau". Durch regionale Produkte wird mit dem Transportaufwand auch der Energieaufwand reduziert; gleichzeitig bilden sie aber auch Verdienstquellen für die Menschen, die in der Region leben und arbeiten. Die Wertschöpfung Aargau beziffert den prozentualen Anteil der gesamten Wertschöpfung, der im Aargau erbracht wird. Die dritte Ökoziffer ist die „Lebensraumpflege". Der Wert gibt an, wieviel Quadratmeter Grün- bzw. Futterfläche während einer Vegetationsperiode in der Region benötigt werden, um die Aargauer Produkte herzustellen. Um die Kommunikation zu erleichtern, werden die drei Öko-Ziffern nicht nur in Absolutwerten angegeben, sondern auch in Form von drei Ziffern auf einem Würfel, die dem Konsumenten eine einfache und rasche Orientierung erlauben.

Seit März 1996 werden die Aargauer Milchprodukte mit den Ökoziffern aktiv beworben. Neben einer Pressekonferenz wurden Werbespots im regionalen Fernsehen geschaltet. Die Werbespots sind einfach gestaltet und ausgesprochen sachlich-rational. Innerhalb von vier Wochen wurden die Werbespots rund 100 Mal zu den besten Programmzeiten zwischen 17 und 22 Uhr gezeigt. Ähnliche Spots waren auch im lokalen Radio zu hören. Im selben Zeitraum sind ganzseitige Anzeigen in den regionalen Tageszeitungen und Wochenblättern erschienen. Diese Massnahmen haben ihre Wirkungen nicht verfehlt: Von März bis Juni 1996 sind die Umsätze der Aargauer Produkte rapide angestiegen, teilweise über 25% (Quelle: Belz 1996).

Die Auswirkungen von Produkten auf die natürliche Umwelt sind vielschichtig, indirekt und komplex. Die Umweltforschung ist noch nicht so weit, die Umweltwirkungen von Produkten mittels Ökobilanzen so zu erfassen, dass eindeutig entschieden werden kann, welches in ökologischer Hinsicht das bessere ist. So wird z.B. die Umweltverträglichkeit verschiedener Verpackungen von Experten kontrovers beurteilt, je nachdem, welche Grundannahmen getroffen und welche Kriterien zur Beurteilung herangezogen werden. Ein solcher Expertenstreit führt zu einer allgemeinen Verunsicherung der Verbraucher, die nicht wissen, was sie nun glauben sollen. Eine Möglichkeit zur Überwindung solcher Informations- und Glaubwürdigkeitsdefizite liefert die kooperative Entwicklung von Ökobilanzbasisdaten für Packstoffe, wie sie in der Schweiz betrieben wurde.

Entwicklung von Ökobilanzbasisdaten für Packstoffe: Der Beitrag der Grossverteiler Migros und Coop

Die ökologische Optimierung von Verpackungen war Ende der achtziger Jahre im Bereich Lebensmittelherstellung und -handel das ökologisch vordringliche Problem. Das Bundesamt für Umwelt, Wald und Landschaft hatte 1984 erstmalig eine Basisdokumentation zu den „Ökobilanzen für Packstoffe" herausgegeben, die jedoch Ende der achtziger Jahre nicht mehr auf dem neuesten Stand war. Auf Anregung der beiden marktbeherrschenden Lebensmitteleinzelhändler Migros und Coop und mit ihrer aktiven Mitbeteiligung erfolgte eine Neubearbeitung durch ein Institut der ETH Zürich. Die Ergebnisse wurden durch das BUWAL validiert und publiziert (vgl. Habersatter/Widmer 1991). Auf Initiative einer von der Migros finanzierten Arbeitsgruppe, die zwei Wissenschaftler und den Umweltverantwortlichen der Migros umfasste, ist parallel dazu eine weiterentwickelte Methodik für Ökobilanzen auf der Basis ökologischer Optimierung erarbeitet worden. Auch diese Arbeit ist nach Prüfung durch das BUWAL in dessen Schriftenreihe publiziert worden (vgl. Ahbe/Braunschweig/Müller-Wenk 1990). Basierend auf dieser Methodik konnten erstmals eindeutige Knappheitswerte für konkurrierende Verpackungsalternativen berechnet werden. Die Migros entwickelte hierzu die passende PC-Software „Öko-Base", um auf einfache und komfortable Weise die Knappheitswerte berechnen zu können. Hierdurch ist zum einen das Problem der ökologischen Beurteilung von Verpackungsalternativen einer systematischen und wirtschaftlich effizienten Bearbeitung zugeführt worden. Zum anderen konnten sich Migros und Coop als ökologische Pioniere selber an die Spitze dieser Entwicklung setzen. Heute gehört die systematische Beurteilung alternativer Verpackungslösungen mittels Ökobilanzen zur normalen Praxis der beiden Grossverteiler.

Die gemeinsame Erstellung der Ökobilanzbasisdaten wurde von zahlreichen Akteuren getragen. Der Mitwirkung von Migros und Coop kam in diesem Prozess aber eine besondere Bedeutung zu. Einmal steuerten sie finanzielle und personelle Ressourcen zur Erhebung der Daten bei. Als Marktführer im Schweizer Lebensmittelhandel konnten sie durch ihre Marktmacht aber auch die Durchsetzung der Ökobilanzdaten und -methoden erheblich beeinflussen und damit einen für alle Akteure de facto verbindlichen Bezugs- und Planungsrahmen schaffen.

In eine ähnliche Richtung weist die Entwicklung des Textillabels Ökotex 100. Obwohl es einzelne Forschungsinstitute sind, die dieses Textillabel betreiben und organisieren, hat erst die Unterstützung des Labels durch marktmächtige Handelsunternehmen und einzelne Wirtschaftsverbände dazu geführt, daß sich der Öko-Tex-Standard im Markt durchsetzen konnte. Dies war aber die Voraussetzung dafür, dass auch die Massenhersteller die entsprechenden Kriterien des Labels erfüllen konnten, da für sie ansonsten die Koordinations- und Kontrollkosten in der Wertschöpfungskette zu hoch gewesen wären.

Marktentwicklung durch standardisierte Umweltlabel: Das Beispiel Ökotex 100

Mitte der achtziger Jahre legte das Österreichische Textil-Forschungsinstitut (ÖTI) in Wien eine schadstoffbezogene Prüfvorschrift „ÖTN 100" vor und prüfte danach Textilien, Bekleidung und Bodenbeläge. Weitere europäische Prüfinstitute griffen auf diesen Erfahrungsschatz zurück und bauten mit der „Internationalen Gemeinschaft für Forschung und Prüfung auf dem Gebiet der Textilökologie" (Kurzform: Öko-Tex) ein europäisches Schadstoffprüfungssystem auf. Dieser Gemeinschaft gehören bis heute 12 Institute für Textilprüfung an, die für eine einheitliche Prüfung in 14 Ländern Europas sorgen. Unabhängig davon wurde durch den Verein für verbraucher- und umweltfreundliche Textilien (VvuT) das Markenzeichen „Schadstoffgeprüfte Textilien" (M.S.T.) eingeführt. Dieses Zeichen hatte bereits eine beachtliche Akzeptanz bei der Deutschen Textilindustrie erlangt. Zugunsten einer europäischen Vereinheitlichung auf dem Gebiet der Schadstoffprüfung hat sich der Verein 1994 aber dafür ausgesprochen, sein Label zugunsten von Öko-Tex zurückzuziehen.

Große Handelsunternehmen wie z.B. die deutschen Versandhäuser Otto, Quelle und Neckermann verlangen heute schon für einen Großteil ihrer Textilien den Öko-Tex 100-Standard von ihren Lieferanten. Dieser Anteil soll in den nächsten Jahren kontinuierlich weiter gesteigert werden und mittelfristig das gesamte Sortiment umfassen. Durch die europäische Harmonisierung des

Labels und die Unterstützung durch wichtige Unternehmen der textilen Kette hat sich Öko-Tex 100 heute als ein Label durchgesetzt, das selbst Vorlieferanten in Südostasien ein Begriff ist. Die Herstellung und Beschaffung von Textilien in Öko-Tex-100-Qualität bereitet daher weltweit kaum noch Koordinationsprobleme.

Ökologisch ist das Öko-Tex-100-Label umstritten, weil es nur sogenannte humantoxikologische Kriterien prüft, d.h. gewährleistet, daß auf dem Textil keine Substanzen mehr enthalten sind, die die Gesundheit des Konsumenten beeinträchtigen können. Damit ist jedoch nichts zur ökologischen Qualität der Herstellung der Textilien gesagt. In der Regel reicht gründliches Waschen, um die Öko-Tex-Kriterien einzuhalten. Derzeit arbeiten die beteiligten Institute an einem erweiterten Öko-Tex-Standard 1000, in den auch ökotoxikologische Aspekte einfließen sollen. Im vorliegenden Fall wurde daher anfangs auf zu strenge Kriterien verzichtet, um eine möglichst breite Akzeptanz des Labels zu erreichen, jetzt werden die Kriterien aber schrittweise erhöht. Von vornherein umfassend ausgelegte ökologische Textillabel schafften dagegen den Durchbruch im deutschen und schweizerischen Markt nicht (Quelle: Forschungsinstitut Hohenstein 1996).

Zum Ablauf ökologischer Marktentwicklung

Die vorangegangenen Abschnitte haben zahlreiche Ansatzpunkte für ökologische Marktentwicklungsstrategien von Unternehmen aufgezeigt. Die behandelten Strategien setzen in unterschiedlichen Phasen des ökologischen Transformationsprozesses an und unterscheiden sich u.a. darin, ob sie eine Kooperation mit anderen Partnern erfordern oder nicht. Im folgenden sollen einige Hinweise gegeben werden, wie Unternehmen für sie geeignete Marktentwicklungsstrategien definieren können.

Dabei sind vier Schritte zu berücksichtigen:

* Problemidentifizierung,
* Ermittlung des Problemstadiums,
* Ermittlung der Handlungspotentiale,
* Wahl von geeigneten (Kooperations-) Strategien.

Problemidentifizierung

Die Problemidentifizierung ist der erste Schritt. Das Spektrum solcher Probleme ist weit. Es reicht vom Elektro-Smog bis zu hormonähnlich wirkenden Substanzen. Für alle diese Fragen sind zuverlässige Wirkungsabschätzungen heute kaum möglich. Sie können sich jedoch in Zukunft zu wettbewerbsstrategisch relevanten Aspekten weiterentwickeln, weshalb qualitative Grobabschätzungen nicht nur angebracht, sondern auch nötig sind. Hierfür eignet sich als Instrument die ökologische Belastungsmatrix, wie sie in Kapitel 1 dieses Buchs vorgestellt worden ist. Durch ihren qualitativen Charakter und ihre kommunikative Wirkung erlaubt sie die Erfassung von Problemen, für die bisher erst Einschätzungen von Experten und Meinungen von Anspruchsgruppen vorliegen.

Ermittlung des Problemstadiums

Neben der Ermittlung des eigentlichen Problems gilt es in einem zweiten Schritt festzustellen, in welcher Phase des ökologischen Transformationsprozesses sich das Problem befindet. Hierfür kann als Instrument die ökologische Anspruchsmatrix eingesetzt werden, die in Kapitel 2 dieses Buches erläutert worden ist. Sie zeigt die relevanten Ansprüche auf, die seitens Öffentlichkeit, Politik und Markt an eine Branche gerichtet werden. Sie kann sowohl im Hinblick auf alle ökologischen Probleme eines Unternehmens eingesetzt werden als auch im Hinblick auf ein ökologisches Einzelproblem, um herauszufinden, in welchem Entwicklungsstadium sich das Problem befindet und durch welche konkreten Ansprüche seine Entwicklung vorangetrieben wird.

Ermittlung der Handlungspotentiale

Problemidentifizierung und Ermittlung des Entwicklungsstadiums im ökologischen Transformationsprozess bilden eine Grundlage, um in einem dritten Schritt die Gestaltungsmöglichkeiten ermitteln zu können. Zur Klärung der eigenen Handlungspotentiale kann das in Kapitel 3 eingeführte Konzept der ökologischen Dominoketten eingesetzt werden, um die Dynamik von Wirkungen auf den ökologischen Transformationsprozess verfolgen und beurteilen sowie geeignete Ansatzpunkte für eigene Massnahmen erkennen zu können. Neben dem Herausfinden von Ansatzpunkten muß sich das Unternehmen darüber Rechenschaft ablegen, über welche Ressourcen es verfügt, einen solchen Impuls auch tatsächlich auslösen zu können. Aus den zitierten Beispielen wurde deutlich, daß es verschiedene Formen solcher Ressourcen gibt: In einem Fall sind es finanzielle und technische Mittel (Beispiele: Mozaic, Kompass), in anderen Fällen die Bereitstellung von Marketing-Know How (Beispiel: AZM) oder von Marktmacht (Beispiele: Ökobilanzbasisdaten für Packstoffe, Öko-Tex 100).

Wahl von geeigneten (Kooperations-) Strategien

Zum Teil verfügen einzelne Unternehmen über ausreichende Ressourcen, um die entsprechenden Impulse im Alleingang auszulösen. Dies gilt z.B. für marktmächtige „Gatekeeper", wie dies große Handelsunternehmen sind. In der Regel werden Unternehmen für eine ökologische Marktentwicklungsstrategie jedoch die Kooperation mit anderen Partnern suchen. Häufig sind diese Partner Unternehmen derselben Branche oder der Branchenverband. Gerade wenn es um die Durchsetzung von Branchenstandards geht, ist ein solches Vorgehen sinnvoll. Wenn die gesamte Branche an der Beschleunigung eines ökologischen Transformationsprozesses interessiert ist, erleichtert eine Brancheninitiative auch die Mobilisierung der notwendigen finanziellen Ressourcen. Daneben zeigte sich aber auch, daß vertikale Kooperationen mit Unternehmen aus anderen Wertschöpfungsstufen und insbesondere auch Kooperationen mit politischen und öffentlichen Anspruchsgruppen sinnvoll, manchmal sogar entscheidend sein können. Gerade die letzteren bringen Ressourcen, z.B. in Form öffentlicher Glaubwürdigkeit, in eine Zusammenarbeit ein, über die Unternehmen nur sehr begrenzt verfügen. Zudem können Kooperationen durch ihren verständigungsorientierten Charakter die Entscheidung und Umsetzung von politischen Maßnahmen und von breit unterstützten Branchenstandards beschleunigen.

Hieraus wird deutlich, daß es kein allgemeingültiges Muster für die ökologische Marktentwicklung gibt. Die Strategie ist vielmehr situativ dem Einzelfall anzupassen. Das vorliegende Kapitel hat hierfür jedoch Konzepte entwickelt und Instrumente aufgezeigt, die bei der Ermittlung geeigneter Strategien mit Vorteil eingesetzt werden können.

Zur Bewertung ökologischer Marktentwicklungsstrategien

Wie sind ökologische Marktentwicklungsstrategien aus einer wettbewerbsstrategischen und aus einer ökologischen Sicht zu bewerten? Wo liegen die Grenzen von Marktentwicklungsstrategien? Auf diese Fragen soll abschliessend kurz eingegangen werden.

Wettbewerbsstrategische Bewertung

Ähnlich wie Marktabsicherungsstrategien setzen auch Marktentwicklungsstrategien auf der übergeordneten Ebene des Marktes als Ganzes an und haben somit Auswirkungen auf alle Marktteilnehmer. Aus der Tatsache, dass der Markt als Ganzes abgesichert bzw. entwickelt wird, kann aber noch nicht ohne weiteres abgeleitet werden, dass sich für das marktentwickelnde Unternehmen auch individuelle ökonomische Vorteile ergeben. Bildlich gesprochen wird durch diese Strategien ein neues „Spielfeld" geschaffen, auf dem ein verändertes „Spiel" beginnt. Wer auf diesem Spielfeld am erfolgreichsten agiert, entscheidet sich erst im Verlauf des Spiels selber. Wie die Beispiele deutlich gemacht haben, engagieren sich hier naturgemäss vor allem Unternehmen, die sich von diesem neuen Spielfeld und seinen Merkmalen relative Vorteile im Wettbewerb versprechen. Diese Vorteile können struktureller Natur sein, wie dies am Beispiel der Aargauer Zentralmolkerei deutlich wurde, die als regionale Herstellerin gut positioniert ist, um durch eine wachsende Nachfrage nach regionalen Produkten begünstigt zu werden. Diese Vorteile können jedoch auch zeitlicher Natur sein, indem Akteure wie HCB früher und schneller ein Thema wie die Brennstoffsubstitution aufgreifen und umsetzen als andere. Hierdurch lassen sich frühzeitig Positionen besetzen, ausbauen und absichern, was für Nachfolger in der Regel nur mit höheren Kosten und Risiken möglich ist, wenn es, wie das Beispiel HCB deutlich macht, aufgrund von Engpässen in der Verfügbarkeit von Abfallbrennstoffen überhaupt noch möglich ist.

Ökologische Marktentwicklungsstrategien können jedoch auch als interessante Option im internationalen Standortwettbewerb angesehen werden. Durch die Etablierung ökologischer Markt- oder Branchenstandards kann das ökologische Niveau in einem nationalen Markt angehoben, aber auch gegenüber einer auf tieferem ökologischen Niveau operierenden Konkurrenz abgesichert werden. Dies kann durch staatliche Regulierungen erfolgen, es kann aber auch durch nicht-staatliche Massnahmen erreicht werden. Ein Beispiel staatlicher Regulierung ist die schweizerische Getränkeverpackungsverordnung, die zulässige Restabfallmengen für unterschiedliche Materialströme wie Glas, PET oder Aluminium definiert. Dies hat zur Etablierung ressourcensparender, materialspezifischer Recyclingsysteme geführt. Ein Beispiel für die Etablierung nicht-staatlicher Öko-Standards ist die Etablierung von Verpackungsökobilanzen in der Schweiz unter entscheidender Mitwirkung von Migros und Coop oder die Durchsetzung des Öko-Tex 100-Labels für Textilien im deutschen und schweizerischen Markt.

Ökologische Bewertung

Das ökologische Potential von Marktentwicklungsstrategien ist groß, da sich durch sie breitflächigere ökologische Transformationen der gesamten Branche oder sogar mehrerer Branchen erreichen lassen. Darin ist ihr grosser Vorteil gegenüber den eher individuell ausgerichteten, damit aber auch nur begrenzt ausstrahlenden ökologischen Wettbewerbsstrategien zu sehen, die sich an Kosten- oder Differenzierungsaspekten orientieren. Das Beispiel des Öko-Tex-Standards 100 zeigt jedoch, daß diese Breitenwirkung häufig mit ökologischen Zugeständnissen bzgl. des ökologischen Anspruchsniveaus erkauft werden muß. Die Herausforderung liegt daher in ökologischer Hinsicht darin, den richtigen Mittelweg zwischen möglichst breiter Transformationswirkung auf der einen Seite und Einhaltung möglichst hoher ökologischer Standards auf der anderen Seite zu finden. Diese Frage kann aber nicht allgemein, sondern immer nur spezifisch und für den konkreten Fall beantwortet werden.

Die Analyse im vorliegenden Kapitel ging bewusst von einfachen gesellschaftlichen und marktlichen Zusammenhängen aus. Die Aussagen wurden mit Hilfe von plakativen Einzelbeispielen illustriert. Es sollte dafür sensibilisiert werden, daß Unternehmen Teil von gesellschaftlichen Prozessen sind und sich ihnen durchaus auch Ansatzpunkte für eine Beschleunigung des ökologischen Transformationsprozesses bieten. Dies darf jedoch nicht darüber hinwegtäuschen, daß das Konzept des ökologischen Transformationsprozesses einen idealtypischen Verlauf wiedergibt. Tatsächlich sind die Verhältnisse komplexer. Transformationsprozesse spielen sich in vielfältigen öffentlichen, politischen und marktlichen Arenen ab und sind über oftmals nur schwer durchschaubare Rückkoppelungen und Nebenwirkungen miteinander verknüpft. Darüber hinaus bieten öffentliche und politische Prozesse grundsätzliche Probleme für eine allzu unmittelbare Steuerung durch irgendeinen der beteiligten Akteure. Ökologische Marktentwicklung durch Unternehmen ist möglich, und innovative Unternehmen nutzen auch aktiv die sich bietenden Chancen aus. Doch wird eine solche Marktentwicklung kaum nach einfachen mechanischen Regeln ablaufen. Es gilt daher das Bewusstsein dafür zu schärfen, dass ökologische Marktentwicklungsstrategien wohl nur im Rahmen eines kontinuierlichen Lern- und Veränderungsprozesses angemessen verstanden, angewendet und weiterentwickelt werden können.

Zusammenfassung und Ausblick: Von ökologischen Wettbewerbsfeldern zum ökologischen Massenmarkt

Das vorliegende Buch hat sowohl einen Kompass als auch einen Werkzeugkasten für den schwierigen Weg zwischen „Wettbewerb und Umwelt" geliefert. Es präsentierte Instrumente und Strategien, die Unternehmen helfen, Ökologie und Wettbewerbsfähigkeit miteinander zu verknüpfen. Grundelement war dabei das Konzept des ökologischen Transformationsprozesses. Nur Unternehmen, die die eigentlichen ökologischen Probleme als Ausgangspunkt ihrer Strategiedefinition nehmen und die Prozesse der öffentlichen, politischen und marktlichen Transformation verstehen, werden ökologische Anliegen langfristig mit den Wettbewerbserfordernissen ihrer Branche verknüpfen können. Mit der ökologischen Belastungsmatrix, der Anspruchsmatrix, dem Konzept der ökologischen Dominokette und der Idee der ökologischen Wettbewerbsfelder lieferte das Buch im ersten Teil konkrete Instrumente, um die relevanten ökologischen Probleme eines Unternehmens bzw. einer Branche zu identifizieren und Ansatzpunkte für ökologische Strategien zu definieren. Im zweiten Teil standen vier grundsätzliche Strategiealternativen im Vordergrund, die eine Antwort auf das Spannungsfeld von „Wettbewerb und Umwelt" darstellen. Sowohl die Instrumente als auch die Strategien wurden mit zahlreichen Beispielen illustriert, um die Anwendung im Kontext der eigenen Unternehmung zu erleichtern.

Die Idee des „ökologischen Wettbewerbsfeldes" steht stellvertretend für die Verknüpfung von Ökologie und Wettbewerbsfähigkeit. Ein ökologisches Wettbewerbsfeld bezeichnet die ökologischen Probleme einer Branche, deren Lösung die Erlangung von Wettbewerbsvorteilen ermöglicht bzw. deren Nichtbeachtung erhebliche Wettbewerbsnachteile bedingt. Dabei spielen sowohl Kosten- als auch Differenzierungsaspekte eine Rolle. Im Buch wurden aktuelle, latente und potentielle ökologische Wettbewerbsfelder unterschieden. In den empirischen Studien, die dem vorliegenden Buch zugrundeliegen, zeigt sich, daß sich heute solche ökologischen Wettbewerbsfelder in den meisten Branchen beobachten lassen. Es überwiegen jedoch latente und potentielle Wettbewerbsfelder: Die „Öko-Nische" ist die Regel bei der Verbindung von Ökologie und Wettbewerbsfähigkeit. Eine solche Verbindung ist möglich – anscheinend jedoch nur in kleinen Marktsegmenten und als attraktive Profilierungsmöglichkeit für Zusatzsortimente oder spezialisierte Anbieter. Aktuelle ökologische Wettbewerbsfelder, die wirklich eine zentrale Rolle im Wettbewerb von Branchen spielen und die die Ökologisierung von Branchen über die Dynamik des Marktes vorantreiben, bleiben die Ausnahme. Verpackungsoptimierungen in der Lebensmittelbranche, Energieeinsparungen im Baubereich oder lösemittelfreie Lacke in der Farbenchemie sind solche Ausnahmen.

Um den ökologischen Strukturwandel voranzutreiben, bedarf es aber vermehrt solcher aktueller Wettbewerbsfelder. Dabei zeigte das Kapitel „Marktentwicklungsstrategien", daß auch Unternehmen die Entstehung und Entwicklung solcher aktuellen ökologischen Wettbewerbsfelder aktiv mitgestalten können. Eine Schlüsselbedeutung für eine Marktentwicklung haben dabei ressourcenstarke Unternehmen sowie „Gatekeeper" in Wertschöpfungsketten und neue Kooperationsformen zwischen Unternehmen.

Um von der Öko-Nische (potentielle und latente ökologische Wettbewerbsfelder) zum ökologischen Massenmarkt (aktuelle ökologische Wettbewerbsfelder) zu kommen, bedarf es aber noch mehr – nämlich

*   Unternehmen, die anerkennen, daß sie Teil der Gesellschaft sind und diese Rolle aktiv annehmen,

*   Unternehmen, die bereit sind, ihre wettbewerbsstrategischen „Spielfelder" ökologisch neuzugestalten, auch wenn sie heute noch nicht alle Wettbewerbskonsequenzen für die eigene Tätigkeit abschätzen können,

*   eine Umweltmanagementforschung, die die Entstehung bisheriger aktueller ökologischer Wettbewerbsfelder analysiert sowie die Entwicklung derzeitiger potentieller und latenter ökologischer Wettbewerbsfelder aktiv begleitet (vgl. hierzu näher Belz/Schneidewind/Villiger/Wüstenhagen 1997),

*   ein differenziertes Verständnis von öffentlichen, politischen und gesellschaftlichen Transformationsprozessen, um Unternehmen für den Prozeß der ökologischen Marktentwicklung Hinweise zu geben.

Das vorliegende Buch soll Unternehmen helfen, heute bestehende ökologische Wettbewerbsfelder zu erkennen und konsequent zu nutzen. Es hat darüber hinaus erste Anhaltspunkte und Ideen gegeben, wie Unternehmen diese Wettbewerbsfelder auch aktiv mitgestalten können. Am letzten Punkt setzt derzeit die weitere Forschung des IWÖ-HSG an, das in einem umfassenden Projekt von der „Öko-Nische zum ökologischen Massenmarkt" exemplarisch am Bedürfnisfeld Ernährung analysiert, wie Unternehmen zur Ökologisierung von Massenmärkten beitragen können.

Literaturverzeichnis

Achleitner, P. (1985): Sozio-politische Strategien multinationaler Unternehmungen, Bern, Stuttgart 1985.

Ahbe, S./Braunschweig, A./Müller-Wenk, R. (1990): Methodik für Ökobilanzen auf der Basis ökologischer Optimierung, Schriftenreihe „Umwelt" Nr. 133 des Bundesamtes für Umwelt, Wald und Landschaft (BUWAL), Bern 1990.

Arthur D. Little (Hrsg.): Ökologische Senkrechtstarter. Die Studie zu grünen Markterfolgen, Düsseldorf u.a. 1993.

Bayer AG (1995): Chemie mit Chlor, Leverkusen 1995.

Belz, F. (1994): Ökologische Wettbewerbsfelder in der Lebensmittelbranche. In: Der Markt. Zeitschrift für Absatzwirtschaft und Marketing, 33. Jg., 1994, Nr. 129, S. 51-61.

Belz, F. (1995): Ökologie und Wettbewerbsfähigkeit in der Schweizer Lebensmittelbranche, Bern, Stuttgart, Wien 1995.

Belz, F. (1996): Regionales Öko-Marketing: Aargauer Zentralmolkerei. Fallstudie für die Lehre, Institut für Wirtschaft und Ökologie der Universität St. Gallen (IWÖ-HSG), St. Gallen 1996.

Belz, F./Dyllick, T. (1996): Ökologische Positionierungsstrategien. In: Tomczak, T./Rudolph, T./Roosdorp, A. (Hrsg.): Positionierung. Kernentscheidung des Marketing, THEXIS Fachbuch für Marketing, St. Gallen 1996, S. 170-179.

Bel, F./Schneidewind, U./Villiger, A./Wüstenhagen, R. (1997): Von der Öko-Nische zum ökologischen Massenmarkt im Bedürfnisfeld Ernährung. Konzeption eines Forschungsprojektes, IWÖ-Diskussionsbeitrag Nr. 40, St. Gallen 1997.

Blazejczak, J. u.a. (1992): Umweltschutz und Industriestandort – Der Einfluß umweltbezogener Standortfaktoren auf Investitionsentscheidungen. Berichte des Umweltbundesamtes, Berlin 1992.

Böttger, M. (1996): Einführung ökologischer Produkte. Timing-Strategien – dargestellt am Beispiel der Automobilindustrie, Berlin 1996.

Brockhaus, M. (1996): Gesellschaftsorientierte Kooperationen. Möglichkeiten und Grenzen der Zusammenarbeit von Unternehmungen und gesellschaftlichen Anspruchsgruppen im ökologischen Kontext, Wiesbaden 1996.

BUND (1994): Chlorchemie – eine Ära geht zu Ende. BUND-Positionen Nr. 24, Bonn 1994.

Bundesamt für Statistik (1996): Umweltausgaben und -investititionen in der Schweiz 1992/93. Ergebnisse einer Pilotstudie, Bern 1996.

Burschel, C./Fischer, H./Wucherer, C. (1995): Umweltkostenmanagement. In: UmweltWirtschaftsForum (UWF), 3. Jg, Nr. 4, Dezember 1995, S. 62-65.

BUWAL (1991), Hrsg.: Verminderung von Sonderabfällen durch Vermeiden und Verwerten. BUWAL-Schriftenreihe Nr. 161, Bern 1991.

Dyllick, T. (1988): Erfolgreiche Positionierung mit ökologischer Verpackung. Toni-Joghurt im Zirkulationsglas. In: THEXIS, 5. Jg., 1988, Nr. 3, S. 51-55.

Dyllick, T. (1990): Management der Umweltbeziehungen, Wiesbaden 1990.

Dyllick, T. (1990): Ökologisch bewusstes Management, Schriftenreihe „Die Orientierung" Nr. 96, herausgegeben von der Schweizerischen Volksbank, Bern 1990

Dyllick, T. (1992): Ökologisch bewusste Unternehmungsführung. Bausteine einer Konzeption. In: Die Unternehmung, 46. Jg., 1992, Nr. 6, S. 391-413.

Dyllick, T. (1996): Umweltmanagement-Barometer Schweiz 1995/96. Überblick über die Ergebnisse, IWÖ-Diskussionsbeitrag Nr. 37, St. Gallen 1996.

Dyllick, T. et al. (1994): Ökologischer Wandel in Schweizer Branchen, Bern, Stuttgart, Wien 1994.

Dyllick, T./Belz, F. (1994): Ökologische Unternehmungsentwicklung – die Entstehung einer dynamischen Perspektive. In: Kreikebaum, H./Seidel, E./Zabel, H.-U. (Hrsg.): Unternehmenserfolg durch Umweltschutz. Rahmenbedingungen, Instrumente, Praxisbeispiele, Wiesbaden 1994, S. 53-69.

Dyllick, T./Belz, F. (1994): Zum Verständnis des ökologischen Branchenstrukturwandels. In: Dyllick, T. et al. (1994): Ökologischer Wandel in Schweizer Branchen, Bern, Stuttgart, Wien 1994, S. 9-29.

Dyllick,T./Belz, F./Schneidewind, U. (1995): Warum Umweltschutz erfolgreich macht. Ökologie und Wettbewerbsfähigkeit – die Mär vom Kostennachteil. In: Handelszeitung vom 23.03.1995, S. 61-66.

Dyllick,T./Sahlberg, M. (1994): Kunststoffwiederverwertung: ein Werkstoff im Spannungsfeld gesellschaftlicher, politischer und marktlicher Forderungen. In: CH-D Wirtschaft, 1994, Nr. 12, S. 7-10.

Enquete-Kommission „Schutz des Menschen und der Umwelt" des Deutschen Bundestages (1995): Mehr Zukunft für die Erde. Nachhaltige Energiepolitik für dauerhaften Klimaschutz, Bonn 1995.

EPA (1992) (Hrsg.): Total Cost Assessment: Accelerating Industrial Pollution Prevention through Innovative Project Financial Analysis. With Applications to the Pulp and Paper Industry. Washington 1992.

EPA (1995) (Hrsg.): An Introduction to Environmental Accounting as a Business Management Tool: Key Concepts And Terms. Washington 1995.

EuroStrategy Consultants (1995): Attitude and Strategy of Business Regarding Protection of the Environment. Common Environmental Framework. Studie für die Europäische Kommission, Generaldirektion III (Industrie), Brüssel 1995.

Faber, M./Jöst, F./Müller-Fürstenberger, G. (1994): Umweltschutz und Effizienz in der chemischen Industrie – eine empirische Untersuchung mit 33 Fallstudien. Diskussionsschrift der Wirtschaftswissenschaftlichen Fakultät der Universität Heidelberg Nr. 217, Heidelberg 1994.

Forschungsinstitut Hohenstein (1996): Die Öko-Tex-Initiative, Bönnigheim 1996.

Freimann, J. (1996): Betriebliche Umweltpolitik, Bern, Stuttgart, Wien 1996.

Gressly, J.-M. (1996): Erfassung der Umweltschutzkosten anhand von Beispielen in der Schweizer Industrie. Bern, Stuttgart, Wien 1996.

Habersatter, K./Widmer, F. (1991): Ökobilanz von Packstoffen. Stand 1990, Schriftenreihe „Umwelt" Nr. 132 des Bundesamtes für Umwelt, Wald und Landschaft (BUWAL), Bern 1991.

Hall, S./Ingersoll, E. (1993): Leading the Change: Competitive Advantage from Solution-Oriented Strategies. A Stakeholder-based Learning Approach, Arbeitspapier präsentiert auf „Designing the Sustainable Enterprise", 2. internationale Konferenz von „The Greening of Industry Network" am 14.-16. November 1993 in Boston, Massachusetts.

HCB (1995): Altholzverwertung im Zementofen, Bulletin Nr. 3, HCB-Rekingen, Rekingen 1995.

HCB (1996): Unsere Umweltpolitik: Natürlich vernetzt, HCB-Rekingen, Rekingen 1996.

Henseling, K.O. (1992): Ein Planet wird vergiftet, Reinbek 1992.

Hinterhuber, H.H. u.a. (1985): Die Wettbewerbsfähigkeit als zentrales Element der Unternehmensstrategie, in WiSt, 1985, Nr. 7, S. 347-353.

Hockerts, K. (1995): Konzeptualisierung ökologischer Dienstleistungen. Dienstleistungskonzepte als Element einer wirtschaftsökologisch effizienten Bedürfnisbefriedigung, Diskussionsbeitrag Nr. 29 des Institut für Wirtschaft und Ökologie der Universität St. Gallen (IWÖ-HSG), St. Gallen 1995.

Holderbank Cement und Beton (1995): Altholzverwertung im Zementofen, HCB-Bulletin Nr. 3, Rekingen 1995.

Hummel, J. (1997): Strategisches Öko-Controlling. Konzeption und Umsetzung in der textilen Kette, Wiesbaden 1997.

Hüser, A./Mühlenkamp, C. (1992): Werbung für ökologische Güter: Gestaltungsaspekte aus informationsökonomischer Sicht. In: Marketing ZfP, 14. Jg., Nr. 3, S. 149-156.

IHA-GfM (1995): 3. Repräsentativ-Befragung zur Abfallkampagne des BUWAL, Hergiswil 1995.

IHA-GfM (1996): Studie „Gentechnologie", Hergiswil 1996.

Kaas, K.P. (1992): Marketing für umweltfreundliche Produkte. Ein Ausweg aus den Dilemmata der Umweltpolitik? In: Die Betriebswirtschaft (DBW), 52. Jg., Nr. 4, S. 473-487.

Kirchgeorg, M. (1995): Kreislaufwirtschaft – Neue Herausforderungen für das Marketing. In: Marketing ZfP, 1995, 17. Jg., Nr. 4, S. 232-248.

Kirchgeorg, M. (1995): Umweltorientierte Unternehmensstrategien im Längstschnittvergleich von 1988 und 1994, in: Freimann, J. (Hrsg.): Betriebliche Umwelt- und Arbeitspolitik in empirischer Perspektive, Wiesbaden 1995.

Knoepfel, P. et al. (1995): Energie und Umwelt im politischen Alltag. Drei Fälle für die Ausbildung, Bern 1995.

Kobelt, C.R. (1995): Auf unkonventionellen Wegen zur RENI, Informationsbroschüre der Kobelt PR, Sempach 1995.

Koller, F. (1995): Ökologie und Wettbewerbsfähigkeit in der Schweizer Baubranche, Bern, Stuttgart, Wien 1995.

Landis & Gyr (1996): Landis & Gyr Öko-Effizienz-Bericht, Zug 1996.

Laubscher, R. (1995): Ökologie und Wettbewerbsfähigkeit in der Schweizer Baubranche, Bern, Stuttgart, Wien 1995.

Lufthansa (1995): Balance – Umweltbericht 1994, Frankfurt 1995.

Mauch, S. et al. (1992): Ökologische Steuerreform. Europäische Ebene und Fallbeispiel Schweiz, Chur, Zürich 1992.

Meffert, H./Kirchgeorg, H. (1993): Marktorientiertes Umweltmanagement. Grundlagen und Fallstudien, 2. überarb. und erw. Aufl., Stuttgart 1993.

Mühleisen, I. (1988): Gute Argumente: Ernährung, München 1988.

Nitze, A. (1991): Die organisatorische Umsetzung einer ökologisch bewussten Unternehmungsführung. Bern u.a. 1991.

Ott, W. (1996): Die vergessenen Milliarden. Die externen Kosten im Energie- und Verkehrsbereich, in: Impuls, 2. Halbjahr 1996, S. 42-47.

Paulus, J. (1996): Ökologie und Wettbewerbsfähigkeit in der Computerbranche – Perspektiven für eine ökologieverträgliche Informationsgesellschaft, Diss. St. Gallen, Bamberg 1996.

Pfriem, R. (1995): Unternehmenspolitik in sozialökologischen Perspektiven, Marburg 1995.

Porter, M.E. (1983): Competitive Advantage. Creating and Sustaining Superior Performance, New York 1983

Rolf, A. (1995): Prima Klima für die „Informationsgesellschaft"? Multimedia, Datensuperhighway und Informationsgesellschaft im Spannungsfeld von Wettbewerbsfähigkeit, Arbeitsmarkt und Umwelt, Mitteilung Nr. 248 des Fachbereichs Informatik der Universität Hamburg, Hamburg 1995.

Sahlberg, M. (1996): Unternehmen im Überlebensparadox. Zum Beziehungsgeflecht von Ökologie und Wettbewerbsfähigkeit, Bern, Stuttgart, Wien 1996.

Schneidewind, U. (1995a): Chemie zwischen Wettbewerb und Umwelt. Perspektiven für eine wettbewerbsfähige und nachhaltige Chemieindustrie, Marburg 1995.

Schneidewind, U. (1995b): Ökologie und Wettbewerbsfähigkeit in der Schweizer Chemiebranche, Diss. St. Gallen, Bamberg 1995.

Schneidewind, U./Hummel, J. (1996): Von der Öko-Nische zum ökologischen Massenmarkt. In: Politische Ökologie, Nr. 45, 1996, S. 63-66.

Schweizerische Gesellschaft für Chemische Industrie (1994): Anleitung zur Umsetzung von Responsible Care, Zürich 1994.

Siegel, H. (1994): Integrierte Öko-Kommunikation – Voraussetzung für umweltverträgliche Produkte. In: Günther, K. (Hrsg.): Erfolg durch Umweltmanagement. Reportagen aus mittelständischen Unternehmen, Neuwied, Kriftel, Berlin 1994, S. 271-280.

Steiger, U. (1993): Noch kaum praktiziertes Kunststoffrecycling. In: Neue Zürcher Zeitung, 214. Jg., 1993, Nr. 74 vom 30. März 1993, S. 21.

Tellenbach, M. (1995): Abfallverbrennung in Zementwerken: Sinnvolle Verwertung oder gefährliche Konkurrenz für die Entsorgungsanlagen? In: BUWAL-Bulletin, 1995, Nr. 4, S. 30-32.

Ulrich, P. (1996): Brent Spar und der „moral point of view". Reinterpretation eines unternehmensethischen Realfalls. In: Die Unternehmung, Nr. 1, 1996, S. 27-46.

Umweltbundesamt (1991): Handbuch Chlorchemie I, Berlin 1991

Umweltbundesamt (1992): Handbuch Chlorchemie II, Berlin 1992.

Wagner, G.R./Janzen, H. (1991): Ökologisches Controlling – Mehr als ein Schlagwort? In: Controlling, 3. Jg., Nr. 3, 1991, S. 120-129.

Wiedemann, P.M./Claus, F. (1994): Umweltkonflikte. Vermittlungsverfahren zu ihrer Lösung, Taunusstein 1994.

Winter, M. (1995): MIBE-Project (Mananaging the Industrial and Business Environment). Environmental Cost-Accounting. A Research Report & Pilot Project Outline, Lausanne 1995.

Wirth, M. (1996): Umweltmanagement in der Chemiebranche, schriftlich niedergelegter Vortrag anlässlich der Tagung „Umweltmangement-Barometer Schweiz 1995/96" vom 6. November 1996 in Zürich-Oerlikon, veranstaltet vom Institut für Wirtschaft und Ökologie an der Universität St. Gallen.

Abbildungsverzeichnis

Autoren

Dr. Thomas Dyllick, Jahrgang 1953, Professor für Betriebswirtschaftslehre mit besonderer Berücksichtigung des Umweltmanagements an der Universität St. Gallen und Direktor des Instituts für Wirtschaft und Ökologie (IWÖ-HSG); Studium in Freiburg/Br., University of Chicago, Harvard Business School und St. Gallen; Promotion und Habilitation in St. Gallen; Praxis in der Strategieberatung und Managementweiterbildung; Forschungsgebiete: Ökologie und Wettbewerbsfähigkeit, Umweltmanagementsysteme, Ökologische Lernprozesse in Unternehmen.

Dr. Frank Belz, Jahrgang 1966, Lehrbeauftragter an der Universität St. Gallen, Projektleiter und wissenschaftlicher Mitarbeiter am Institut für Wirtschaft und Ökologie der Universität St. Gallen (IWÖ-HSG), 1985-1990 Studium der Betriebswirtschaftslehre in Giessen und Mannheim (Schwerpunkte: Marketing, Organisation und Strategische Unternehmensplanung), 1991-1995 Assistent bei Prof. Dr. Thomas Dyllick, 1995 Promotion zum Thema „Ökologie und Wettbewerbsfähigkeit in der Lebensmittelbranche", Habilitand zum Thema „Öko-Marketing".

Dr. Uwe Schneidewind, Dipl.-Kfm., Jg. 1966, Lehrbeauftragter an der Universität St. Gallen, Projektleiter und wissenschaftlicher Mitarbeiter am Institut für Wirtschaft und Ökologie an der Universität St. Gallen (IWÖ-HSG), 1986-1991 Studium der Betriebswirtschaftslehre in Köln und Paris (Schwerpunkte: Industriebetriebslehre, Unternehmensrechnung, Informatik), 1991-1992 Junior-Berater bei Roland Berger & Partner/Bereich Umweltmanagementberatung, seit 1992 Mitarbeiter am IWÖ-HSG, 1995 Promotion zum Thema „Ökologie und Wettbewerbsfähigkeit in der Chemiebranche" an der Universität St. Gallen, Habilitation zum Thema „Die Unternehmung als strukturpolitischer Akteur", Vorsitzender der Vereinigung für Ökologische Wirtschaftsforschung (VÖW). Forschungsschwerpunkte: Stragisches Umweltmanagement, ökologisch orientierte Unternehmungskooperationen, Stoffstrommanagement.